사회정책과 인권

인권기반 사회정책의 관점과 영역

제2장 및 제3장의 연구와 이 책의 출간은 2010년도 정부재원(교육과학기술부 인문사회연구역량강화사업비)으로 한국 연구 재단의 지원을 받아 이루어졌습니다. (NRF-2010-330-B00142)

이 도서의 국립중앙도서관 출판시도서목록(CIP)은 e-CIP홈페이지(http://www.nl.go.kr/ecip)와
국가자료공동목록시스템(http://www.nl.go.kr/kolisnet)에서 이용하실 수 있습니다.
(CIP제어번호: CIP2011004567)

경상대학교 인권사회발전연구총서 1

사회정책과 인권

인권기반 사회정책의 관점과 영역

심창학 · 강수택 엮음

오름

Social Policy and Human Rights

The Perspective and Area of Human Rights-Based Social Policy

Edited by
Chang Hack Shim & Soo Taek Kang

ORUEM Publishinig House
Seoul, Korea
2011

책머리에

인권은 인간이 가지고 있는 기본적인 권리임과 동시에 불가분의 권리이다. 또한 인권은 인간이라면 누구나 누릴 수 있는 보편적인 권리이다. 한편 사회 정책은 각 영역에 있어서 사회 구성원의 기본 생활 보장에 필요한 국가 및 사회의 제 노력 및 조치라고 할 수 있다. 이렇게 볼 때 인권과 사회정책은 밀접한 관계에 있음을 알 수 있다. 즉, 사회 정책은 사회구성원의 인권 실현을 위한 수단임과 동시에 이에 필요한 국가 및 사회의 제 노력으로 볼 수 있을 것이다. 그럼에도 불구하고 외국과 달리 한국 학계에서는 사회정책과 인권을 아우르는 토론 및 관점 정립에 상대적으로 관심이 덜 했던 것이 사실이다. 이는 다음의 복합적 요인의 결과인 것으로 보인다.

첫째, 인권은 모든 사람에게 적용되는 보편적 권리임에도 불구하고 한동안 한국 사회에서 인권이라고 하면 정치적 의미로 해석하는 경향이 강했다. 예컨대, 정치적 수감자 혹은 그 가족의 신상과 관련되는 인권 침해, 외국인 노동자의 강제 출국, 경찰의 폭력적 시위 제압에 의한 인권 침해 등을 들 수 있다. 물론 사회적 소수자에 대한 인권 관심은 어느 사회 구성원의 것보다 더 커야 될 것이다. 그럼에도 불구하고 이러한 경향 자체가 보편적 권리로서 인권에 대한 관심을 덜 하게 하는 요인으로 작용했음은 부인할 수 없을 것 같다. 둘째, 실천적 차원에서 인권 개념의 추상성이 지니고 있는 한계를 들 수 있다. 이는 특히 응용사회과학분야인 사회복지분야에서 많이 지적되었던 문제점이다. 셋째, 한국 학계에서 사회권에 대한 지배적인 관심이 오히려 인권 관심을 소홀하게 했던 것으로 보인다. 사실 사회권은 인권 구성의 한 요소이다. 그럼에도 불구하고 사회권과 인권은 상호 별개의 것이라는 인식 혹은 사회권 중심의 대안 제시에 초점을 두는 경향이 강했던 것 또한 사실이다.

이에 본 저서는 사회 정책과 인권의 밀접한 관련성을 논리적, 실증적으로 보여주고자 하는 의도에서 기획되었다. 나아가 인권에 바탕을 둔 사회정책(human rights-based social policy)이야말로 전통적 사회정책이 가지고 있는 한계 극복의 대안이 될 수 있다는 것을 제시하고자 한다. 본 저서는 전부 8편의 글로 구성되었다. 이 중 6편은 2010년 경상대학교의 인권사회발전연구소(소장 강수택), 인권기반사회정책연구회(회장 심창학), 국가인권위원회의 공동 주최로 열린 학술대회("인권 기반 사회정책의 모색")에서 발표된 글이다. 다른 1편의 글(문진영 외)은 경상대학교 인권 기반 사회정책 연구회 초청 세미나를 통해 발표되었다. 그리고 나머지 1편의 글(강수택)은 이 저서 발간을 위해 따로 작성된 후 학술지『사회이론』(제39호)을 통해 발표된 바 있다.

본 저서는 두 부분으로 나뉘어져 있다. 제1부는 "사회정책의 요소와 인권"으로 4개의 장으로 구성되어 있다. 먼저 임운택(제1장)은 "세계화, 인권, 글로벌 거버넌스의 과제"라는 제목의 글을 통해 현재 진행되고 있는 세계화는 정의로운 평화와 인간주의에 도움을 줄 수 없다는 전제하에 국제 사회에서 진행되고 있는 두 개의 대조적인 인권 담론, 즉 국가 안보 담론과 국제연합개발계획(UNDP)의 주도하에 진행되고 있는 인간주의 담론을 비교 분석하고 있다. 결론적으로 본 글은 인간주의 담론의 유용성을 강조하면서도 이 역시 사람들이 스스로 조직화하고, 자신의 공동체와 권리를 보호하며 그들에 의해 선출된 대표자에게 책임을 지게 하는 새로운 민주주의가 동반될 때 인간주의와 사회 경제 권리가 핵심이 되는 글로벌 거버넌스가 가능할 것으로 보고 있다.

강수택의 글(제2장)은 인권 관점에서 본 사회정책의 대안을 새로운 관점에서 제시하고 있다. 그는 기본적으로 왜 사회 정책이라는 것이 국가에 의해서만 수행되어야 하는가에 의문을 제시하고 있다. 국가 주도의 사회 정책의 한계 및 문제점을 제시하면서 그는 대안으로 시민주의 사회정책을 제시하고 있다. 그리고 이의 토대가 되는 것이 바로 인권과 연대라고 강조하고 있다. 구체적으로 그는 사회정책과 복지에 대한 논의는 철저히 인권가치와 연대가치를 토대로 시민들의 공감능력을 향상시키는 방향으로 전개되어야 함을 강조하고 있다. 그리고 이러한 방향과 방식을 추구하는 사회정책이 바로 시민주의 사회정책으로 가는 길이라고 그는 강조하고 있다.

심창학의 글(제3장) 역시 새로운 관점에서 인권과 사회복지의 연계를 모색하고 있다. 이를 위해 그는 우선 프레드먼의 국가의 적극적 의무 개념과 인권 진화 개념을 통해 논리적 측면에서 인권과 사회복지가 왜 연계되는 것이 당연한 것인지를 보여주고 있다. 이를 바탕으로 인권과 사회복지 연계, 즉 인권 기반 사회복지의 새로운 접근방법을 4가지 제시하고 있는데, 인권 기반 사회복지 지표 접근방법, 특정 사회 문제 중심 접근방법, 사회복지 국제 기준 접근방법 그리고 제도의 실체적 접근방법이 바로 그것이다.

문진영 연구팀이 작성한 사회권 지표 개발(제4장)은 사회복지 발달에도 불구하고 한국의 사회복지의 현 수준을 평가하고 이에 근거하여 발전 방향을 제시할 수 있는 지표가 없었다는 점에 주목하고 있다. 주지하다시피, 사회권은 인권의 중요한 영역 중의 하나이다. 이러한 점에서 사회권의 구체적 영역을 설정하고 관련 지표를 제시하고 있는 점은 높이 평가받아야 할 것이다. 이 글에서 문진영 연구팀은 5개 영역, 3개 수준에 걸친 85개의 사회권 지표를 제시하고 있다. 이 중 5개 영역만 소개하면, 소득보장 영역, 건강권 영역, 주거권 영역, 노동권 영역, 교육권 영역을 들 수 있다. 이상 4

편의 글은 인권 기반 사회 정책에 고려되어야 할 요소가 무엇인지를 파악하는 데 도움을 주고 있다.

본 저서의 두 번째 부분은 인권 관점에서 본 사회정책 영역이다. 물론 본서에 언급되어 있는 영역은 예시에 불과하다. 향후 연구 작업을 통해 사회정책 영역이 더 확인되어야 할 것이다. 김대군(제5장)은 인권과 주거권의 관계에 많은 관심을 가지고 있는 학자이다. 그의 글 역시 기존의 주거 정책과는 달리 새로운 주거 정책은 인권에 기반을 두어야 한다는 관점을 보여주고 있다. 이를 위해 그는 주거권의 자연적 근거를 먼저 제시하고 앞으로의 주거정책은 단순히 사회권 차원이 아니라 시민적, 정치적 권리의 측면에서 인식되어야 함을 강조하고 있다.

김상호(제6장)는 인권 관점에서 현행 노동법이 지니고 있는 쟁점을 소개한 후 이에 대한 저자의 관점을 밝히고 있다. 그가 관심을 가지고 있는 쟁점 중 몇 가지만 제시하면 체류 자격이 없는 외국인근로자 문제, 비정규직 차별 문제, 특수형태 근로 종사자의 생존 보호 문제 등을 들 수 있다. 그가 제시하고 있는 쟁점들의 상당수는 기존의 사회 정책에서는 아예 관심이 없든지 혹은 법적 제약에 의해 당연한 것으로 치부된 것들이다. 인권 관점에서 바라보면 기존의 당연한 것으로 인식되었던 것들이 얼마든지 문제가 될 수 있음을 이 글은 보여주고 있다. 최근 사회복지계에서도 인권에 대한 관심이 증폭되고 있다.

김형모의 글(제7장)은 이의 전형적 연구 사례이다. 아동복지 전문가인 그는 한국의 아동복지가 제대로 나아가기 위해서는 인권 개념에 바탕을 두어야 한다고 강조한다. 구체적으로 아동권리협약에 나타나 있는 아동의 생존권, 보호권, 발달권, 참여권에 정책적 관심이 우선되어야 하며 아동복지 관련 법률의 제·개정 역시 이를 실현시키는 방향으로 이루어지는 것이 중요하다고 보고 있다. 다시 말하면 아동복지의 토대는 아동인권임을 강조하고 있는 것이다.

끝으로 노인인권과 사회정책이라는 제목의 김근홍의 글(제8장)은 인권에 바탕을 둔 노인정책의 발전 방향을 제시하고 있다. 이를 위해 그는 먼저 노인인권에 대한 국제 사회의 관심을 일목요연하게 보여주고 있다. 이어서 영역별 노인복지 현황을 정리하고 있는데, 소득보장영역, 주거보장영역, 여가시설 및 교육 프로그램영역이 바로 그것이다. 인구의 고령화와 함께 노인 문제는 향후 사회정책의 핵심으로 자리 잡게 될 것이다. 이러한 점을 고려할 때 인권 관점에 바탕을 둔 노인정책의 방향 설정 및 정책 입안은 매우 중요한 사안이라 할 수 있다. 이러한 관점에서 김근홍 역시 노년을 사회에 대한 도전이 아니라 하나의 자원이 될 수 있다는 점, 개인적으로도 위기가 아니라 기회라는 점이 정책의 근간을 형성하고 있어야 함을 강조하고 있다.

이상에서 살펴본 바와 같이 8편의 글은 저자 나름대로의 문제의식과 관점을 보여주고 있다. 그럼에도 불구하고 인권이 사회정책의 토대임과 동시에 근간이라는 점, 그리고 향후의 사회 정책의 바람직한 발전 방향에 대한 논의도 인권과의 관련성하에서 논의가 이루어져야 한다는 점에서는 저자 모두 인식을 같이하고 있다. 본 저서 역시 이러한 의도에서 기획되었다. 하지만 이는 첫걸음에 불과하며 앞으로 사회정책과 인권에 대한 좀 더 체계적이고 깊이 있는 논의가 지속되어야 할 것이다.

끝으로 학술대회 발표와 발간에 응해주신 선생님들과 초청 세미나에 좋은 글을 발표하시고 동참해 주신 문진영 교수님께 깊은 감사의 말씀을 드리고 싶다. 그리고 부성옥 사장님, 최선숙 부장님을 비롯하여 책의 출판에 귀중한 도움을 주신 도서출판 오름의 관계자분들께도 감사드린다. 마지막으로 학술대회 준비 및 교정이라는 힘든 작업을 수행한 경상대학교 사회복지학과의 윤영섭, 김성엽, 박경빈, 김민수 대학원생들에게 수고했다는 말을 전하고 싶다. 이 책이 끝이 아니라 시작임을 한 번 더 강조하면서……

2011년 10월

필자들을 대표하여

심창학 · 강수택

| 차 례 |

제1부 사회정책의 요소와 인권

제2장 시민주의 사회정책의 토대로서 인권과 연대 | 강수택

제3장 인권과 사회복지: 연계의 논리적 구조와 접근방법을 중심으로 | 심창학

제8장 노인인권과 사회정책 | 김근홍

제1부

사회정책의 요소와 인권

제1장

세계화, 인권, 글로벌 거버넌스의 과제

임운택

I. 들어가는 말

오늘날 세계화 혹은 세계화로 인해 야기된 혼돈스러운 상황을 설명하지 않고서 인권에 대해 논하기란 불가능하다. 왜냐하면 인권은 이제 국제적 교류, 글로벌 거버넌스, 세계시민권 등의 주제를 논함에 있어서 매우 중심적인 개념이 되었기 때문이다. 그러나 양자 간의 관계는 복합적이다. 세계화과정에서 야기된 혼란스러운 정치경제적 · 사회적 상황은 인권을 위한 다양한 투쟁을 촉진시키기도 하지만, 그러한 투쟁을 방해하기도 한다. 나아가서 극단적인 행위자들은 자신들의 행위를 방어하거나 상쇄하기 위해 이와 같은 세계 시스템 내부에서 엄청난 규모로 시간, 에너지, 자원을 소비함으로써 인권을 촉진하거나 혹은 방해하기도 한다.

이러한 관점은 인권의 영역이 이제 단순히 개인에 대한 (잠재적인)

육체적 손상뿐만 아니라, 공동체에 대한 사회경제적 · 정치적 손해를 입히는 것과 같은 주제로 확대되고 있음을 암시한다. 실제로 정보통신 기술의 발전과 순식간에 전 세계적으로 정보가 공유되는 현 시대에 개인과 집단의 권리에 대한 침해는 한순간에 정치적 어젠다가 된다. 이러한 과정을 통해서 사람들이 개별적으로 육체적인 고통에 시달리거나, 어떤 조직화된 자원에 의해 체계적으로 집단적으로 고통을 받을 때 인권을 침해하는 행위는 순식간에 제한된 공간을 뛰어넘어 타인에 대한 민감성을 자극하게 된다. 이와 같이 인권과 관련된 이슈에 스며든 일상적인 친밀성은 왜 저항집단이 기꺼이 조직하는지, 몇몇 조직은 왜 단순히 저항을 넘어 지속적으로 유지되고 있는지, 정부는 왜 자신들의 행위에 대한 비판에 민감한지, 왜 일부 정부는 개인에 대한 권리를 침범한 자신의 행위를 정당화하거나 숨기려고 하는지, 왜 사람들은 인권에 대한 자신들의 문화적 개념이 다른 어떤 문화의 개념에 못지않다고 주장하는지 설명해준다.

한편, 인권과 관련된 이슈영역은 인권에 대한 침해가 대단히 높은 수준에서 조직화되고, 체계적이라는 특성을 지닌다. 대부분의 범죄나 부패와는 달리, 인권은 특정한 행위에서 비롯된 하나의 독립된 사건으로 발생하지 않는다. 나아가서 인권을 침해하는 특수한 행위가 무엇이든간에 범법자들은 자신들의 권리로부터 다른 사람들의 권리를 박탈하는 것을 정당화하는 일련의 억측을 전면에 내세우기도 한다. 이러한 억측들은 외견상 독립된 것처럼 보이는 사건들이 깊숙이 배태된 문화적, 역사적, 경제적 전제로부터 발생한다는 의미에서 조직적이고 체계적이다. 그러한 점에서 일부는 종종 범법자의 행위를 역사적 특수성을 이유로 면책을 주장하며(제국주의국가들의 식민지국가에서의 탄압), 모든 계층의 사람들에게서 권리를 박탈하기 위해 조직화된 캠페인을 강조하기도 하며(홀로코스트나 구 유고슬라비아에서 자행되었던 인종청소), 그러한 범법자의 일부는 규제되지 않는 자본시장의 결과(일련의 금융경제위기)로서 등장하기도 한다.

인권영역의 또 다른 차원은 인권이슈의 확대와 중요성이다. 인권은 그 범위가 국제적이어서, 세계 도처에서 인권과 관련하여 조직화된 권리의 박탈이 자행되고 있으며, 그에 대해 인권을 보호하기 위한 조직화된 활동이 이루어지고 있다. 그러한 이유에서 인권이슈는 점점 더 글로벌 차원에서 중대한 관심사가 되었다. 나아가서 인권을 침해하는 범법행위는 더 이상 양심의 문제가 아니라 지역, 국가, 초국가, 글로벌 차원에서의 어젠다가 되며, 이는 확실히 '역사상 유례가 없는 권리 개념의 글로벌 확산'을 의미한다.

이처럼 정의된 인권은 이제 세계화의 과정 속에서 개별 국가에서의 보호차원을 넘어 국제질서의 평화를 유지하기 위한 중요한 공공재(〈표 1-1〉 참조)로서 인지될 필요가 있다. 왜냐하면 시장주도적 세계화는 전 세계 도처에서 사회경제적 불평등, 환경파괴, 군사적 분쟁과 테러를 동반함으로써 개인뿐만 아니라 공동체 사회에 심각한 인권침해를 야기하기 때문이다.

지난 2002년 2월에 브라질의 포르투 알레그레에서 개최되었던 제2차 세계사회포럼(World Social Forum)에는 전 세계로부터 6만여 명의 사람들이 결집하였으며, 그중에는 만여 명의 사회운동가들과 NGO의 대표자들이 "또 다른 세계가 가능하다"라는 슬로건 아래 포럼을 주도하였다. 여기서 시장주도적 세계화가 정치적으로 조정되는 세계화의 형태로 대체되어야만 한다는 주장이 강력하게 제기되었으며, 그 핵심은 국제적 사회정의와 환경의 지속성이라는 원칙을 견지하는 것이었다. 이러한 목표에 한 걸음 더 나아가기 위해서는 인권의 구체적인 내용으로서 인간주권(human security)의 확립과 보호가 정치적 행위의 중심에 놓여야만 한다는 것이었다(UNDP, 1994). 나아가서 국가, 국제기구, 세계경제 및 금융시장, 미디어, 시민사회 간의 긴장관계에서 발생한 문제 해결을 위한 새로운 협력형태를 가능하게 하는 국제적 규제와 기준의 관철, 그리고 이를 감독하는 글로벌 거버넌스도 절실하게 요구되었다.

이러한 배경에서 이 글에서는 우선 왜 시장주도적 세계화가 "정의로

〈표 1-1〉 공공재 및 경제적 · 사회적 인권의 핵심요인

• **글로벌 공공재**

글로벌 공공재는 모든 사람들이 공통으로 향유하는 생산품과 필수품을 지칭하며, 소비에 있어서 비배제성, 비경합성을 특징으로 한다. 소비의 비경합성은 어느 소비자라도 다른 사람들의 즐거움을 손상시키지 않으면서 향유하는 재화를 지칭한다. 비배제성은 어느 누구도 재화를 향유하는 것으로부터 배제될 수 없다는 것을 의미한다. 예컨대, 청정 공기는 순수한 공공재이다. 글로벌 공공재는 모든 국가들, 대중 집단, 모든 세대가 이익을 보는 결과이다. 글로벌 공공재는 일례로 국제평화, 분쟁의 예방, 건강 및 질병의 근절, 지속가능한 환경, 인류공동자산의 유지(Kaul, Grundberg, Stern, 1999) 등을 포함한다.

• **경제적 형평**

경제적 형평은 영양, 위생, 주거, 의복, 초중등 교육, 기본건강의료 등을 포함한 공공재의 평등한 공급을 의미한다. 소득형평과는 달리 경제적 형평은 경제적, 사회적 인권을 위한 근거를 형성한다. 경제적 형평은 궁핍을 개선하고, 모든 사람에게 균등한 기회를 창출하는 공공정책을 조건짓는다. 그러한 공공정책수단은 건강관리, 위생, 실업보험, 직업훈련 프로그램, 공공교육 등이다(Sen, 1999).

• **능력중심의 접근**

기회의 실질적인 형평을 고려하는 방식은 능력의 형평을 통해서이다. 적절한 기능을 수행하는 개인의 능력은 조기사망의 위험을 피하면서 영양공급을 잘 받고, 자존을 유지하고, 공동체의 삶에 참여할 수 있는 가능성에 달려 있다. 그러한 능력은 우리로 하여금 개인과 집단이 적절한 기능화를 유지할 수 있는 자유가 주어지는 실질적인 방식을 돌아보게 한다. 능력중심의 접근은 공교육, 범죄, 폭력, 건강관리, 전염병, 공공설비, 공동체의 관계를 포함한 인간의 능력에 영향을 주는 사회적 조건의 차이를 검토한다(Sen, 1992).

운 평화와 인간주권"이라는 규제적 이념과 근본적으로 일치할 수 없는지를 규명하고자 한다. 그 다음으로 국제문제와 위험을 다루고 있으면서도 완전히 상이한 정치적 결론에 도달하고 있는 두 가지의 대조적인 인권담론을 논하도록 하겠다. 그 하나는 정치적-군사적 시각에 기초하여 인권을 보호하겠다는 "확대안보" 개념이고, 다른 하나는 유엔개발프로그램(UNDP, 1994, 이하 UNDP)에 의해서 도입된 "인간주권" 및 그와 밀접한 연관관계에 있으며 ILO(2000)에 의해서 개발된 "사회경제주권"개념이다. 그러한 개념의 현실화에 대한 논의를 제기한 후, 두 개의 대안적 주권 개념을 구축하기 위한 글로벌 거버넌스의 과제에 대해 간략하게 논의하고자 한다.

Ⅱ. 인권을 둘러싼 갈등과 대립의 원천으로서 시장의 자유화

WTO를 통해서 자신들의 이해관계를 철저하게 대변하고 있는 자유무역의 옹호자들은 규제되지 않는 시장개방으로부터 부족한 생산요소의 최적분배, 지식과 자본의 국제적 이전 및 이노베이션으로의 자극, 그리고 시장을 개방하는 모든 이들을 위한 번영을 기대한다. 동시에 민주주의, 인권 그리고 평화의 확대는 "세계화의 기회"로 간주되기도 한다. 그러나 거대시장의 출현과 관련된 위험은 결코 가볍게 넘길 성질의 것이 아니다. 경쟁을 위협하는 자본의 집중, 정치의 배제로부터 결과한 경제위기의 연쇄반응과 경제발전의 배후에서 파행적으로 진행되는 사회적, 생태적 발전 등이 그 대표적 사례이다.

다수의 사람들에게 있어서 세계시장으로 지역 및 국가시장의 개방과정은 예컨대 점증하는 불평등, 불공평한 세계경제질서, 정치적 불안정 그리고 생태적 위기의 첨예화와 같은 일련의 부정적인 발전과 결합되어 있다.

첫째, 인류역사에서 국가 내부의 그리고 국가 간의 불평등이 20세기에서 21세기로 넘어가는 현 시기만큼 극대화된 적은 없었다. 500여 명의 억만장자들은 1조 5천억 달러의 재산을 보유하고 있는데, 이는 사하라 사막 이남의 모든 아프리카 국가들의 GNP 총액, 혹은 중동 및 북아프리카의 모든 산유국의 GNP 총액 이상이며, 또 한편으로는 전 세계 인구 50%의 소득을 상회하는 것이다.[1] 반면에 지난 이십 년 동안 빈민의 숫자는 중국을 예외로 하더라도 절대숫자에 있어서 가파른 상승곡선을 그리고 있다. 빈민의 증가현상은 단지 3세계에서만이 아니라 부유한 산업국가 내부에서조차 신 빈곤층(특히 이주노동자들을 중심으로)이 발생하고 있다.

둘째, 자본, 서비스 그리고 상품교역의 자유화는 명백히 경제적 강자에게 유리하지만 경제적 약자에게는 불리하게 작동하는 세계경제질서의 관철과 밀접한 관계가 있다. 경제적 남반구에서 무역 및 자본교역의 급속한 시장개방은 다수의 발전국가에서 농업, 수공업 그리고 국내산업의 대부분을 파괴시켰다. 자유무역이데올로기와 함께 국가 간의 불균형이 유지되며, 개발도상국이 수출하는 산업생산물에 대한 높은 관세, 유럽과 미국에서 농업에 대한 보조금 지급, 그리고 경제적 강자에게만 유리하게 작용하는 장기간의 특허권 시효 등을 통해서 발전된 산업국가 아래로 경제적 남반구의 종속은 심화되어 간다.

셋째, 경제적 세계화는 대다수의 국가에서 민주적 구조의 발전과 기본적 인권의 관철을 촉진시키는 대신, 정치적인 불안정을 동반하였다. 이는 1990년대 중반 이후에 누적된 금융경제위기(멕시코, 동남아시아, 러시아, 브라질, 터키 그리고 아르헨티나)가 다수의 국가들에서 거대한 자본파괴, 점증하는 실업, 비공식적 부문의 증가, 중산층의 빈곤화로

1) 2007년 기준으로 사하라 이남 국가들의 1인당 평균 소득은 952달러로 세계 최저 수준이다(장하준, 2010: 156).

발견된다. 그러나 세계시장에서 각축하는 "경쟁국가(Hirsch, 1994)" 내에서 경제와 정치의 새로운 결합방식은 정치적 불안정성을 증대시켰다. 왜냐하면 자본을 둘러싼 경쟁은 조세덤핑조처, 조세포탈, 그리고 검은 돈이 횡횡하는 경제친화적인 특별권 지역의 창출(소위 국외금융센터)에 의해서 진척되었기 때문이다. OECD는 21세기 초에 연간 1조 5천억 달러에 상당하는 금액이 이 지역에서 돈세탁되는 것으로 추정한다(Altvater and Mahnkopf, 2002). 그 결과, 물질적 부를 창출한 나라들에서 개별 국가는 점차 보건서비스와 교육 같은 공공재를 양과 질에서 적절하게 공급할 수 없는 상황에 도달하게 되었다. 공공부문에서 빈곤의 증가는 1990년대 초반 이후 급속도로 증대한 사적인 부의 축적 경향과 비례한다. 세계경제의 국제적 정치행위자들(예컨대, IMF, World Bank 등)은 안정 지향적 통화정책 가이드라인을 통해서 우선적으로 금융투자자들과 은행을 보호했으며, 구조조정 프로그램의 틀 안에서 채무이행을 확실하게 하기 위해 공적인 인프라구조와 복지서비스기관의 사영화를 강요하였다(Stiglitz, 2002).

국가가 세금에 대한 독점권을(부분적으로는 자의적으로) 포기하거나 세금납부의 의무가 있는 경제시민이 자신의 성과에 상응하는 만큼 세금을 지불하지 않으려 함에 따라 국가의 권위는 약화되었으며, 공공복지는 국가로부터 더 이상 보장받을 수 없게 되었다. 약화된 국가는 사회에서 자신의 정당성을 상실하였으며, 따라서 국가는 어렵지 않게 크고 작은 부패의 활동영역이 되어버렸다. 부패의 경우, 국가와 공적인 제도가 사적인 이해에 의해 독점되는 지경으로까지 발전하였다.[2] 실제로 정치제도가 더 이상 일반적으로 기대되는 규칙에 따라 행동하지 않음으로써 자신의 권위를 상실해가는 반면에, 국가가 스스로 모든 유형의 사적인 용무를 위해서 복무하는 경향이 증가한다. 그러한 사적인 용

2) 일반적으로 제3세계 국가에서 벌어지는 현상이나, 유럽의 중심부인 벨러루스코니의 이탈리아에서도 발견된다.

무는 주로 조직화된 범죄와 기업형 군벌의 네트워크, 다국적 기업과 그들의 사적인 식민군대(예컨대, 소말리아, 루안다, 시에라리온, 콜롬비아, 일부 동유럽국가, 중앙아시아국가 등)의 네트워크, 혹은 아프가니스탄의 경우처럼 테러리스트들의 네트워크 등에 의해서 추진된다. 일반적으로 이러한 상황은 사적인 집단에 의한 "국가포획(state capture)"으로 묘사된다.

넷째, 시장주도적 세계화는 UNEP 보고서(2002)가 지적하듯 생태적 위기를 첨예화시켰다. 지구온난화방지와 생물종다양성보존에 대한 리우협약은 이제 유명무실하게 되어버렸다. 1992년 협약체결 이후 종의 소멸, 지구온난화, 토지황폐화, 식수부족 등은 오히려 증가하였다. 식료품생산은 인구증가에 뒤처져 있고, 다수의 개발도상국가는 그동안 경제적 북반구의 파괴적 사례를 좇고 있었다. 외화를 획득하고, 빈곤을 덜기 위해서 천연자원이 고갈되었다. 부유한 산업국가에서 살고 있는 세계인구 20%의 생산 및 생활양식을 위한 세계적 공공재(global public goods: 예컨대, 맑은 공기, 식수 그리고 비옥한 토양)의 과도한 사용과 파괴는 지리적 상황 때문에 무엇보다 개발도상국가에 현저한 피해를 미쳤다. 왜냐하면 이들 국가는 다른 곳에서 생산된 세계적 폐기물(global public bads: 예컨대 CO_2 산출량)로부터 스스로를 방어할 수 없었기 때문이다.

위에서 살펴본 내용을 간략하게 요약하자면 다음과 같다. 오늘날의 사회적 불평등 증가는 20세기 말부터 급속도로 추진된 세계화라는 경제적 동력에서 비롯되었다. 그러한 경제동력은 자유로운 세계무역에서 지켜져야 할 공정성의 규칙이 경제적으로 강한 행위자들에 의해서 파괴될 수도 있음을 뜻한다. 나아가서 경제적 위기의 연쇄효과는 전체 사회를 파멸로 이끌 수 있으며, 세계인구 20%를 위한 사회적, 생태적 발전은 모든 인간의 생활기반을 파괴하는 대가로 실현된다. 이 모든 것은 기본적으로 경제적 낙수효과(trickle down effect)를 통해 인권을 진작시키는 것과는 아무런 상관이 없다. 이러한 유형의 세계화에서는 구조적으로 갈등과 대립을 결과하는 세계질서 그 자체가 문제시된다.

'자유시장경제'는 명백히 모든 인류의 안녕을 보장할 수 있는 상황에 놓여 있지 않다. 그럼에도 국가가 세계화의 조건 아래서 균형 잡힌 정의 측, 법률 및 사회질서 그리고 공공재의 확보와 재정조달을 책임지는 일 또한 용이하지 않다. 더욱이 첨예화된 세계경쟁은 무엇보다 세계적 공공재를 체계적으로 해체하고, 시장에서 이를 사유화하고 있다. 세계적 공공재에는 경제적 세계화의 결과로 파괴된 "환경재"뿐만이 아니라 금융 안정성 및 금융 통합과 같은 공공재도 포함이 된다. 특히 후자는 부패에 의해서 현저하게 침해되었다(Altvater, 2002; Elshorst, 2002). 조직화된 범죄의 회색지대를 의미하는 부패는 결여된 국가안보 및 인간주권의 결과라고 할 수 있다. 국가안보 및 인간주권의 상호규정 관계는 안보기구(경찰 및 군대)에 대한 입법, 사법, 행정적 통제가 결함을 드러낸 곳에서 두드러지게 표출된다. 예컨대 일부지역에서 공공안보와 같은 공공재는 단지 지불능력이 있는 클라이언트를 위해 사적으로 복무하는 특권재(Darchiashvili, 2002)가 되었다.[3] 이러한 변화는 소위 제3세계만의 현상이 아니라 점차적으로 발전된 산업국가에서도 발견된다.

---

3) 니카라과의 수도 마나과가 대표적 사례로 1999년 현재 니카라과 전국 146개 지자체 중 21%는 경찰이 전무하고, 반대로 1990년에 등록된 민간 보안업체가 단 한 곳에 불과하였지만, 2003년에는 56개로 늘어났다. 마찬가지로 2003년에 니카라과 전국의 경찰관 수가 7,664명인 반면, 등록된 사설 경호원은 9,017명에 달했다(로저스, 2011: 185).

Ⅲ. 세계적 차원에서 인권을 위협하는 국가안보개념 대(對) 인간주권[4] 및 사회경제권리

1990년 냉전체제의 종식과 함께 부분적으로 미래에는 비군사적인 방식으로 평화를 구축할 수 있으리라는 낙관적인 전망이 존재하였다. 그러나 현실은 그 정반대였다. 지난 이십 년간 (경제적) 남반구에서 무장투쟁의 숫자는 오히려 증가하였다. 1989년 냉전체제가 붕괴된 이후에 국제평화의 유지를 위해 조직화된 세계평화유지군은 소말리아 사태에서처럼 그 기대와 달리 자신의 역할을 제대로 수행하지 못하였다. 오히려 1999년 4월에 공식적으로 결의된 NATO의 '확대안보' 개념은 (경제적) 남-북 갈등을 국제적 안보문제로 규정하고 있다. NATO의 안보개념의 목록은 다양한 비군사적 유형의 위험잠재력 예컨대, 환경위기, 조직화된 범죄, 마약거래, 테러리즘, 인터넷에 대한 불법접근, 빈곤현상 등을 포괄하고 있다. 이러한 유형의 위험은 서구사회의 안보와 안정을 위협하는 것으로 인식되었다. 이에 대해서 NATO에 재정적, 경제적, 발전정책적 조처가 제시되었으며, 필요한 경우에는 군사적 (선제)공격수단마저 강조되었다(Frank, 2001: 28).

이와 같은 안보에 대한 포괄적 개념은 당연히 발전된 산업국가의 번영을 보장하는, 공급자 중심의 이해를 대변하는 것이었다. 석유, 가스, 다이아몬드, 그리고 여타 소위 '전략적 천연자원,' 물과 같은 생활자원, 그리고 항로의 확보는 안보정책 상 중요한 재화로 간주되었다. 따라서 '확대안보' 개념은 군사적 안보정책을 제한하는 것이 아니라, 오히려 강화하였다(Graf, 2001: 47). 이로써 NATO는 이제 북대서양 군사기구

4) Human Security는 국내에서 '인간안보'라고 사용되기도 한다. 그러나 시민사회단체는 군사적 의미와 대칭적인 시각에서 '안보'라는 표현 대신 '인간주권'이라고 사용하기도 한다. 이 글은 후자의 입장을 따르기로 한다. 단, 문맥에 따라 Security가 중립적으로 사용될 경우, 안보라는 표현을 그대로 사용한다.

에서 전 지구적 방위군으로 그 위상이 한층 강화되었다.

UNDP에 의해서 고안된 '인간주권' 개념과 마찬가지로, 확대안보 개념은 국가권력독점의 해체경향과 국내 및 국제정치의 위기와 갈등에서 점차적으로 비국가적 행위자들의 중요성이 증대하는 경향을 반영한다. 나라별로 국가와 비국가적 행위자 간의 힘의 관계에 차이는 있을지언정 기본적으로 확대안보 개념은 국제적 안보 내지는 인간주권의 결과(물론 인간주권 개념과는 판이한 목표를 지향한다)에 주목한다. 다국적 기업, 게릴라 투쟁, 테러리스트, 지역 군벌, 사적인 용병, 마약 및 무기거래상, 매춘조직 그리고 국제금융사기단 등은 국가의 합법적 권력독점을 부정한다.

정치-군사적 안보담론의 관점에서 보면, 이러한 현상은 세 가지 측면에서 국민국가의 약화를 의미한다. 첫째, 전쟁의 성격은 탈국가화되었으며, 국민, 군대, 국가 간의 구분이 모호해졌다. 둘째, 국가 간의 안정적인 동맹관계를 지속적으로 유지하는 것이 점차 더 어려워졌다. 셋째, 많은 경우 군사적 수단의 투입은 종종 비효율적인 것으로 판명되었다. 따라서 비국가적 행위자들에 의한 '거버넌스 네트워크'가 갈등해결의 과제를 떠맡는 새로운 '발전–안보–복합체'가 형성되었다(Duffield, 2001). 문제는 제3세계의 발전–안보 프로젝트에 참여하는 비국가적 행위자들이 진정으로 평화를 이루어낼 주체들이 아니라는 데 있다. 전쟁이 끝난 후에 갈등의 해소와 사회의 재건에 참여하는 이러한 주체들은 오늘날 일반적으로 마피아, 게릴라 그리고 이들을 지지하는 이주자들의 네트워크로 구성되어 있다.

폭력은 오늘날 점증하는 규모에서 탈국가화, 사유화, 상업화 그리고 범죄화된 폭력이며, 이러한 폭력은 전쟁억지를 위한 전통적 수단에 의해 별로 위협을 느끼지 않는 행위자들에 의해서 행사된다. 그러한 폭력에 의해서 아프리카에서만 수백만 명의 사람들이 고통받고, 죽어갔지만, 여타 다른 지역의 사람들을 불안하게 할 정도는 아니었다. 그러나 2001년 9월 11일, 미국이라는 초강대국의 심장부에서 수천 명의 사람들이 죽어간 이후, 폭력을 바라보는 시각은 변화하기 시작했으며, 안보의 보증인으로서 국가의 핵심기능은 다시 전면에 등장하였다. 소위 (사적인) 테러에 대한 대처는 모든 다른 정치적 목표와 과제를 배후로 밀어제쳤다. 이제 안보를 바라보는 시각에서 국제문제와 국내문제는 매우 긴밀한 연관을 맺고 있는 것으로 해석되었다. 따라서 "국내 및 지역 갈등을 동시적으로 안고 있는 경제적 남반부와 동유럽의 위기국가들에 대한 명확한 입장, 그리고 서구 산업국가들에 대한 새로운 통찰"이 요구되었다(Debiel, 2002: 294).

그러나 서구 주요 핵심국가들의 정책결정자들은 새롭게 인식된 비국가적 테러현상에 대해 철저하게 관습적인 방식으로 반응하였다. 그 첫 번째 방식은 사적인 테러 행위자들에게 은신처를 제공한다는 의심을 받고 있는 국가에 대한 군사적 대응이었다. 매리 칼도어(1999)는 명백한 적을 상대하였던 과거의 전쟁과 차별된다는 점에서 이를 '신 전쟁(new war)'으로 묘사하였다. 서구 핵심국가들이 사용하는 두 번째 방식은 전쟁을 수행하는 나라사람들에 대해 민주적 자유권을 제한하는 것이었다. 이들에 대한 통제, 감시 그리고 처벌을 강화함으로써 자국민의 안보를 유지한다는 논리다. 이러한 논리는 전쟁지역 국가 사람들 전체를 잠재적인 위험요소로 판단한다는 점에서 대단한 인권침해의 소지를 안고 있다.

이로써 국제관계학(International Relations, 이하 IR) 이론 중에서 현실주의 학파의 낡은 패러다임은 다시 부활하게 되었다. 이러한 낡은 패러다임에 따르면 평화는 무엇보다 전쟁을 전제하고, 이를 준비함으로써(전시상태가 아니면 국가 간의 전통적인 외교를 추구함) 확보된다. 국제적으로 네트워크화된 세계에서 그물망 형태의 상호의존성을 무시하는 미국의 새로운 '국가 안보전략' 패러다임은 '선제공격전략'의 토대가 되었다. 자국민의 보호를 위해서 잠재적 위협은 '군사적 예방'과 '방어적 개입'을 통해서 격퇴되어야만 한다는 것이다. 미국 국방부장관인 럼스펠드는 *Foreign Affairs*에의 기고에서 (9 · 11 테러 이후 재차)

확대안보 개념이 정치적 담론에서 많은 사람들에게 불안을 증대시키는, 대단히 공세적이고 외부지향적인 개념임을 명확하게 기술한다. "테러리즘과 가상의 적에 대한 방어는 우리로 하여금 적에 대한 전쟁선포를 요구한다. 최상의—때로는 유일한—방어는 효율적인 공격이다" (Rumsfeld, 2002: 31).

이와 같은 확대안보 개념은 다양한 이유에서 비판받아 마땅하다. 왜냐하면 확대안보 개념은 미국의 지배를 확고히 하는 프로젝트이자, 시민의 민주적 권리를 제한하는 데 초점을 맞추고 있으며, 안보의 관점에서 남-북 갈등을 과도하게 강조함으로써 자국으로의 유입을 원하지 않는 이주민들을 겨냥하고 있기 때문이다.

그러한 이유에서 '대안 세계화'를 추구하는 사회운동세력은 정치적 · 군사적 담론의 확대안보 개념을 반대하고, '인간주권'이라는 규범적 개념을 강화하는 것을 주장한다. '인간주권' 개념인간주권' 개념은 1994년 UNDP에 의해서 최초로 공식화되었다. 이후 이 개념은 UN의 여타 조직(UNICEF, FAO, WHO, UNHCR)에 의해서 채택되었으며, 광범위한 학문적 논쟁을 촉발시켰다.

인간주권 개념은 무엇보다 인간의 불안정성을 유발하는 '국제적 위험'이 광범위하게 존재한다는 인식에서 출발한다. 그렇게 볼 때 인간주권 개념이나 확대안보 개념은 양자 공히 '새로운 위험'의 국제적 등장에 의해서 동기를 부여받고 있다. 그러나 정치적 함의와 요구수준과 관련하여 인간주권 개념은 확대안보 개념과 확연히 구별된다. 인간주권 개념은 무엇보다 '빈곤의 결과(마약, 에이즈, 환경파괴, 테러리즘)'에서 문제를 바라본다. 인간주권 개념을 기초하였던 전 UNDP위원장 울하크(Mahbub ul-Haq)는 빈곤으로부터 촉발된 국제적 위험이 대륙을 가로질러 확산되는 문제가 빠른 속도로 세계의 구석구석까지 침투할 수 있음을 경고한다(ul-Haq, 1999).

그러한 차원에서 UNDP에 의한 이 개념은 이미 1992년 당시 UN 사무총장이었던 부트로스 갈리의 '평화 어젠다'에서 표현된 '예방적 안보정책'을 의미한다. 따라서 발전협력의 구축은 갈등의 원인을 제거하려는 군사적 · 정치적 개입에 비해서 비용이 덜 드는 대안으로 이해될 수 있다(Wiezoreck-Zeul, 2001; Entwicklungspolitisches Memorandum, 2002). 여기서 인간주권은 행위자로서 국가와 경쟁적 권력에 대한 균형자가 아니라, 전적으로 개인, 공동체, 국민을 지향한다. 그러한 차원에서 전통적 안보개념은 보편적인 주권의 지위를 획득한다. 따라서 인간주권은 자기목적을 가지는 것이 아니라, 일상생활에서 권력남용과 범죄로부터 시민을 보호하는 것으로 이해된다. 중요한 점은 인간주권이 인권을 침해하는 다양한 사안에만 관련을 맺는 것이 아니라, 인권의 보편적 타당성 요구를 포함하는 총체적 개념이라는 것이다.

따라서 군사적 수단을 활용하여 안보의 단기적 효율성을 앞세우기보다는 보편적 인권의 존중에 우선적 순위가 부여된다. 궁핍과 물리적 강제로부터 자유로우며, 일상생활과 노동으로부터 인간의 존엄성을 지키기 위해서는 기본적으로 특정 개인, 집단, 국가의 특수한 이해를 (때때로는 폭력적인 방식으로) 다른 개인, 집단, 국가에게 강요하는 것이 금지되어 한다. 왜냐하면 세계적 상호의존의 조건 아래서는 일종의 원치 않는 부메랑 효과가 예상되기 때문이다. 따라서 인간주권은 군사적 개입 혹은 물리적 보호에 의해서가 아닌, 법치국가, 인권보호, 참여의 원칙을 지키는 정치적 결정을 통해서만 작동한다. 이때 사회적으로 차별화되는 규범적 목표설정은 중요하다. 왜냐하면 성적, 연령적, 문화적 특수성은 위험에 대한 인식정도와 안보(보편적 의미에서)에 대한 요구와 관련하여 차이를 보이고 있기 때문이다. 나아가서 인간주권에 대한 요구는 시대적으로 변화할 수 있다.

정치적 · 군사적 수단에 기초한 확대안보 개념에 반하여 인간안보는 첫째, 국가라는 수단을 통해서 세계안보를 실현하려는 것이 아니라, 그 자체로 하나의 고유한 목적을 지닌다. 예컨대 인간주권의 관점에서 빈곤극복과 공정한 대외통상정책은 고유한 가치를 지니며, 이 두 가지 문제는 발전된 산업국가의 안보를 증대시키기 위한 기능적 관점(발전된 산업국가들의 안보를 위해 다른 세계의 희생을 정당화하는 방식)에서 바라보지 말아야 한다. 둘째, 인간주권의 확립을 현재의 세계화논쟁의 중심에 세우려 한다면 무엇보다 경제적 세계화의 부정적 결과를 교정하려는 OECD 국가의 불안과 이해를 반영하는 것에 제한되지 말아야 한다. 셋째, 포괄적 의미에서 안보는 UNDP가 기술하고 있듯, 다른 사람을 배제하고, 때때로 그들의 불안정성을 증대시키는 물리적 보호조치(포위, 감시 그리고 폭력 적용) 등에 의해서 유지될 수 없다. 인간주권은 모든 사람들이 (포괄적) 안보의 존속에 유일한 관심을 가지며, 자기 규정적이고 스스로 책임을 지는 행위 이외에는 어떠한 경쟁적 소비를 하지 않는 공공재로 고찰되어야만 한다. 최소한의 주권과 안보는 사람들이 스스로 위험을 떠맡을 준비, 즉 대담하고, 능동적이며, 창조적이기 위한 전제조건이다. 만약 인간주권이 제대로 지켜지지 않는다면, 오히려 보수적인 반응이 등장할 것이다. 예컨대 인종적, 종교적 공동체에서 보호를 찾거나, 많은 사람들이 안전영역으로부터 배제되는 결과를 초래하는 폐쇄적 공동체로의 회귀 등을 상상할 수 있다.

21세기 초반의 오늘날에도 인권의 침해는 다양한 방식으로 세계적 차원에서 발생하고 있다. 실제로 인간주권이 위협되고 있는 지역을 찾기란 그리 어려운 일이 아니다. 또한 적지 않은 지역에서 맑은 공기, 비옥한 토양, 맑은 물, 식량 확보 등과 같은 중요한 자원의 이용권을 의미하는 환경주권이 다국적 기업에 의해 유린되고 있다. 나아가서 세계적 차원에서의 시장경쟁의 결과로서 실업이 증가하고, 비정규직노동이 확대됨에 따라 생활영위를 위한 생계노동과 사회적 안정 간의 연계성이 점차 느슨해지고 있다. 이러한 점에서 사회경제권리가 대단히 중요한 문제로 등장한다. 사회경제권리는 다시 질병, 사고, 노령화, 실업과 같은 삶의 위험에 대한 보장, 건강과 교육기회의 제공 등과 같은 문제들을 포함해야 한다. 사회경제권리가 침해되고 있는 원인은 물론 다양하다. 경제적 남반구(동유럽을 포함)에서는 통화안정을 우선순위에 놓은 구조조정조치에 의해서, 경제적 북반구에서는 과도한 긴축정책과 조세

경쟁(그에 따른 국가의 수입 감소)에 의해서 사회경제권리가 약화되고 있다. 두 지역 모두에서 빈곤은 증가하고, 공적인 서비스 제공의 과제가 점차 사영화되어가는 경향을 보이고 있다.

한편, 경제적 세계화와 연관된 또 다른 문제는 개인과 공동체의 물리적, 사회적 고통이 증가한다는 점이다. 따라서 일반적으로 사람들이 자신들의 사고와 행위양식을 공유하는 공동체의 소속감을 굳건하게 할 수 있는 심리적, 사회적 안정 또한 중요하다. 마지막으로 세계 도처에서 정치적 불안정성이 증가하였다. 정치적 불안정성은 국제적으로 활동하는 행위자들에 의한 무장투쟁, 금융투기, 자본탈출, 합법 혹은 비합법적인 조세포탈, 국제적으로 크고 작은 부패 등과 같은 다양한 원인에서 증폭된다. 정치적 불안정성이 증가함에 따라 많은 지역에서 사람들은 삶에 중요한 재화나 서비스에의 대안적 접근을 추구하게끔 되었다. 그러나 사람들은 그러한 시도에서 국내적으로는 쉽사리 지하경제 혹은 범죄의 영역으로 빠져들고, 혹은 자신의 고향을 떠나 아예 국제적 난민 또는 이주자로서의 삶을 선택하기도 한다.

Ⅳ. 인간주권과 사회경제권리의 실현을 위한 글로벌 거버넌스: 국제적 전망

경제적 세계화는 그 자체로 거스를 수 없는 대세가 되어버렸다. 그러나 그러한 과정을 인권, 민주주의, 정치적 안정성, 생태적 지속성, 그리고 평화의 관점에서 볼 때, 남반구-북반구 양대 지역 대다수 사람들의 거센 저항과 마주치고 있는 것도 엄연한 현실이다. 따라서 무제한적인 시장개방, 생산자와 자연환경을 보호하는 규제의 철폐, 공공서비스의 사유화, 고용확대 및 기본욕구의 보장에 대한 통화안정성의 우위(긴축

재정) 등을 의미하는 시장의 세계화가 다수의 사람들에게서 지속적으로 동의를 얻어내기는 힘들 것이다.

이미 일련의 금융위기 이후 일방적인 시장자유화 전략은 정당성을 상실하게 되었다. 2000년 이후 보다 적극적으로 조직화되기 시작한 반세계화 국제운동의 슬로건은 그러한 불안감 내지는 불편함을 적절하게 표현하고 있다. "다른 세계가 가능하다"라는 주장을 하기 위해서는 일반적으로 세계화과정에서 지금까지 무시되어온 사회적 · 생태적 · 문화적 차원에 주목해야 하며, 나아가서 실현가능한 미래의 전망을 구현하기 위해서는 삶과 생존의 토대, 인권과 환경권이 보호되어야만 한다. 신자유주의는 '역사의 종말'을 의미하지 않는다. 세계화에 의해서 동반된 파괴적 사회화의 결과를 합리화하기 위해 종종 동원되곤 하는 '다른 대안이 없다(TINA: There is no Alternative)'라는 구호는 더 이상 설득력이 없다. 기본적으로 자신의 고유한 규칙을 따르며, 일반적 복지의 창출을 위해 수요와 공급의 조정 이외의 다른 어떤 것도 필요로 하지 않는 시장자유주의의 시스템은 이행 불가능한 자신의 약속을 실현하는데 실패하였다.

무엇보다 2008년 금융위기 이후 신자유주의적 이데올로기는 더 이상 금기의 영역이 아니며, 사람들은 인권과 사회경제권이 존중되는 다른 경제질서에 기초한 세상을 희망한다. 그러한 가정은 마치 19세기 말 '조직화된 자본주의'에 대한 구상이 등장하고, 2차 세계대전 이후 거의 모든 산업국가에서 자본주의와 민주주의의 타협에 기초한 포디즘적 산업화모델이 산업국가 내에서 관철됨에 따라 한동안 시장자유주의 이데올로기가 퇴색해버린 역사적 사실에 기초하고 있다.

물론 이러한 낙관적 전망에도 불구하고 신자유주의를 대체하는 어떤 이념이 인간주권의 창출을 정치적 행위의 중심에 놓고, 생태적으로 지속가능하고 연대에 기초한 세계사회를 구현하기 위한 프로그램이 명료하게 존재하지 않는다. 그러한 이유에서 반대로 민주주의를 배제한 자본주의로의 역발전의 가능성 또한 공존한다. 실제로 현재 국내에서뿐만 아니라 전 세계적으로 자행되고 있는 반인권 상황을 보면, 신자유주의가 새로운 권위주의로 발전할 가능성마저 엿보인다. 새로운 권위주의는 국가안보를 위해 시민의 자유와 민주적 권리를 제한하고, 경찰과 군대의 기능을 구별하지 않으며, 국제 안보의 창출과 유지를 위해 대규모 군사공격이라는 '고전적' 수단에 의존하는 사회질서를 의미한다. 그러한 전조는 이미 적지 않은 라틴아메리카 국가에서 발견되며(Stanley, 2002), 발전된 산업국가에서도 예외는 아니다. 예컨대 발전된 산업국가 내에서 '소시민의 대변인(실제로는 부유한 인종차별주의자들)'을 자임하는 극우주의자들은 소위 경제적 상황강제와 기술발전의 역동성에 대한 대단히 위험스러운 '대안'을 제시한다.

한편 미국에서는 9·11 테러 이후 세계사회를 불안하게 하는 '경제적 아파르트헤이트(economical apartheid)' 성격의 정치가 대두되고 있다. 그러한 정치는 자원을 집어삼키는 '미국식 생활양식(american way of life)'을 생태적 위기의 조건 아래서도 모든 수단을 동원하여(무엇보다 소위 '불량국가' 및 잠재적 적대국에 대한 군사적 폭력 사용) 유지하는 것을 핵심으로 한다. 그러한 목적을 위해서 군사동맹(NATO), 국가연합(UN), 그리고 국제조직(WTO)이 도구화되었다(Arnold, 2002). 오바마의 등장으로 이러한 흐름은 다소 약화되기는 하였지만, 전반적으로 이러한 기조는 여전히 강력한 영향력을 행사한다. 최근 리비아에 대한 군사적 개입에 대한 미국의 어정쩡한 태도는 이를 방증한다.

사회정의와 생태지속성에 기초한 세계질서를 구축하기 위해서는 경제적으로 강력한 영향력을 행사하는 사람들의 자의성을 구속하는 국제적 규제와 기준을 필요로 한다. 이를 위해서 시민사회의 압력은 필수적이다. 그럼으로써 공공영역을 배제한 채 폐쇄적 협의공간 속에서 개별국가의 법률을 무력화하고 국제협약의 기준을 침해하는 국제기구(예컨대 WTO)를 민주적인 방식으로 재조직화해야만 할 것이다(Mark-Ungericht, 2002). 사회정의에 기초하고, 생태적으로 지속가능한 경제사회질서의 원칙은 경제, 금융세계, 미디어의 거대한 사적 행위자들(즉,

〈표 1-2〉 인간주권 및 사회경제권리 이슈를 다루는 다자간 국제기구

• IGO(Intergovernmental Organizations)
• UN 인권조약 모니터링 기구 UN Human Rights Committee CRE(Committee for the Rights of the Child) CEDAW(Committee for Elimination of all Forms of Discrimination Against Women) CESR(COmmittee for Economic, Social, and Cultural Rights) CERD(Committee for Elimination of all Forms or Radical Discrimination) CAT(Committee Against Torture) • United Nations UN Human Rights Commission UN Human Rights Centre Working Groups of Human Rights Commission or Sub-Commission, or Special Rapporteur ECOSOC(Economic and Social Council) UNICEF UNESCO UNCR(UN High Commission for Refugees) WHO(World Health Organization) UNCTAD Commission on Sustainable Development • 기타 IGOs EHRC(European Human Rights Commission) OSCE(Orgnization for Security and Cooperation in Europe) African Commission on Human Rights and Peoples' Rights Inter-American Human Rights Commission World Bank IMF

다국적 기업 및 금융자본가)과의 타협을 통해 성취될 수 없다. 따라서 정치적으로 책임 있는 사람들에게 압력을 행사하고, 이들의 권력남용을 제한하는 대항적 공공영역의 창출은 대단히 중요하다. 오늘날 국제적으로 활동하는 국내외의 시민운동단체(NGO)는 다자간국제기구(〈표 1-2〉 참조)를 통해 인간주권 및 사회경제권리를 관철시키기 위한 다양한 노력을 기울이고 있다.

대안적 세계화의 기본적 전제로서 인간주권의 창출과 유지는 무엇보다 사회적 서비스(교육, 건강, 공공안전 등)와 같은 공공재를 생산하기 위한 공적인 책임으로부터 출발해야 한다. 왜냐하면 사회적 결속의 유지는 그러한 서비스가 제대로 제공되는지의 여부에 달려 있기 때문이다. 만약 시민의 지위가 이제 더 이상 생활에 중요한 재화나 서비스로의 접근에 대한 동등한 권리에서 확보되지 않고, 서비스의 사적인 제공자들이 공공서비스 접근의 전제조건을 결정하게 된다면, 공공재는 단지 지불가능한 소수의 클라이언트들만의 특권재로 전락하게 된다. 더구나 교육 또는 건강의 경제화는 재정적 자원을 소유한 사람들에게 교육 및 건강에 대한 내용, 방식, 지원방식에 대한 완전한 결정권을 부여하는 셈이 된다.

따라서 공공재의 특성을 규정하는 일은 *정치적 논쟁의 대상*이며, 이는 어떠한 재화가 공적으로 제공되고, 이용되어야만 하는지에 대한 *정치적 합의*에 달려 있다. 오늘날 공공재가 강력한 사유화의 압력아래 놓여 있다는 사실은 한편으로 세계화의 시대에 신자유주의적 사유와 실천유형의 이데올로기적, 문화적 헤게모니의 결과라고 할 수 있다. 이는 또한 사적인 영역이 공적인 영역에 대해 언제나 원칙적 우위를 향유하는 미국식 가치를 대변하는 것이기도 하다. 다른 한편으로는 국가예산의 위기가 공공재의 재정조달을 어렵게 하는 측면이 있다. 이는 신자유주의적 세계화의 결과이기도 하다.

이제 공공재의 제공은 매우 능동적인 정치적 과제가 되어야만 한다(Kaul et al., 1999). '다른 세계화'의 전망 속에서 공공재의 문제를 논의하기 위해서는 공공재의 성격에 대한 합의가 선행되어야 한다. 예컨대 시장경쟁의 영향 속에서 등장한 경제사회적 종속관계의 표현인 사회적 불평등이 현재 상태로 지속될 수 없다는 사회적 합의가 창출되어야만 하며, 이는 개별 사회의 한계를 넘어서 세계사회의 차원에서 논의되어야만 한다. 바야흐로 WTO의 틀 안에서 본격적으로 논의되고 있는 GATS협약(서비스교역에 대한 일반협정)[5]이나 지역차원에서 논의되는 각종 경제통합프로젝트(국가별, 국가 간 FTA)의 결과는 개별국가 및 사회 내에서 해결될 성질이 결코 아니기 때문이다. 그렇게 볼 때, 미국의 일방적이고, 제국주의적인 정치와 대비되는 다자주의(Multilateralism)의 원칙이 국제사회의 영역에서 추구되어야만 하며, 평화를 추구하는 국제정치는 글로벌 거버넌스의 차원에서 새롭게 논의되어야 할 필요가 있다. 글로벌 거버넌스는 폭력적 수단에 의존하지 않으면서 국내적, 국제적 차원에서 소득재분배를 추구하며, 시장에 의해 왜곡된 사회의 불평등을 해결하는 21세기의 평화적 프로젝트로 자리매김해야만 할 것이다.

그러나 개별국가의 영역을 넘어 국제적 차원에서 사회정의와 경제적 평등를 추구하려는 글로벌 거버넌스에 대한 반발도 적지 않은 것이 사실이다. 이들의 주요 논거는 다음과 같다:

---

5) 2005년 1월 1일 신세계무역라운드의 출범을 목표로 하는 GATS협약은 서비스무역의 완전개방을 지향한다. 미국과 유럽 핵심국가들의 이해관계를 대변하는 이 협정이 포괄하는 범위는 체신, 에너지와 수자원공급, 은행 및 보험, 의료 및 사회서비스, 관광, 운송, 무역, 건축, 교육, 문화 등 거의 모든 서비스 영역을 포괄하고 있다. 이 협약의 폭발력은 서비스 시장이 과거 무역교역에서 관세와 같은 방식으로 보호받지 못하게 되었다는 점이다. 나아가서 GATS 협약은 국민의 복지와 안녕에 이바지해야 할 공공서비스를 시장경쟁의 논리로 유도하는 것을 목표로 한다. 따라서 GATS 협약은 무엇보다 국가의 지원(조세혜택, 보조금 등)을 해외 공급자(다국적 기업)에게 동일하게 적용할 것을 요구하며, 경쟁의 효율성 증대를 위해 공공복지를 실현하기 위한 공적수단의 철폐를 요구한다. 이러한 공공서비스의 자유화, 민영화 조치는 지금까지의 경험에 비추어 볼 때, 공공서비스의 질적 저하, 가격상승, 사회빈곤층에 대한 혜택감소, 임금저하, 실업증대, 고용의 불안정화를 초래할 것은 자명하다.

- 국제적 차원에서 대규모의 재분배 시도는 생산에 대한 투자와 동기부여를 악화시킬 것이다. 따라서 재분배의 시도는 오히려 사회 저소득 계층의 지위를 악화시킬 가능성이 있다.
- 재분배 정책은 향후 세계적 차원에서 경제적 분산과 성장을 가능하게 할 자본축적에 부정적인 영향을 미친다.
- 국제적 차원의 규제는 개인의 창의성을 말살시킨다.
- 사회경제권리의 내용은 모호하기 때문에 법적으로 강제할 수 없다.
- 인간주권과 사회경제권리의 보편주의 원칙은 노동의 의욕을 상실하게 한다.

그러나 이러한 주장은 다음과 같은 이유에서 반박될 수 있으며, 또한 그 근거를 상실할 수밖에 없다:

- 기본적인 인간의 욕구를 충족시키는 것이 경제적 성장을 결코 방해하지 않는다. 오히려 그 반대로 모든 사람들 위한 인간주권과 최소한의 사회경제적 권리의 실현은 발전의 대상을 구체화하며, 성장의 동력을 강화한다(대표적 복지국가인 스웨덴은 물론, 1987년 이후 한국의 발전 상황이 이를 입증한다).
- 성장과 평등의 상쇄(즉, 성장과 평등은 반비례한다는 논리)에 대한 신화는 근거가 없으며, 폐기되어야만 한다. 일례로 평등의 원칙에 근거한 '인적 자원(human capital)'에 대한 투자는 스웨덴이나 독일의 경우에서 보듯 성장에 매우 긍정적인 영향을 미친다. 대부분의 경제적 성공사례는 부의 재분배와 토지개혁, 지역에 대한 인프라 구축, 교육투자, 의료보험 등의 개혁을 통한 경제적 평등의 실현을 골자로 한다.
- 빈곤을 탈출하게 해주는 인간주권과 사회경제권리는 사회 저소득 계층에게 다양한 삶의 선택을 가능하게 한다.

- 인간주권과 사회경제적 권리를 실현하기 위한 다양한 시도는 사회취약계층(노령자, 여성, 소수자 등)에게 동기부여를 제공한다.
- 국제적 차원에서 인간주권과 사회경제권리의 실현은 국제적 차원에서 빈부격차를 해소하고, 이윤을 둘러싼 전쟁과 폭력대신, 민주적 질서에 기초한 평화를 정착시키는 데 중대한 기여를 할 것이다.

이러한 논리적 강점에도 불구하고 사람들이 스스로 조직화하고, 자신의 공동체와 권리를 보호하며, 그들에 의해 선출된 대표자에게 책임을 지우는 '새로운 민주주의'가 동반되지 않을 경우에, 인간주권과 사회경제권리를 핵심으로 하는 글로벌 거버넌스는 실현 불가능하다. 따라서 세계화된 근대화의 조건 속에서 삶과 경제를 재구성할 수 있는 국제적 차원의 규제와 기준을 마련하는 것이 무엇보다 시급한 과제라고 하겠다.

참고문헌

유강은 역. 2011. 『자본주의 그들만의 파라다이스: 두바이에서 요하네스버그까지 신자유주의가 낳은 불평등의 디스토피아』. Davis, Mike, & Monk Daniel Bertrand. 2007. *Evil Paradises: Dreamworlds of Neoliberalism.* 서울: Archive.

장하준. 2011. 『그들이 말하지 않는 23가지』. 서울: 부키.

Altvater, E. 2002. "Eine neue Finanzarchitektur oder: das globale öffentliche Gut finanzieller Stabilität." In: B. Mahnkopf (ed.). *Globalisierung und menschliche (UN)Sicherheit. Globale öffentliche Güter als Voraussetzung für eines gerechten Friedens.* Berlin.

Altvater, El, and B. Mahnkopf. 2002. *Globalisierung der Unsicherheit. Arbeit im Schatten, schmutziges Geld und informelle Politik.* Münster.

Arnold, H. 2002. "Welche Sicherheit für das gröβere Europa?" In: H. Arnold/ R. Krämer (eds.). *Sicherheit für das gröβere Europa. Politische Optionen im globalen Spannungsfeld.* Bonn: 334-362.

Bundesakademie für Sicherheitspolitik (ed.). 2001. *Sicherheitspolitik in neuen Dimensionen. Kompendium zum erweiterten Sicherheitsbegriff.* Hamburg/Berlin/Bonn.

Darchiashvili, D. 2002. "Menschliche Sicherheit, liberale Dmeokratie und die Mahct des Nationalismus: Die Staatskrise in Georgien und mögliche Lösungen." In: T. Debiel (ed.). *Der zerbrechliche Frieden. Krisenregionen zwischen Staatsversagen, Gewalt und Entwicklung,* 173-201.

Debiel, T. 2002. "Privatisierte Gewalt und der Schrecken des 11. September. Herausforderungen für Auβen-, Sicherheits- und Entwicklungspolitik." In: T. Debiel (ed.). *Der zerbrechliche Frieden. Krisenregionen zwischen Staatsversagen, Gewalt und Entwicklung.* Bonn: 292-323.

Duffield, M. R. 2001. *Global Governance and the New Wars.* London.

Elshorst, H. 2002. "NGOs als Hoffnungsträger bei Versagen von Staat und Markt im globaliserten Umfeld—am Beispiel der Bekämpfung der internationalen Korruption." In: B. Mahnkopf (ed.). *Globalisierung und menschliche (UN)Sicherheit. Globale öffentliche Güter als Voraussetzung für eines gerechten Friedens.* Berlin.

Entwicklungspolitisches, Memorandum. 2002. "Elendsbekämpfung erhöht die Sicherheit der Industrieländer." In: Frankfurter Rundschau, Dokumentation vom 08./09.05.2002 sowie: www. germanwatch.org.

Frank, H. 2001. "Sicherheitspolitik in neuen Dimensionen." In: Bundesakademie für Sicherheitspolitik (ed.). *Sicherheitspolitik in neuen Dimensionen. Kompendium zum erweiterten Sicherheitsbegriff.* Hamburg/Berlin/Bonn: 15-28.

Graf, W. 2001. "Der Mythos der umfassenden Sicherheit." In: ÖSFK (ed.). Projektleitung: Th. Roithner. *Wie sicher ist Europa? Perspektiven einer zukunftsfähigen Sicherheitspolitik nach der Jahrtausendwende.* Münster: 45-52.

ILO(International Labour Organization). 2000. "InFocus Programme on Socio-Economic Security"(www.ilo.org/public/english/protection/ses/about/index.html).

Kaul, I., I. Grunberg, and M. A. Stern. (eds.). 1999. *Global Public Goods.* New York/Oxford.

McGrew, A., and N. K. Poku. (eds.). 2007. *Globalization, Development, Human Security.* London.

Mahnkopf, B. 2002. "Zum Konzept der human security und zur Bedeutung globaler öffentlicher Güter für einen gerechten Frieden." In: B. Mahnkopf (ed.). *Globalisierung und menschliche (UN)Sicherheit. Globale öffentliche Güter als Voraussetzung für eines gerechten Friedens.* Berlin.

Mark-Ungericht, B. 2002. "Die WTO als Symptom und Instrument einer problematischen globalen gesellschaftspolitischen Entwicklungsrichtung." In: ÖSFK (ed.). Projektleitung: R. H. Tuschl. *Ground Zero. Friedenspolitik nach den Terroranschlägen auf die USA.*

Friedensbericht 2002. Münster: 238-257.

Rumsfeld, D. H. 2002. "Transforming the Military." In: *Foreign Affairs,* Vol. 81, No.3 (May/June 2002), p. 20ff.

Sen, A. 1992. *Inequality Reexamined.* Cambridge Mass.

______. 1999. *Development As Freedom.* New York.

Stanley, R. 2002. "Unsicherheit in der Globalisierung: Zur Entstehung eines neuen Autoritarismus in Lateinamerika." In: B. Mahnkopf (ed.). *Globalisierung und menschliche (UN)Sicherheit. Globale öffentliche Güter als Voraussetzung für eines gerechten Friedens.* Berlin.

Stiglitz, J. 2002. *Die Schatten der Globalisierung.* Berlin.

ul-Haq, M. 1999. "Human rights, Security, and Governance." In: (www.toda.org/publications/peace-policy/p_p_fw98/haq.html).

UNDP(United Nations Development Programme). 1994. *Human Development Report 1994.* New York.

Wieczorek-Zeul, H. 2001. "Friedensentwicklung und Krisenprävention." In: Bundesakademie für Sicherheitspolitik (ed.). *Sicherheitspolitik in neuen Dimensionen. Kompendium zum erweiterten Sicherheitsbegriff.* Hamburg/Berlin/Bonn: 831- 850.

제2장

시민주의 사회정책의 토대로서 인권과 연대

강수택

I. 들어가는 말

한국 사회에서 사회정책에 대한 실질적인 관심의 역사는 매우 짧다고 할 수 있다. 비록 1960년대 초에 사회보장제도를 위한 국가기구가 만들어졌으며 그 이후에 각종 사회보장제도가 서서히 도입되고 또한 발전되어 왔지만 이러한 국가의 정책은 오랫동안 경제정책의 큰 틀 안에서 이루어져 왔다. 이것은 경제전반의 정책과제 연구를 위한 국책 연구기관인 한국개발원(KDI)이 1971년 설립되었는데 비해, 사회정책에 관한 국책 연구기관인 한국보건사회연구원이 인구정책 및 보건정책 연구기관인 한국인구보건연구원을 모태로 처음 설립된 것이 18년 후인 1989년이었다는 점에서 쉽게 추측할 수 있다.

1980년대 말은 경제성장정책 중심의 오랜 국가정책이 야기한 심각한 경제 불평등에 대한 국민들의 비판적 목소리가 매우 커진 시기였으며 또한 그동안 권위주의적인 군부정권들의 강압통치에 억눌려온 노동자들을 비롯한 민중들의 권리투쟁 열기가 폭발적으로 분출된 시기였다. 이런 점에서 국가가 이 시기에 와서 실질적인 사회정책에 대한 관심을 더 이상 미룰 수 없었던 것은 극히 당연한 일이었다.

이 시기에 사회정책에 대한 관심이 커진 것은 국가뿐만이 아니었다. 시민사회에서도 사회적인 문제를 해결하기 위한 다양한 실천적 노력이 이루어졌으며 또한 이를 뒷받침하기 위한 다양한 경향의 지적인 모색이 이루어졌다. 이런 가운데 1989년 한국사회정책연구원이라는 민간연구기관이 설립되어 사회정책 관련 학술지를 간행하기 시작하였으며 1993년 초에는 한국사회정책학회가 설립되는 등 1980년대 말과 1990년대 초에 사회정책 연구가 본격적으로 제도화되기 시작하였다.

그 후 1990년대 말 한국사회가 심각한 외환위기를 겪게 되면서 대량실업이 발생하였으며 또한 사회의 양극화가 심화되는 등 적극적인 사회정책이 강력히 요구되는 상황이 전개되었다. 비록 지금은 당시의 외환위기가 지나간 상태이지만 사회의 양극화는 여전히 심각한 상태로 남아 있다. 또한 청년실업으로 대표되는 실업문제와 비정규직 노동자로 대표되는 불안정 고용 문제도 시급히 극복해야 할 중요한 과제로 남아 있다. 게다가 교육문제는 과거의 어느 때보다 풀기 어려운 복잡한 문제로 되었으며 이 외에도 여성문제, 노인문제, 이주민문제, 주거문제 등 다양한 사회문제들이 뒤섞여 심각한 사회갈등의 원인이 되고 있다.

그래서 이들 사회문제를 해결하기 위한 여러 처방들이 제시되어 왔지만 이들 가운데는 계급적 이해관계나 정파적 이해관계, 그리고 심지어 극단적인 이념적 편향성에 따른 것들이 많아서 사회통합을 낳기보다는 오히려 사회갈등을 심화시키는 원인이 되기도 하였다. 그렇기 때문에 이들 극단적인 이해관계나 이념으로부터 벗어나 진정한 사회통합을 추구하려는 사회정책 본래의 정신을 되찾아 이를 현대 한국 사회에 적절히 적용하려는 노력이 요구된다.

필자는 이 글에서 이러한 방향의 사회정책을 특별히 시민주의 사회정책이라고 개념화하고 이것이 계급이나 정파적 이해관계 혹은 극단적 이념 편향성에 취약한 기존의 국가주의적인 경향이나 시장주의적인 경향과 어떻게 다른지 설명하고자 한다. 그리고 시민주의 사회정책의 핵심이 인권 및 연대 기반성에 있음을 밝히면서 사회정책에서 이들 인권 및 연대의 특별한 의미를 드러내기 위하여 인권과 사회정책의 상호 연관성, 그리고 연대와 사회정책의 밀접한 연관성에 대하여 자세히 살펴보려고 한다. 필자는 사회정책의 성공적인 실행을 위해 필요한 국가 및 시장의 역할을 충분히 인정하면서도 최종적으로는 인권 및 연대를 중시하는 시민사회의 관점과 시민사회의 주체적이며 적극적인 노력의 중요성을 이 글에서 특별히 강조하고자 하는 것이다.

II. 사회정책이란: 사회정치와 사회정책

우리말의 '사회정책'으로 번역되는 서양어는 독일에서 가장 먼저 출현하였다. 오늘날 'Sozialpolitik'이라는 형태로 사용되는 'Socialpolitik'이라는 용어는 1873년 슈몰러(G. Schmoller), 바그너(A. Wagner) 등의 경제학자들과 일부 정치인 및 역사학자가 중심이 되어 창립한 사회정책협회(Verein für Socialpolitik)를 통해 널리 알려졌으며, 한자어 '社會政策'은 1891년 일본인 가나이 노부루(金井延)가 독일어를 이렇게 번역한 후에 1897년 일본사회정책학회가 창립됨으로써 확립되었다(Pankoke, 1995: 1230; 손준규, 1993: 26).[1] 이렇게 하여 널리 알려지게

1) 독일의 지식인들이 창립한 사회정책협회는 자유방임주의 정책과 사회주의자들의 혁명 이념에 대항하여, 기존 질서 위에서 사회유기체와 조화를 이룩할 수 있도록 하층계급을 교육하고 향상시키는 것을 과제로 삼았다. 그리고 일본사회정책학회도 자유방임주의와 사회주의를 반대하면서 기존의 사유 경제질서 내에서

된 'Socialpolitik'과 '사회정책'이라는 용어는 이를 공식적으로 대변한 이들 단체의 초창기 입장을 반영하여 첫째, 사유 경제질서를 유지하고, 둘째, 노동계급의 문제로 대변되는 사회문제 해결에 적극 나서며, 셋째 국가의 적극적인 역할을 요구하는 이념 내지는 사상을 담은 개념이 되었다.

그런데 이 용어는 원래 독일에서 19세기 전반에 'Social-Politik'이라는 형태로 사용되었다. 그것은 헤겔이 시민사회와 국가를 개념적으로 분리한 후에 당시의 사회적인 문제("sociale Frage")를 해결하기 위해 시장사회라는 사적인 영역과 법치국가라는 공적인 영역 사이를 매개하는 활동을 일반적으로 일컫기 위한 것이었다. 이 활동들은 대부분 처음에는 교회, 지역공동체, 조합, 기업 등 국가적 활동이 아닌 형태로 이루어졌으나 차츰 국가가 이들 활동을 지원하고 법제화하며 결합하는 방식으로 관여하게 되었다. 또한 이 활동의 대상인 사회문제는 19세기 전반에는 주로 빈곤의 문제를 가리켰으나, 19세기 중엽을 지나면서 노동자 문제로 이해되어갔다. 이런 중에 사회정책협회가 결성되어 주로 노동자 문제를 해결하기 위한 국가의 활동으로서 Socialpolitik을 주장하였으며 또한 비스마르크가 이러한 활동을 사회입법을 통해서 추진함으로써 마침내 사회정책은 사유 경제질서 내에서 주로 노동자 문제를 해결하기 위한 국가정책을 지칭하는 개념으로 널리 인식되기에 이르렀다(Kaufmann, 1989: 46 이하).

그렇지만 19세기 말에도 독일에서는 실제적으로 사회정책이라는 용어가 여전히 국가정책으로서뿐 아니라 지역공동체, 직업조직, 기업 등에 의한 활동을 가리키는 표현으로서도 사용되었다. 게다가 화이트칼라 집단이 사회보험 대상으로 편입되었으며 바이마르 공화국에서 복지

개인의 활동을 보호하고 국가권력으로 계급의 압력을 방지하며 사회의 조화를 도모하려는 입장을 취하였다는 점에서 기본적으로 독일의 사회정책협회와 비슷한 성격을 가졌다(Verein für Socialpolitik, 2010; 손준규, 1993: 26).

국가적인 활동이 확대되었고 또한 국민경제학자들에 의해 분배문제가 사회정책의 핵심과제로 다루어지면서 사회정책이라는 용어는 서서히 노동자 문제로부터 벗어나 보다 포괄적인 문제를 다루는 개념으로 확장되기 시작하였다(Kaufmann, 1989: 46-47).

제2차 세계대전 종전 이후에는 이러한 경향이 더욱 강화되어 독일에서 Socialpolitik(Sozialpolitik)은 이제 단순히 노동자라는 특정한 계급의 보호정책을 넘어 계급과 독립적으로 시민들의 소득 및 자산의 불균형과 가족 부담의 불균형을 시정하고 이로 인한 출발상의 불의를 개선하는 데 더 큰 비중을 두는 균형정책 및 보다 포괄적인 사회정책을 가리키는 용어로 그 의미가 발전하였다. 그래서 이런 맥락에서 종래의 노동정책뿐 아니라 주택정책, 가족정책, 자산정책, 교육정책 등까지도 보다 포괄적으로 지칭하는 표현으로서 종합사회정책(Gesellschaftspolitik)이라는 용어가 새롭게 등장하여 사용되기도 하였다(Lampert, 1989: 43-44).

한편 영국을 비롯한 영어권에서는 독일어 Socialpolitik(Sozialpolitik)에 해당되는 용어가 없었으며, 영국에서는 사회개혁(social reform), 노동정책(labour policy), 사회입법(social legislation) 같은 용어가 일찍이 많이 사용되었다. 그러다가 제2차 세계대전 중에 영국에서는 종합적인 사회보장계획을 담은 베버리지 보고서가 마련되었는데 이 보고서는 사회보장계획안과 이 계획을 실행하기 위한 사회정책(social policy)을 핵심내용으로 다루었다. 그 후 제2차 세계대전 종전과 함께 영국의 노동당 정부가 베버리지 보고서에 입각한 사회보장제도를 본격 도입하면서 사회정책은 국가의 사회보장정책 혹은 복지국가정책이라는 의미로 사용되기 시작하였다(손준규, 1993: 23; Beveridge, 1958: 153; Marshall, 1975: 11 이하).

이렇게 보면 Socialpolitik(Sozialpolitik)과 social policy라는 두 용어가 출현한 배경이 국가뿐 아니라 시대적인 면에서도 서로 다르며 따라서 각각 특징적인 차이를 갖고 있다는 것을 알 수 있다. 하지만 이와 함께 제2차 세계대전 이후에는 두 용어가 모두 국가에 의해 주도되는 포괄적인 사회정책 혹은 사회복지정책을 가리키는 개념으로서 어느 정도 수렴되어 사용되고 있는 것도 알 수 있다.

그런데 제2차 세계대전 이후 번성기를 맞이하였던 국가 주도의 사회복지정책이 1970년대를 경과하면서 국가재정위기와 대량실업을 비롯한 여러 심각한 도전에 직면하게 되었을 뿐 아니라 자율적인 시민사회 의식이 고조됨에 따라서 국가 관료제에 기반을 둔 사회복지정책의 한계에 대한 비판이 심각하게 제기되기도 하였다. 이런 상황에서 특히 큰 경제적인 어려움을 겪은 영국이 미국과 함께 중심이 되어 사회복지정책을 대폭 축소하고 정부 규제를 완화하는 대신에 시장의 기능을 강화하는 방향으로의 신자유주의적인 국가정책과 세계 경제정책을 주도하게 되었다.

신자유주의 경향은 비록 나라에 따라 달랐지만 사회정책에도 큰 영향을 끼쳤다. 영국과 프랑스의 사회복지정책에 끼친 신자유주의 영향을 분석한 심창학에 의하면 사회복지에 대한 국가의 역할 약화, 복지생산자로부터 구매자로의 국가역할 변화, 복지와 근로의 연계 강화, 복지대상의 잔여화 증대, 노동시장의 유연성 강화, 사회보호 수급자격의 강화 등의 변화가 나타났다. 이러한 변화의 핵심은 사회정책에 있어서 국가역할의 축소, 개인책임의 강화, 그리고 시장원리의 도입이다(심창학, 2001: 142-143, 154).

물론 사회정책에 있어서 전통적인 국가주의 접근의 문제를 지적하는 것은 신자유주의자들뿐만은 아니다. 신자유주의 이념에 대항하여 사회민주주의를 새롭게 재건하려고 한 기든스에 의하면 이러한 문제의식은 이제 복지문제를 다루는 문헌에서 통상적인 것이 되었다(Giddens, 1998: 178). 따라서 사회정책에 대한 신자유주의적 접근의 차별적인 특징은 국가주의에 대한 비판에 있다기보다는 오히려 시장의 관점에서 사회정책을 보려는 시장주의적 접근에 있다고 할 수 있다(강수택, 2010: 148-149).

시장주의자들에게는 경제정책과 구별되는 정책으로서의 사회정책은 존재하지 않는다. 노동정책, 교육정책, 주거정책, 의료정책, 그리고 심지어 가족정책조차도 거시적인 경제정책의 일환으로 간주된다. 따라서 이들은 노동, 교육, 주거, 의료, 가족 등을 다루는 사회정책에도 시장경제 원리를 적극 도입하려 하며 시장경제 원리에 이질적인 정치적인 개입, 특히 국가의 정책적 개입에 대해서는 매우 강한 거부감을 표현한다. 이들이 사회정책에 시장주의를 도입하기 위해 가장 빈번히 내세우는 명분은 효율성 제고와 비용절감이며 많은 경우에 산업효과도 강조한다. 물론 국가의 무능과 부패 방지도 중요한 명분이다. 하지만 국가의 실패 가능성에 결코 못지않은 것이 시장의 실패 가능성이다. 더구나 교육, 가족, 의료, 노동 등 일반적으로 사회정책의 대상에 포함되는 대부분의 영역은 의사소통과 연대성을 특징으로 하는 시민들의 생활세계의 구성요소들로서 시장원리와 같은 경제의 논리가 그대로 적용될 수 없는 영역에 속한다.

어쨌든 다시 개념으로 돌아가면 앞에서 보았듯이 독일어 Socialpolitik(Sozialpolitik)은 시대에 따라 변해온 여러 의미를 담은 다의적인 개념이다. 카우프만은 여기에 함축된 의미를 네 가지로 구분한 바 있는데, 첫째는 사회적 정치적 조치들을 둘러싼 정치적 투쟁으로서의 의미이며, 둘째는 사회문제를 처리하는 제도화된 절차로서의 의미이며, 셋째는 사회문제 해결을 위한 규범적 인지적 체계로서의 의미이며, 마지막 네 번째는 복지국가 발전의 누적과정으로서의 의미이다.

여기서 필자는 첫째와 셋째 의미에 특별히 주목하게 되는데 첫째는 간단히 표현하여 사회적 정치(social politics)를 의미하는 것으로서 Sozialpolitik이란 시민사회의 제 문제, 특히 경제활동의 결과로 인한 시민사회의 문제들을 해결하기 위한 역동적인 정치과정을 뜻한다는 것이다. 이런 점에서 이것은 오늘날 가장 널리 이해되고 있는 둘째 의미, 즉 사회 정책(social policy)과는 뚜렷이 구별된다. 셋째 의미는 시장원리나 국가 관료제를 통해 사회문제가 해결될 것이라는 막연한 믿음을 거부하고 사회문제 해결을 위한 보다 적극적인 관심과 노력의 필요성을 강조하는 일종의 사상이다(Kaufmann, 1989: 48-49).

이런 의미들을 고려하여 사회정책을 다시금 정의하면 다음과 같이 간략히 정리할 수 있을 것이다. 첫째, 사회정책은 사회문제의 해결을 위해 이루어지는 역동적인 정치과정 및 그 결과로서 제도화된 정책적인 활동을 모두 포함한다. 둘째, 해결하고자 하는 사회문제의 구체적인 내용은 시대에 따라 변하지만 포괄적으로 표현하면 사회정의에 반하는 문제라고 할 수 있다. 셋째, 사회정책의 수행자는 사회문제를 적극적으로 해결하기 위해 활동하는 다양한 형태의 행위자들로서 시민단체, 종교단체, 조합 등의 시민사회와 국가 그리고 기업이 대표적인 수행자들에 속한다. 그리고 오늘날 빠르게 지구화되는 세계에서는 국제기구와 국제비정부기구(INGO)도 사회정책의 중요한 수행자이다. 넷째, 시장경제가 초래한 사회문제를 해결하는 데 사회정책의 탄생배경이 있었다는 점을 고려할 때 시장주의적 접근은 적어도 사회정책에 관한 한 기본적인 한계를 갖고 있다. 다섯째, 비록 사회정책의 제도화와 재정을 위해서는 국가의 적극적인 역할이 필수적이며 실제로 과거의 사회정책 발전과정에서 국가가 매우 중요한 역할을 수행해 왔지만 국가개입의 부작용과 비효율성 등을 고려한다면 국가주의적인 사회정책관도 명백한 한계를 지니고 있다.

결국, 사회정책에 관해서는 공통적으로 명백한 한계를 갖고 있으면서도 상대방을 자신의 중요한 존립근거로 삼는 국가주의와 시장주의 대신에 시민주의적인 접근이 요구된다. 시민사회의 관점을 중시하는 시민주의적인 접근이 요구되는 가장 중요한 이유는 사회정책의 과제인 사회문제가 대부분 시민사회의 문제이기 때문이다. 그러므로 시민사회의 관점을 기본으로 시민사회, 국가, 그리고 기업이 이들 사회문제를 해결하기 위해 다양한 형태로 협력하면서 활동하는 것이 국가주의 및 시장주의의 가장 적절한 대안이라 할 수 있다.

III. 시민주의와 사회정책

시민주의란 단순하게 표현하면 시민사회의 관점을 중시하는 접근법이다. 시민사회의 관점이란 시민사회가 시민들의 생활세계로 이루어져 있으며 또한 시민들의 생활세계는 사적인 친밀성의 영역과 공공영역으로 이루어져 있다는 점에서, 시민들의 생활세계를 중시하는 관점이며 보다 구체적으로는 시민들의 권리, 특히 인권과 연대성, 그리고 소통적 합리성을 중시하는 관점이다. 이러한 시민주의는 국가주의 및 시장주의와 뚜렷이 대조되는데, 그것은 국가의 정치권력의 논리를 중시하는 국가주의와 경제의 시장원리를 중시하는 시장주의가 공통적으로 기능주의적 이성 혹은 목적합리성을 추구하기 때문이다.

물론 한국 현대사를 오랫동안 지배해온 국가주의나 1980년대 이후의 천민자본주의에서 보듯이 현존하는 국가주의와 시장주의가 모두 합리성을 추구하는 것은 아니다(백종국, 2009: 354). 하지만 적어도 이들이 명분으로 내세우는 이념형은 합리적인 국가의 정치행정체계와 시장경제체계를 추구한다고 주장한다. 그런데 문제는 이들 체계에 기능적인 논리와 관점이 시민들의 생활세계로 이루어진 시민사회에서는 이질적일뿐만 아니라 때때로 매우 파괴적이라는 점이다.[2)]

사회정책의 역사에서 사회정책이 주로 국가정책의 형태로 이루어진 것은 시대적인 상황과 연관시켜서 이해되어야 한다. 즉, 자유시장경제로 인한 사회문제를 해결하기 위해서는 시민사회의 결사체들과 국가의 역할이 요구되었으나 사회주의적인 노동운동의 기세가 매우 강력하였던 19세기 후반의 독일사회에서 사회주의적인 문제해결방식을 취하지

---

2) 하버마스의 소통적 행위론은 국가와 시장의 논리가 소통을 중시하는 생활세계에 대해서는 부정적이라는 점을 지적하였으며 필자는 모나디즘(monadism)론을 통해 국가주의와 시장주의가 생활세계의 기반이 되는 연대성에 파괴적이라는 점을 제시한 바 있다(강수택, 2010).

않기 위해서는 반사회주의적인 국가를 통한 문제해결책을 꾀하지 않을 수 없었다. 또한 20세기 들어 1917년 러시아에서 공산주의 혁명이 발생하고 혁명의 열기가 확산되자 서구사회에서는 반공주의를 표방한 국가주의인 파시즘 운동이 발생하여 빠르게 확산되었다. 이러한 상황에서 공산주의나 파시즘 같은 국가주의를 거부한 서구의 정부들은 자유주의 전통이 특히 강한 영국에서조차도 사회문제 해결을 위해 국가차원의 적극적인 정책적 노력을 하지 않을 수 없었던 것이다.

물론 사회정책에 대한 시장주의적인 접근 역시 시대상황의 변화 속에서 나타난 것이다. 하이에크(F. Hayek)처럼 정부개입의 필요성이 한창 강조되던 1930년대와 1940년대에 이미 시장경제 효율성과 정부개입 축소 등을 강력히 주장한 경제학자들도 있었다(하이에크, 1974: 59 이하). 하지만 이러한 주장이 국가정책에 반영되고 하나의 새로운 시대적 흐름을 형성하게 된 것은 한참 뒤인 1980년대부터였다. 즉 국가주도 사회정책의 한계에 대한 인식이 폭넓게 확산되고 또한 탈근대주의, 세계화 등으로 인해 근대적 국민국가의 위상이 약화되기 시작하면서 비로소 국가정책으로서의 사회정책에 시장원리를 적극 도입하여 사회문제 해결을 위한 국가 역할을 축소하는 대신에 시장 기능을 강화하는 방향으로 사회정책을 개혁하기 시작한 것이다.

시민주의는 근대 국민국가 시대의 산물인 국가정책으로서의 사회정책관을 극복하려고 하지만 그렇다고 해서 사회문제 해결을 위한 국가의 적극적인 역할을 부인하고 사회정책을 거시적인 경제정책의 하위개념으로 파악하려는 시장주의적인 접근도 명백히 거부한다. 사회정책에 대한 시민주의적 접근은 사회정책이 역사적으로 국가의 사회정책과 동일시되기 이전에 시민사회와 국가를 매개하는 활동으로 이해되던 관점, 즉 사회정치(Social-Politik)로서의 사회정책 개념으로부터 출발한다. 물론 여기서 의미하는 시민사회는 19세기 전반의 예컨대 헤겔식의 이분법적 시민사회 개념과는 다르며 오늘날 국가 및 시장과 구별되는 제3의 영역으로서의 개념이다. 따라서 이런 관점에서의 사회정책은 시민사회가 중심이 되어 국가 및 기업과 함께 하는 사회문제 해결을 위한 활동들이다.

이러한 시민주의 사회정책은 오늘날 사회정책에서 공공영역과 민간영역 책임의 균형과 분권화의 필요성을 강조하는 경향을 일컫는 복지다원주의 시각과 공통점을 갖는다. 예컨대 국가복지 중심의 복지독점주의를 극복하여 복지를 위한 사회적 역할을 분담하고 시민참여를 유도함으로써 마침내 복지국가가 아닌 복지사회 모델을 추구한다는 것이다(Gilbert, 2001: 135; 조영훈, 2003: 60 이하). 하지만 시민주의는 복지 혹은 사회문제 해결을 위한 활동의 전체적인 비중의 축소가 아닌 확대 필요성을 주장하며 민간부문의 강화 방향이 결코 기업의 역할이나 시장의 기능이 강화되는 방향이 아닌 자발적 비영리부문의 역할이 강화되는 방향으로 이루어져야 한다고 본다. 이를 위해서는 때때로 국가의 지원이 오히려 강화될 필요가 있기도 하기 때문에 단순히 국가의 재정부담 완화를 위해 민영화하려는 시각과는 근본적으로 다르다.

이런 점에서 본다면 큰 틀에서 복지다원주의 시각을 취하면서도 비영리적인 제3섹터의 적극적인 역할과 이를 통한 시민사회의 활성화, 그리고 정부와 시민사회의 동반자 관계 등을 특별히 강조하는 기든스의 제3의 길 노선에 시민주의 사회정책이 더욱 가깝다. 기든스는 복지국가에 적개심을 갖는 시장주의적인 신자유주의 경향을 명백히 경계하면서 복지국가의 개혁이 복지국가의 해체가 아닌 재건의 방향으로 이루어져야 하며 복지국가는 궁극적으로 복지사회로 전환되어야 한다고 주장한다(Giddens, 1998: 131 이하, 171 이하).

현대 서구의 사회정책은 북유럽 모델, 미국 모델, 그리고 대륙 모델로 크게 나눌 수 있는데 북유럽 모델은 전형적으로 스웨덴에서 보듯이 국가가 사회정책 전반을 주도하는 일종의 국가주의적인 모델이며, 미국 모델은 이와 반대로 사회정책에서 국가의 역할을 최소화하는 대신에 시민사회의 자발적 결사체들이 중심 역할을 행하게 하는 자원주의적인 모델이다. 이에 비해 독일, 네덜란드, 오스트리아 등의 경우는 전통적으로 사회정책에서 국가의 역할을 중시해 왔지만 이와 함께 제3섹터의 비중도 이에 못지않게 매우 높다(Giddens, 1998: 172). 따라서 시민주의 사회정책은 스웨덴 모델이나 미국 모델보다는 유럽대륙 모델을 토대로 하여 시민사회를 더욱 활성화시키는 방식으로 사회정책에서 정부와 시민사회의 동반자 관계를 특별히 강조하는 사회정책이 될 것이다.

한편, 한국은 대한민국 정부를 수립할 때 제헌헌법을 통해 "대한민국의 경제질서는 모든 국민에게 생활의 기본적 수요를 충족할 수 있게 하는 사회정의의 실현과 균형 있는 국민경제의 발전을 기함을 기본으로 삼는다"고 밝혔다. 그리고 모든 국민에게 근로의 권리, 교육받을 권리 등이 있음을 인정하였을 뿐 아니라 노령, 질병 등의 이유로 생활능력이 없는 자에 대해서는 국가의 보호책임을 명시하는 등 사회국가적인 특성을 비교적 명백히 하였었다(김영수, 2001: 963, 969).

하지만 오랜 군사정권 시기 동안 국가정책이 경제성장주의에 의해 지배되면서 제헌헌법이 추구하였던 사회국가적 특성이 경제개발국가에 의해 대체되고 말았다. 물론 1960년대 초에 사회보장제도 창설을 위한 국가기구가 탄생하였으며 그 이후에 의료보험제도, 국민연금제도, 산업재해보상보험제도 같은 주요 사회보장제도가 도입되는 등 의미 있는 사회정책의 발전이 이루어졌으나 국가정책은 어디까지나 경제정책, 특히 경제성장정책 위주로 이루어졌다. 그리고 사회보장정책으로서의 사회정책은 이러한 경제정책의 도구로서의 역할이나 기껏해야 부분적인 보완 역할만을 수행하는 정도의 소극적인 것이었다. 게다가 오랜 군사정권 시기는 국가주의에 의해 지배되었기 때문에 이러한 사회정책조차도 국가주도로 이루어졌다.

그러다가 1993년 문민정권이 수립됨으로써 군사정권은 종말을 고하였지만 오랫동안 유지되어온 경제성장 중심의 국가정책에는 큰 변화가 일어나지 않았다. 게다가 마침 강력한 신자유주의 세계경제 흐름 속에서 1990년대 중엽에 한국이 세계무역기구(WTO) 체제에 본격적으로 편입되면서 사회정책을 포함한 모든 국가정책에서 시장원리를 중시하는 시장주의 경향이 강화되기 시작하였다. 물론 1997년 말 한국경제가 엄청난 외환위기를 겪으면서 대량실업이 발생하고 양극화가 심화되자 보다 실질적인 사회정책의 필요성이 강력하게 제기되었다.[3] 그래서 김대중 정부와 이를 뒤이은 노무현 정부는 이전의 정부들보다 더욱 적극적으로 사회정책을 추진하고자 하였으며 일부 의미 있는 성과도 이룩하였다.[4]

하지만 국가정책을 경제정책 중심으로 그것도 시장주의적으로 운용할 것을 요구하는 목소리는 김대중 정부와 노무현 정부 시기에도 국내외에서 매우 강력하였다. 그래서 이들 정부는 사회정책에 대한 특별한 관심에도 불구하고 전반적으로 볼 때 정권출범 초기에 내세웠던 포부와 달리, 노동시장 유연화정책과 교육경쟁력 강화정책에서 보듯이, 실질적으로는 사회정책을 시장경제 활성화와 생산성 향상의 관점에서 추진하는 경향을 드러냈다. 이러한 정책추진 경향은 진보주의자들과 시장주의자들 모두로부터 격렬한 비판을 받았는데 특히 노무현 정부 후반기로 가면서 시장주의자들의 비판을 더욱 격렬히 받게 되었다. 그리고 마침내 이들 시장주의자의 적극적인 지원을 받은 이명박 정권에 의해 정권교체가 이루어졌다.

이처럼 한국 사회정책의 역사는 짧을 뿐 아니라 그것도 오랫동안 국가주도로 이루어져 오다가 1980년대 중엽 이후의 강력한 탈 국가주의 움직임의 결과로 현재 강한 시장주의 영향권 아래 놓이게 되었다. 그런

---

3) 예컨대 1998년 노사정위원회에서는 사회정책 개혁과 관련된 대타협안을 도출하였는데, 거기에는 사회복지예산 확대, 의료보험 통합 및 적용확대, 4대보험 개혁과정의 노사참여 확대 등의 사회보장제도 확충안과 임금안정 및 노동기본권 보장 관련 안들이 포함되어 있었다(노사정위원회, 1998).

4) 예컨대 김대중 정부의 노사정위원회 설립, 4대 사회보험제도 확대, 국민기초생활보장제도 도입 등과 노무현 정부의 노인장기요양제도 도입, 기초노령연금제도 도입, 장애인차별금지법 제정 등을 들 수 있다(신동면, 2000: 302; 한겨레신문, 2010b: 8).

데 이러한 탈 국가주의화 과정은 단지 시장주의자들에 의해서만 단순하게 이루어진 것이 아니다. 초기에는 일부 계급주의자들의 움직임도 있었으며, 1990년대와 2000년대 전반에는 시민사회가 급속히 활성화되면서 시민주의의 영향이 매우 커졌다. 그 결과 김영삼 정부에서 김대중 정부를 거쳐 노무현 정부로 이어지면서 사회정책의 수립 및 실행과정에서 시민주의의 영향이 크게 증가하였는데 여기에는 시민사회가 참여하는 거버넌스의 필요성에 대한 정부의 적극적인 인식도 큰 역할을 하였다. 그러다가 노무현 정부 후반기와 이명박 정부에서 시민주의 영향력이 급속히 약화되면서 시장주의가 더욱 득세하는 양상을 보이게 된 것이다.[5)]

이처럼 본격적인 사회정책의 역사가 일천한 곳에서는 사회보장의 기본 틀을 확립하기 위한 국가의 보다 적극적인 역할과 지원이 요구된다. 게다가 시민사회보다는 기업의 영향력이 훨씬 강하고 시장주의가 시민주의를 압도하는 상황에서는 사회정책의 탈국가화가 시민사회의 활성화 및 이에 기초한 복지사회의 발전을 낳기보다는 오히려 복지의 상품화를 통한 복지산업의 활성화 방향으로 전개될 가능성이 크다. 그리고 이것은 시장의 약자들이 사회복지 혜택으로부터 배제되도록 만들어 결국 사회문제와 사회갈등을 심화시키는 원인이 된다. 그러므로 현재의 한국 사회에서는 사회정책에 대한 국가의 책임을 더욱 강화하는 동시에 국가와 시장에 대한 시민사회의 견제력을 키우고 사회정책에서 시민사회가 실질적으로 분담할 역할을 증대시킬 수 있도록 시민사회를 활성화시키는 것이 무엇보다 중요하다. 시민주의 사회정책은 국가의 사회정책을 축소하거나 폐지하는 정책이 아니고 이를 시대정신과 시민의 요구에 더욱 부응하도록 시민사회의 관점에서 더욱 개혁적으로 발

---

5) 현대 한국사회에서 이루어진 국가주의, 시민주의, 그리고 시장주의 사이의 역동적인 전개과정은 곧 출간될 필자의 『연대주의와 모나디즘』에서 상세히 분석되어 있다.

전시키는 정책인 것이다.

Ⅳ. 사회권, 인권, 사회정책

시민주의 관점에서 본다면 사회정책은 주된 수행자와 활동형태에 따라 다음과 같은 유형으로 나눌 수 있다(〈표 2-1〉 참조).

〈표 2-1〉 사회정책 유형론

사회정책 유형		수행자		
		국가	시민사회	기업
활동형태	비제도적 활동	국가의 사회정치	시민사회정치	기업의 사회정치
	제도적 활동	국가의 사회정책	시민사회정책	기업의 사회정책

여기서 국가의 사회정치란 중앙정부 수준이든 지방정부 수준이든, 행정부에서든 입법부나 사법부에서든, 집권여당에 의해서든 야당에 의해서든 주요 사회문제 해결을 위해 이루어지는 일체의 정치적인 노력과 과정을 일컫는다. 그리고 국가의 사회정책은 이러한 사회정치의 결과로서 제도화되어 집행되는 일체의 국가적인 활동을 가리킨다. 기업의 사회정치는, 기업 내부의 근로자를 위한 경제적 관점이 아닌 사회적 관점에서의 노력을 중심으로 하되 오늘날 점점 더 중시되는 기업의 사회적 책임 실현을 위해 기업 외부의 시민사회에서 사회문제 해결에 기여하려는 다양한 노력까지 포함하는 활동 가운데 제도화되지 않은 순수히 자발적인 활동들을 가리킨다. 그리고 기업의 사회정책은 제도화

되어 지속적으로 이루어지는 이러한 기업의 사회적 활동들을 가리킨다.

시민사회정치란 국가 기관이나 민간 기업이 아닌 시민사회 소속 단체들로서 사회의 공동선을 추구하는 시민운동단체, 조합, 종교단체, 민간 복지기관, 교육기관 등에 의한 사회문제 해결 노력을 가리킨다. 그리고 이러한 노력들 가운데 제도화되어 지속적으로 이루어지는 활동을 특히 시민사회정책이라고 부른다. 사회문제 해결을 위한 노력 가운데 특히 제도화되지 않은 노력들을 정치라고 부르는 것은 대부분의 사회문제가 어떤 식으로든지 권력과 연관되어 있어서 이를 해결하기 위한 노력이 불가피하게 권력 투쟁적 요소를 포함하기 때문이다. 그런데 이러한 권력 요소들은 국가의 정치적 권력에 보다 밀접히 관련되어 있을 수도 있지만 기업의 경제적 권력과 시민사회 내부의 문화 권력이나 사회 권력과 더욱 관련되어 있을 수도 있다. 그러므로 시민사회정치나 정책은 많은 경우에 국가의 사회정치나 사회정책과의 협력을 통해 이루어질 필요가 있지만 기업과의 적극적인 협력을 통해서 이루어져야 하는 경우도 많다.

하지만 어떤 경우든 사회정치나 사회정책은 국가정치의 논리나 경제의 논리가 아닌 시민사회의 논리를 바탕으로 이루어져야 하는데 사회정책을 위해 국가나 기업과 협력하는 시민사회의 일차적인 역할은 바로 이러한 시민사회의 관점, 논리, 그리고 접근 방법들이 지켜지도록 하는 데 있다.

그렇다면 사회정책에서 시민사회가 특별히 강조해야 하는 시민사회의 관점이나 논리란 무엇인가? 필자는 특별히 두 가지 점이 매우 중요하다고 보는데 그것은 바로 인권과 연대의 가치다.

제2차 세계대전 이후의 현대 서구 사회정책 사상에서 가장 중요한 인물에 속하는 마샬(T. H. Marshall)은 자신의 시민권(citizenship) 이론을 통해 복지를 추구하는 현대 사회정책이 시혜적 정책이 아니라 시민들의 권리를 실현시키는 정책이라는 점을 논증하고자 하였다. 우리말로 흔히 시민권으로 번역되어 온 'citizenship'이란 그에 의하면 국가와 같은 공동체의 온전한 구성원들에게 부여된 하나의 지위로서 이를 획득한 시민들에게는 역사적으로 볼 때 시민적 권리(civil rights), 정치적 권리, 그리고 사회적 권리가 주어졌다는 것이다(Marshall, 1950: 28).

시민적 권리란 언론·사상·신앙의 자유나 소유권처럼 개인의 자유에 필수적인 권리이며, 정치적 권리는 정치권력의 행사에 참여하는 권리이며, 사회적 권리 혹은 사회권은 "약간의 경제적 복지와 보장의 권리로부터 사회적 유산을 충분히 공유하여 사회의 표준에 따라 문명적인 존재로서 삶을 살 권리까지의 전 범위를" 가리킨다(Marshall, 1950: 10-11). 이들 권리는 원래 뒤섞여 있었다가 서로 분리되면서 그 모습을 뚜렷이 드러내게 되었는데, 단순화시켜 볼 때 시민적 권리는 18세기에, 정치적 권리는 19세기에, 그리고 사회적 권리는 20세기에 각각 그 모습을 드러냈다고 한다(Marshall, 1950: 14).

물론 모든 사회적 권리가 20세기에 출현한 것은 아니다. 그는 20세기에 개념화된 대표적인 현대적 사회권의 예로서 교육권과 건강권을 들었는데 그러면서 그는 이들 현대적 사회권이 모든 시민들에게 적용되는 보편적 권리로서 개인들을 사회에 흡수시킴과 동시에 집합적 복지에 기여하는 기제라는 점에서 종전의 권리들과 구별된다고 설명하였다. 그리고 이들은 노인, 장애인 등 사회적 약자들을 위한 복지서비스의 권리와도 구별된다고 보았는데 그것은 이 복지서비스의 권리에는 보편성의 원리가 적용되지 않아서 강제적인 집행이 어려운 도덕적 권리의 성격이 강하기 때문이라는 것이었다(Marshall, 1981: 91-92).

이러한 마샬의 관점은 현대 사회정책을 시민들의 사회적 권리를 실현시키는 정책으로 널리 인식시키는 중요한 계기가 되었다. 즉, 사회정책이 특정한 계급 구성원이 아닌 전체 시민을 위한 정책이며 정책 제공자의 시혜적 정책이 아니라 시민의 권리에 따른 정책이며 따라서 시민에 대한 국가의 의무에 해당한다는 관점을 제공하였다는 점에서 큰 의미가 있는 것이다.

하지만 마샬의 관점은 기본적으로 근대적 국민국가 중심의 관점이라는 한계를 갖고 있다. 시민권으로서의 사회적 권리란 국가 공동체 구성원인 시민에게 부여된 권리로서 시민적 지위를 갖지 못한 사람들은 이 권리에서 배제되어 있다. 그리고 시민권에 바탕을 둔 사회정책의 실행은 국민국가의 자율적인 정책 가능성을 전제로 한다. 그런데 오늘날은 급속한 세계화로 인해 과거의 어느 때보다 노동력의 국제적인 이동이 활발히 이루어지고 있을 뿐 아니라 교통과 관광산업의 발달로 인한 외국인의 왕래도 매우 빈번하다. 게다가 세계무역기구(WTO) 체제가 출범하고 또한 유럽연합(EU), 동남아시아국가연합(ASEAN), 북미자유무역협정(NAFTA) 같은 다양한 수준의 지역통합이 이루어짐으로써 국민국가 중심의 자율적인 정책을 종전처럼 유지하기도 어려워졌다.

또한 마샬의 시민권, 특히 사회권은 권리의 사회적 기원 및 기능 같은 사회성을 매우 강조한다. 이러한 권리 개념은 보편성 원리가 적용되는 교육권, 건강권 같은 현대적인 사회권에 잘 적용되지만 앞에서 지적되었듯이 도덕성이 강한 사회적 소수자의 권리에 적용되는 데에는 한계가 있다. 사회정책의 중심 대상이 되는 이들 집단의 권리는 사회권으로서의 성격도 갖지만 인간 존엄권과 자유권 같은 시민적 권리의 성격을 더욱 뚜렷이 갖는다. 따라서 이들을 위한 사회정책은 사회적 권리뿐만 아니라 보다 근본적으로 시민적 권리와 정치적 권리를 함께 고려한 관점에서만 비로소 적절히 이해될 수 있다.

이러한 점에서 볼 때 시민권보다는 인권을 오늘날 21세기의 사회정책의 기반으로 삼는 것이 더욱 적절하다는 판단이 나오게 된다. 인권의 관점에서 보면 시민권을 가진 자들과 마찬가지로 시민권을 갖지 못한 외국인 거주자들도 사회정책의 대상에 포함될 수 있다. 그리고 사회권적 시민권을 경제적 복지와 보장의 권리로 좁게 이해함으로써 경제적인 분배정책, 사회보장정책, 좁은 의미의 복지정책 등으로 사회정책의 성격을 제한하는 대신에 시민적 권리, 정치적 권리, 사회적 권리, 그리고 문화적 권리를 함께 고려하는 총체적인 인권의 관점에서 사회문제의 해결을 꾀하는 정책으로 사회정책 원래의 정신에 충실하게 자리매

김할 수 있다.

인권의 관점에 입각한 사회정책을 인권기반 사회정책이라 부를 수 있는데 이 개념은 현대 인권 사상의 발전과 현대 사회정책의 발전 양 측면에서 큰 의미를 갖는다. 먼저, 현대 인권 사상은 법이론, 권리이론, 철학적 논의 등을 거쳐 근래에 와서는 욕구이론 및 역량이론 등으로 이론적 기반을 넓혀가고 있는데, 조효제에 의하면 현대 인권 이론의 이러한 발전은 인권사상이 탄압 패러다임으로부터 웰빙 패러다임으로 확장되고 있음을 의미한다. 어쨌든 인권사상의 이러한 변화는 국가역할에 대한 인권의 관점에 변화를 야기하였는데, 즉 국가를 과거에 주로 탄압의 주체로 여기던 인식으로부터 점차 벗어나서 시민의 기본욕구를 충족시킬 의무의 주체로 여기게 된 것이다. 그 결과, 인권 문제가 과거에 주로 법의 영역에서 다루어지던 것이 오늘날은 정책의 영역으로도 많이 이동하고 있는데 인권기반 사회정책 개념은 바로 이러한 최근의 변화 경향을 잘 반영하며 또한 이를 적극 지원한다는 점에서 의미가 있다(조효제, 2007: 122 이하, 316).

인권기반 사회정책은 사회정책의 발전이라는 점에서도 큰 의미를 갖는다. 복지에 관한 너스봄(M. C. Nussbaum)과 슬림(H. Slim)의 논의를 정리한 조효제에 의하면 무엇보다도 권리, 특히 인권을 강조하게 되면 "보편적 가치를 갖춘 도덕적, 정치적, 법적 테두리 안에서 사회정책을 시행할 수 있게 되므로 사회정책이 정치, 경제의 잔여적 영역이 아니라 모든 정치, 경제의 목적이 되는 핵심영역으로 격상한다." 즉, 사회정책의 위상이 향상된다는 것이다. 둘째, 인권적 접근은 복지서비스를 받는 사람들을 "비굴하게 만드는 것이 아니라 당당하게 존엄성을 유지할 수 있게 해주는 효과가 있다." 셋째, 인권은 사회정책 대상자들이 수동적인 수혜자로 머물지 않고 주체적으로 자기주장을 하게끔 자력화하는 잠재력을 갖고 있으며 이를 통해 정책의 만족도도 향상시킨다. 넷째, 인권목록은 인간에게 필요한 복리를 잘 규정하고 있어서 시행해야 할 사회정책을 잘 알려줄 뿐 아니라 사회정책의 객관적인 평가기준을 마련하는 데에도 유익하다. 다섯째, 인권은 정책의 우선순위와 실행방법에 관한 복잡한 논란이 벌어질 때 이를 정리하여 방향을 잡게 할 뿐 아니라 생각이 다르더라도 판을 쉽게 깨지 못하고 구체적인 문제해결 방안을 찾게 함으로써 정책과정 참여자들을 공통의 목표에 묶어주는 역할을 한다. 끝으로, 인권적 접근은 현대 사회정책의 공리주의 원칙이 갖는 한계를 드러냄으로써 이를 인권 원칙과 공존하며 조화하는 방향으로 개선할 수 있다(조효제, 2007: 317-318).[6]

이에 덧붙여, 인권기반 사회정책은 급속한 세계화 경향에 따라 커지고 있는 사회정책의 세계화 요구에 가장 적절히 부응할 수 있는 방향이라는 점에서도 큰 의미가 있다. 사회정책의 세계화 요구로는 사회정책의 토대가 되는 기본가치, 원리, 기준, 방법 등을 국제연합(UN), 국제노동기구(ILO) 등의 국제기구가 중심이 되어 확립해온 국제적인 규범에 맞추는 것, 각국의 사회정책을 입안하고 실행하는 과정에서 국제기구와의 협력을 강화하는 것 등이 포함된다. 이렇게 보면 현대 사회정책에서 국제기구와 국제규범의 역할이 매우 큰데 그 중심에 국제연합과 그 핵심가치인 인권이 위치해 있는 것이다.

실제로 국제연합에 속한 많은 기구들은 1997년 시작된 국제연합 개혁프로그램 이후로 인권기반 접근법(human rights-based approach, HRBA)을 정책과 활동의 기본적인 접근방법으로 채택해 왔다. 그리고 2003년 국제연합의 여러 기구들이 이 접근법에 대한 공동의 이해를 모색한 후에 이를 개발협력에 적용시킨 문건인 "개발 협력에 대한 인권기반 접근법: 유엔기구 간의 공동 이해를 위하여(Human Rights-Based Approach to Development Cooperation: Towards a Common Understanding Among UN Agencies)"를 채택하였는데 여기에는 인권기반 접근법의 목적, 원칙, 그리고 프로그램 실행방법 등이 잘 제시되

---

6) 사회정책과 관련하여 "인권을 존중하는 수정 공리주의" 입장을 제시한 프리덴(M. Freeden)의 논의가 그 예이다(조효제, 2007: 320).

어 있다(UNDG, 2003).[7)]

이러한 움직임은 현재의 국제연합과 산하 기구들이 정책과 활동에서 인권가치의 실현을 무엇보다 중심되는 목표로 분명히 인식하고 있으며, 또한 이들이 인권 실현을 위한 일반적인 원칙과 구체적인 방법 등을 개발하여 지역, 국가, 그리고 글로벌 수준에서 적용하려고 노력하고 있음을 보여주는 사례이다. 그러므로 이들 기구에 의한 글로벌 수준에서의 사회정책뿐만 아니라 이들 기구의 영향으로부터 벗어나기 어려운 개별 국가의 사회정책에서도 앞으로 인권의 관점이 더욱 중시될 것이며, 그 결과 사회정책의 기본가치, 원칙, 실행방법 등을 둘러싼 논의에서 인권이 분명히 보다 중요한 역할을 하게 될 것이다.

V. 연대와 사회정책

라이너 촐(R. Zoll)은 서구사회에서 본격적인 사회보장제도가 도입되기 이전에 존재하였던 빈민구제와 오늘날의 사회정책 사이의 차이

---

7) 이 가운데 인권기반 접근법의 여섯 원칙을 간략히 소개하면 다음과 같다. ①인권은 보편적이며 양도 불가능한 것이라는 의미에서, "보편성과 양도불가능성 원칙" ②인권은 시민적, 정치적, 경제적, 사회적, 문화적인 성격 가운데 어떤 것에 해당되든지 모두 인간 존엄성에 내재한 것들로서 서로 분리될 수 없으며 동등한 지위를 갖는다는 의미의 "불가분성 원칙" ③권리의 실현은 빈번히 다른 권리의 실현에 의존한다는 의미의 "상호의존성 및 상호연관성 원칙" ④모든 개인은 인간으로서 그리고 인격의 존엄성으로 인해 평등하다는 의미의 "평등 및 비차별 원칙" ⑤만인에게는 인권 및 근본 자유가 실현되는 시민적, 정치적, 경제적, 사회적, 문화적 발전에 참여하고 기여하며 이를 향유할 자격이 있다는 의미의 "참여 및 포함 원칙" ⑥국가와 같은 의무 소유자는 인권준수의 책임을 지니며 인권문서에 간직되어 있는 법적 규범과 표준에 따라야 한다는 의미의 "책무성 및 법지배 원칙"의 여섯 가지이다.

를 연대성에서 찾았다. 그에 의하면, 빈민구제는 자선가와 수혜자 사이의 위계적 구별, 즉 주는 행위를 통해 더욱 견고해지는 구별을 포함한 '자비'이며, 가난한 자와 부유한 자에 대한 사회의 차별화 경향을 한번도 철폐하려고 하지 않았다. 따라서 빈민구제는 평등한 상호관계를 전제로 하는 연대행위가 아니며 이런 점에서 볼 때 사회적 연대를 기초로 하는 사회정책과 구별된다는 것이다(Zoll, 2008: 111-113).

연대성은 사회정책의 초기 출현과정에서부터 발전과정에 이르기까지 핵심적인 동기, 가치, 그리고 이론적 모델을 제공해왔다. 근대 초기에 서구사회에서 사회문제가 확산되자 프랑스의 기독교 도덕협회(Société de morale chrétienne)와 같은 조직이 많은 유럽 국가에서 출범하여 상호부조를 위한 정책을 모색하였다. 이들은 특별히 상업자본주의에 기원을 둔 보험 사상에 관심을 갖고서 이를 사회정책의 방향으로 전환시켰는데 그것은 점증하는 위험을 피하기 위한 보험이 연대를 과학적으로 실현시킬 수 있다고 보았기 때문이다(Zoll, 2008: 115-116).

이러한 보험 모델에 따른 사회적 연대의 실행은 영국은 물론 다른 유럽 국가들에서도 널리 확산된 공제조합 노동자들의 자조(自助)를 통해서 최초로 실행되었다. 이들 공제조합은 서구사회에서 근대적 연대가 형성되는 과정에서 특별히 중요한 역할을 수행했는데 예컨대 조직적인 노동운동의 모태가 되었을 뿐 아니라 독일에서처럼 노동조합이 금지되었을 때에도 계속해서 노동자연대를 형성하고 유지하는 역할을 행하였다. 또한 공제조합은 유럽 각국에서 최초의 국민보험 형식을 제공하는 등 사회정책의 원천이기도 하였는데 공제조합으로부터 사회정책이 발전한 양상은 나라에 따라 다양했다(Zoll, 2008: 116-117).[8)]

8) 예컨대 스칸디나비아 국가들과 벨기에에서는 사회적 연대에 기반을 둔 사회정책이 공제조합으로부터 직접 발전하였으며, 독일에서는 국가 주도의 사회입법 발의에 공제조합이 간접적으로 영향을 끼쳤으며, 프랑스에서는 영향력 있는 다양한 성향의 사회개혁 집단들과 특별히 사회정책의 포괄적인 이론적 기초를 제공한 부르주아(L. Bourgeois)의 사상이 중요한 역할을 하였다(Zoll, 2008: 117-120).

비록 사회정책의 발전 양상은 다양했지만 이 과정에서 공제조합 같은 노동자들의 자발적 결사체, 지식인·종교인·정치인 등의 결사체, 그리고 국가는 대부분의 경우에 공통적으로 핵심 역할을 수행하였다. 이 가운데서 공제조합은 특별히 사회정책의 토대가 되는 연대 정신을, 자발적 결사체는 사회정책의 모델과 이론을, 그리고 국가는 사회정책 실행을 위한 현실적인 수단을 각각 제공하였다.

물론 국가는 사회정책이 특정한 계급이나 집단을 넘어 전체 국민을 대상으로 실행될 수 있도록 입법화 하는 데 매우 중요한 역할을 하였으며, 이런 의미에서 20세기 복지국가 혹은 사회국가의 출현은 사회정책의 발전에서 획기적인 전환점이 되었다. 하지만 사회정책의 발전을 국가를 통해서만 설명할 수는 없다. 역사적으로 보더라도 사회정책은 국가에 앞서 연대적 동기와 가치에 입각한 노동자들 및 지식인들의 자발적 결사체들을 통해 시작되었다. 뿐만 아니라 국가가 사회정책을 위한 적극적인 역할을 수행하게 된 데에도 대부분 이들 결사체의 적극적인 활동이 직간접적으로 매우 중요한 배경이 되었다.

그런데 여기서 오해하지 말아야 할 점은 노동자 조직과 지식인 조직의 성장이 곧 사회정책의 발전을 가져온 것이 아니라는 점이다. 초기 사회정책 사상은 사회문제 해결을 위한 혁명적 방법 대신에 개혁적 방법을 추구하였다. 이에 반해 혁명적 방법을 추구한 맑스주의 노동자 조직과 지식인 혹은 정치 조직 지도자들에게는 자본주의 사회에서의 사회정책, 특히 국가에 의한 사회정책이 혁명을 지체시키는 장애물에 불과하였다. 물론 사회문제에 무감각한 보수주의자들과 사회문제 해결에 낙관적이었던 자유방임주의자들에게도 인위적인 사회정책은 오히려 질서를 왜곡시키는 것으로 간주되었다.

결국 사회정책에 대한 적극적인 관심은 현실적인 사회문제에 대한 커다란 관심과 더불어 사회문제 해결을 위한 실질적인 방안모색 의지로부터 나왔으며 이에 덧붙여 사회문제 해결을 위한 국가 역할에의 기대 역시 사회정책 발전의 중요한 토대가 되었다. 이 점은 독일, 프랑스,

그리고 영국에서 각각 사회정책 발전에 매우 중요한 역할을 한 슈몰러의 사회정책협회, 부르주아의 연대주의운동, 영국의 페이비언협회 등이 잘 보여준다.

국가가 주도한 사회정책의 전형적인 사례로 꼽히는 비스마르크 시대의 사회정책은 기본적으로 루터 신학과 헤겔 철학에 바탕을 둔 도덕적 국가관에 기초한 것이지만 현실적으로 볼 때 비스마르크의 사회정책은 당시에 급속히 확산되던 노동자 운동과 깊은 관련이 있다. 뿐만 아니라 이것은 또한 사회정책협회를 중심으로 한 강단사회주의 지식인들의 구체적인 사회정책 연구 및 제안들에 힘입은 바도 크다(Grebing, 1970: 75; 유은상, 1989: 194, 196).

19세기 말 프랑스 최초의 좌파 수상이었던 부르주아는 당시에 시작된 프랑스 사회정책에 강한 영감을 준 인물인데, 비록 그의 사회정책안이 현실정치 상황으로 인해 성공적으로 관철되지는 못하였지만 20세기 초에 가서 여러 사회입법화가 이루어진 데에는 그의 공로가 컸다. 그런데 이보다도 사회정책의 발전에서 더욱 중요한 점은 그가 사회정책을 포괄하는 이론적 기초를 제공하였다는 점이다. 그는 사회적 부채론과 준계약론을 포함하는 독창적인 사회적 연대이론을 전개하면서 적극적인 사회정책을 사회개혁의 매우 중요한 도구로서 제시하였는데, 그의 이러한 사회정책 사상은 프랑스뿐 아니라 독일과 이탈리아 등 유럽의 다른 나라에까지 크게 영향을 끼쳤다(Zoll, 2008: 94 이하; Hayward, 1961: 27 이하).

연대주의라 불리는 부르주아의 사상은 특히 독일에서 예수회 소속 경제학자 페쉬(H. Pesch)를 통해 독일 기독교 연대주의 흐름을 형성하는 계기가 되었다. 그런데 독일 기독교 연대주의자들은 가톨릭 교황들의 역사적인 사회회칙을 작성하는 데 매우 중요한 역할을 하면서 가톨릭 사회사상뿐 아니라 현대 유럽 사회정책에서도 핵심원리가 된 연대성(solidarity) 원리와 보조성(subsidiarity) 원리를 정립하는 데 크게 기여하였다. 게다가 이들은 제2차 세계대전 이후의 독일연방공화국에서 기독교민주연합(CDU)이 집권정당으로서 일찍부터 사회적 시장경제론을 당론으로 채택하고 또한 연대를 사회정책의 기본가치로 삼아 이를 바탕으로 중도적인 사회정책을 안정적으로 추진하는 데에도 크게 이바지하였다(Wildt, 1995: 1008; Zoll, 2008: 105 이하; Schmidt, 1986: 474).

이상의 독일과 프랑스 사례에서 알 수 있는 사실은, 사회정책의 형성 및 발전 과정에서 국가의 역할이 중요하지만 이러한 역할을 위해서는 사회문제에 대한 시민 대중들의 연대적인 관심의 공유와 이에 기초한 연대실천의 폭넓은 확산이 필요하다는 점이다. 이와 함께 필요한 다른 중요한 점은 전체 사회와 국가에 사회정책의 필요성에 대한 명확한 인식을 제공할 수 있도록 이론적으로나 사상적으로 뒷받침할 뿐 아니라 이들이 폭넓게 공감할 수 있는 사회정책의 기본원리들을 확립함으로써 불필요한 갈등을 사전에 차단하는 것이다. 물론 사회정책은 관련된 이해당사자들이 현실적으로 존재하기 때문에 어느 정도의 긴장과 갈등이 불가피한 측면이 있다 하지만 폭넓게 공유하는 기본가치와 인식틀, 그리고 원칙이 존재한다면 이러한 현실적인 긴장과 갈등은 상당히 완화될 수 있으며 적어도 현실정치의 논리에 의해서 확대되고 심화되는 것은 피할 수 있다.

이런 맥락에서 프랑스의 사회정책은 연대가치와 연대주의 시각에 역사적으로 뿌리를 내리고 있으며 현대 독일의 사회정책 역시 중도 우파 경향의 기독교민주연합이 집권하든지 아니면 중도 좌파 경향의 사회민주당(SPD)이 집권하든지 간에 공통적으로 연대라는 기본가치에 기초한 사회정책을 시행하고 있다. 이러한 사실은 두 정당의 최신 강령인 하노버 강령과 함부르크 강령에서 각각 명확히 나타나 있다. 이처럼 연대를 자유, 정의 등과 더불어 정책의 핵심가치로 삼는 것은 프랑스와 독일을 넘어 유럽의 전반적인 경향이기도 한데 이러한 사실은 유럽의회의 양대 정치세력체인 중도 우파 경향의 유럽민중당(EPP)의 아테네 기본강령과 중도 좌파 경향의 유럽사회주의당(PES)의 베를린 선언에서 잘 나타나 있다(CDU, 2007; SPD, 2007; EPP, 1992; PES, 2001).

프랑스나 독일 등과 달리 연대 개념이 비교적 주변화되어 있던 영국에서 사회정책의 획기적인 전기가 된 베버리지 보고서에서도 실질적으로 연대 정신이 매우 강조되었다. 베버리지(W. Beveridge)는 이 보고서를 통해 실현하고자 한 궁핍으로부터의 해방이 민주주의에 저절로 주어지는 것이 결코 아니라 획득되어야 하는 것이라고 보았다. 그러면서 그는 이를 획득하기 위해서 무엇보다도 "사실과 곤란을 대면하여 극복할 용기"와 "우리의 장래에 대한 믿음과 수세기 동안 우리 선조들이 죽음을 불사하고 추구하였던 공정과 자유의 이상에 대한 믿음," 그리고 "어떠한 계급이나 집단의 이해관계도 넘어서는 국민적인 단결심"이 요구된다고 주장하였다(Beveridge, 1958: 172).

비록 그는 연대라는 용어 대신에 단결심이라는 표현을 사용하였지만 성공적인 사회정책의 실현을 위해서는 개별 집단의 특수한 이해관계를 극복할 수 있는 연대가 필수적인 전제조건임을 분명히 인식하였던 것이다. 그러면서 그는 당시에 영국이 연합국의 일원으로서 참가하고 있던 전시 상황이 이러한 국민적인 연대감을 제공할 더없이 소중한 기회라고 보고 이 기회를 활용할 것을 희망하였으며 실제로 전시에 형성된 국민적인 연대감을 바탕으로 전후 노동당에 의해 개혁적인 사회정책들이 성공적으로 실시됨으로써 영국의 사회보장제도가 확립될 수 있었던 것이다(Beveridge, 1958: 172).

물론 연대가 필요한 것은 어떤 사회정책이 형성되거나 도입되는 단계에서만은 아니다. 사회문제 해결을 위한 사회보장체계가 아무리 완벽하게 갖추어졌다고 하더라도 이를 실질적으로 지탱하는 힘은 사회구성원의 연대이기 때문에 이것이 결여된 사회보장체계는 결코 성공적으로 작동할 수 없다. 비어호프(H.-W. Bierhoff)와 퀴퍼(B. Küpper)는 "한 국가에서 세금으로 재원을 조달하는 사회급여를 통해 모든 국민의 물질적 복지를 보장하는 일은 연대 개념 없이도 충분히 정당화된다. 사회국가는 연대행위의 자발성이 아니라 법률화와 제도화 위에 기반을 둔다"고 주장하였지만 사회보장제도와 이를 뒷받침하는 법률의 성공적인 기능은 이들 제도 및 법률의 기반인 연대 정신을 시민들이 얼마나 공유하고 있느냐에 실질적으로 달려 있다(Braun, 2006: 97).

슈피커(M. Spieker)의 표현에 의하면 이러한 연대정신은 개인이 "사회급여 제공을 가능케 하는 재정조달을 위해 필요한 부담을 받아들이는 반면, 부담에 대한 직접적인 반대급부를 끊임없이 계산하고 요구하지 않는" 식으로 표현되며, 또한 급여 수급자는 "청구가 법적으로는 가능하더라도 실제로 꼭 필요하지 않는 경우라면 이러한 사회급여를 거절할 용의와 능력"을 갖는 것으로 표현된다(Braun, 2006: 100).

실제로 1973년의 석유위기를 계기로 유럽의 여러 나라에서 복지국가 위기론이 심각하게 제기되기 시작하였으며 이것은 1980년대에 복지축소를 주요 정책방향으로 삼은 신자유주의 등장의 배경이 되었다. 촐에 의하면, 복지국가 위기의 첫째 원인은 재정위기이다. 조직된 모든 사회보장 모델은 경제가 성장하리라는 가정을 토대로 했지만 장기적인 경제침체를 예견하지 못함으로써 결국 사회보장체계의 수입은 정체되고 지출은 계속 증가하는 불균형을 심화시키게 되었다는 것이다. 촐이 지적하는 두 번째 원인은 "사회보장체계에서 구현된, 말하자면 보험에 가입된 모든 사람들의 객관적인 연대와 주관적으로 체험된 연대 사이의 불일치"이다. 즉, 복지국가의 강화된 관료제 때문에 복지 수급자들이 연대 경험을 갖기보다는 종종 노여움과 갈등을 경험하게 된다는 것이다(Zoll, 2008: 164-165).

이 외에도 브라운(H. Braun)은 사회보장체계의 익명성, 시민들의 기대욕구 증대 경향 등 여러 구조적 한계를 지적하였으며, 신자유주의 경향의 학자들 가운데서는 복지 수급자들의 도덕적 해이를 지적하는 경우가 많다(Braun, 2006: 123 이하). 어쨌든 사회보장체계의 구조적인 한계로 지적되는 점들 가운데는 객관적으로 결코 무시하기 어려운 내용들이 많다. 그리고 이를 배경으로 1980년대에 들어 영국과 미국을 중심으로 복지정책의 축소와 시장기능 강화를 강력히 추진하는 신자유주의 사상 및 정책이 등장하여 오늘날까지 각국에서 강한 영향력을 행사하고 있다.

이러한 경향은 연대의 가치와 원칙이 비교적 폭넓게 자리를 잡아온 중부와 북부 중심의 유럽 대륙 국가들에도 영향을 미쳐 기존 사회정책의 다양한 쇄신을 꾀하도록 하였다. 그럼에도 불구하고 이들 국가의 사회정책이 신자유주의 노선을 따라 연대성 원칙을 포기하고 이를 시장 원칙으로 대체한 경우는 드물다. 왜냐하면 이들 사회에서는 비록 "개인화" 혹은 "탈연대화"라고 지칭되는 시대적인 변화의 경향이 분명히 발견되지만 연대 정신과 가치, 그리고 사회정책 원리로서의 연대성 원리는 과거와 다른 형태로 여전히 강력한 영향력을 행사하고 있기 때문이다(강수택, 2007b: 126 이하).

이러한 점들을 통해 알 수 있는 분명한 사실은 사회보장체계를 아무리 완벽하게 구상하여 운영한다고 하더라도 시민들의 폭넓은 연대 정신과 가치가 결여된다면 예상하지 못하였던 한계를 필연적으로 노정할 수밖에 없을 뿐 아니라 계속해서 안정적으로 작동하기도 어렵다는 점이다. 이에 반해 사회보장체계 자체에 어느 정도 한계가 있다고 하더라도 연대성이 확보되어 있다면 이를 개선하면서 사회보장체계를 유지하는 것이 가능하다는 점이다. 그런데 어떠한 사회보장체계이든 지속적으로 발생하는 새로운 상황에 적절히 부응하는 합리적인 기준을 마련하기 위해서는 시간적인 지체가 불가피하게 발생하므로 결국 연대는 사회보장체계가 지속하기 위한 필수요건이라고 할 수 있다.

이렇게 본다면 카우프만(F.-X. Kaufmann)이 법 및 화폐와 더불어 연대를 사회정책의 핵심 조정매체로 간주하고 또한 위계 및 시장과 함께 연대를 사회복지국가에서 작동하는 주요 사회조정 형식으로 파악한 것은 매우 적절하다고 볼 수 있다(Kaufmann, 2002: 181; Pankoke, 1995: 1233).

그에 의하면, 시장이나 위계가 주로 행위자 자신의 이해관계를 기초로 작동하는데 비해 연대적 행위는 행위자 자신의 이해관계와 무관하게 연대감을 공유하는 자들의 공동이해, 규범, 가치지향에 따라 자연스레 이루어진다. 그 결과 "연대적 행위자들 사이에서는 조율된 목적지향적 행위가 기대되며, 정보문제는 공통의 상황정의 및 자연발생적 의사소통에 의해 그리고 동기화 문제는 연대라는 끈과 필요한 경우에는 비공식적 사회적 통제에 의해 해결된다. 결과에 대한 평가는 보통 애덤 스미스가 말한 자신과 타인의 행위방식의 적절성과 공감이라는 '윤리적 감정'에 의해 자연스레 이루어진다(Kaufmann, 2002: 182)."

즉, 사회조정 형식으로서의 연대는 공동의 이해관계, 규범, 가치, 상황정의 등을 전제로 이루어지는 자발적 협조행위와 관습법에 기초하며, 이러한 사회조정 형식에서는 사회적 인정의 할당 혹은 박탈을 통해 피드백이 이루어진다. 어쨌든 연대라는 조정 형식은 다른 형식에 비해 적은 비용과 높은 보상가치를 특징으로 한다는 점에서 장점을 갖지만 카우프만은 조정기제로서의 연대의 효과가 비교적 작은 규모의 집단과 관찰 가능한 관계에서 주로 나타난다고 보았다(Kaufmann, 2002: 182; Zoll, 2008: 123).

물론 그도 연대가 조정기제로서 다른 형식보다 지배적인 경우로 ① 뒤르켐 식의 기계적 연대가 지배하는 상황, 즉 사회적 유사성이 많고 지속적인 공동생활, ②사회운동에서 발견되는 강한 공통적인 가치지향 상황, ③공통적인 외부위협에 의한 집단 위기의식이 발전되는 상황의 세 경우를 제시한 바 있다. 이 가운데 세 번째 경우는 예컨대 강력한 민족주의가 지배하는 국가처럼 대규모의 근대적 사회상황이다. 하지만 그는 기능적으로 분화된 복잡한 사회상황에서는 연대적 조정의 역할에 한계가 있다고 보았다. 시장과 위계라는 조정기제가 등장한 것은 바로 이런 이유 때문이라는 것이다(Kaufmann, 2002: 182).

실제로 시장과 위계는 분화된 근대사회를 목적합리적으로 조정하는 핵심기제들이며 사회복지국가에서도 이를 지탱하는 중추 역할을 한다. 그럼에도 불구하고 하버마스 모델이 보여주듯이 근대사회에는 목적합리성과 무관한 생활세계 영역이 존재하며 여기서는 위계나 시장이 아닌 연대와 소통이 주된 원리이다. 그런데 베버리지 보고서에서 정책을 통해 극복하려고 하였던 5대 과제인 궁핍, 질병, 무지, 불결, 나태는 대부분 생활세계의 문제이다. 궁핍은 상당한 정도로 시장에 속하는 문제라고 볼 수 있지만 결코 시장을 통해서만 자연스레 해결되는 문제가 아니며, 게다가 베버리지 보고서는 궁핍이 5대 과제 가운데 가장 극복하기 쉬운 과제라고 보았다(Beveridge, 1958: 6).

그러므로 사회보장정책은 이러한 과제들의 해결에 목적합리적으로 접근하기 위해 국가관료제나 시장의 관점을 취하기에 앞서서 생활세계의 관점, 그 가운데서도 특히 연대의 관점으로 이들 과제에 접근하는 것이 필수적인 전제조건이라고 할 수 있다. 뿐만 아니라 카우프만이 채택한 체계이론적인 설명틀에서 소홀히 여겨지는 부분이지만 연대는 사회복지국가의 사회조정 기제이기 이전에 사회보장체계와 구체적인 사회정책의 정신적인, 문화적인 토대이다. 이 점에 관해서는 앞에서 논의가 되었으므로 여기서 반복할 필요가 없을 것이다. 어쨌든 연대는 사회복지체계와 사회정책의 핵심적인 토대이자 중심 원리로서 연대 없는 이들은 결코 상상할 수 없다.

그런데 21세기 초 한국사회의 상황은 한편으로 사회정책을 통해 극복되어야 하는 사회문제가 곳곳에 누적되어 있지만 다른 한편으로 개인화가 시대의 큰 흐름으로 자리를 잡고 있다는 점이다. 개인화는 신자유주의 경향에 의해 훨씬 강화되었지만 단지 신자유주의의 산물만은 아니다. 따라서 사회복지체계와 사회정책에 필수적인 사회적 연대를 발전시키기 위해서는 먼저 사회문제에 접근하는 신자유주의의 시장주의적 접근을 극복해야 하지만 이것으로 충분하지 않다. 시장의 자리를 국가 관료제가 대신하여 사회문제를 다루려는 관료주의나 국가주의 접근법도 마땅히 극복해야 하기 때문이다. 비록 사회복지체계와 사회정책에서 국가와 관료제가 갖는 중요한 역할을 결코 부인할 수 없지만 이들은 어디까지나 보조성의 원리에 따라 기능해야지 결코 주도적 행위자가 되어서는 안 된다.

이들이 주도하는 국가주의 및 관료주의의 문제점과 부작용이 수없이 드러나 있기도 하지만 그보다 더욱더 이제는 개인화되고 민주화된 시민들이 이를 수용하기가 더욱 어려워졌다는 이유에서다. 그러나 이보다 더욱 중요한 이유는 시장주의와 마찬가지로 국가주의와 관료주의도 지속가능한 사회보장체계 및 사회정책의 핵심 토대이자 원리인 사회적 연대의 형성과 발전에 파괴적이기 때문이다.

어떤 이들은 사회적 연대를 국가 중심의 연대로 상상하는 이들이 있을 것이다. 그것은 집합주의적 연대 사상의 전통 때문이다. 이러한 사상은 서구에서 19세기 말과 20세기 전반에 그리고 동구에서는 20세기 말까지도 강력한 영향력을 발휘하였었다. 하지만 개인화 및 민주화와 함께 세계화가 큰 흐름으로 자리를 잡고 있는 21세기에 와서는 집합주의적 연대, 특히 국가 중심의 연대가 더 이상 지속 가능한 연대가 될 수 없음이 분명해지고 있다. 이에 따라서 사회적 연대는 시민들 개인의 자율성과 민주성에 더욱 깊이 뿌리를 내려 그 토대를 확고히 하는 방식으로 형성되고 발전될 필요가 있다. 이처럼 집합주의, 특히 국가주의 전통의 연대와 구별되는 이러한 유형의 사회적 연대가 시민적 연대인데, 바로 이 시민적 연대가 시민주의적 사회정책의 기반이 되는 사회적 연대인 것이다(강수택, 200a: 270 이하).[9]

9) 시민사회의 관점에서 사회적 연대 개념을 새롭게 정립한 시민적 연대 개념을 사회정책의 새로운 방향 설정에 연결시키려고 한 시도는 프랑켄베르크(G. Frankenberg)의 논의에서도 발견된다(Zoll, 2008: 166-167).

VI. 맺음말: 시민주의 사회정책을 향하여

필자는 사회정책에 대한 국가주의적 접근이나 시장주의적 접근과 구별되는 시민주의적 접근과 그 핵심토대로서의 인권 및 연대에 관하여 살펴보았다. 현대사에서 오랜 국가주의 전통을 갖고 있는 한국사회는 그 반작용으로 또한 영국과 미국을 중심으로 한 해외의 신자유주의 정책의 영향으로 인해 20세기 말부터 지금까지 거센 시장주의 풍파를 맞이해 왔다. 더구나 강력한 국가주의 정권인 북한과 마주한 상황으로 인해 때로는 국가주의 접근이 때로는 그 반대의 시장주의 접근이 내부적으로 강하게 요청되곤 해왔다. 하지만 대부분 시민사회에 속한 사회문제들을 해결하고 이를 통해 사회갈등을 극복하고자 하는 사회정책은 기본적으로 국가 중심의 접근이 아닌 시민사회 중심의 접근을 요구한다. 물론 시장 중심의 접근은 더더욱 거부한다.

그런데 이러한 시민사회 중심의 관점과 실천적인 노력은 국가주의 전통이 강한 한국사회에서 면면히 이어져 왔을 뿐 아니라 1990년대와 2000년대에는 매우 빠르게 발전해 왔다. 비록 지금은 시장주의의 거센 도전과 국가주의의 여전한 영향력 앞에서 다소 위축된 양상을 드러내고 있지만 시민주의로 표현되는 시민사회 중심의 관점과 실천적 노력은 드러나지 않은 가운데 오히려 더욱 광범위하게 뿌리를 내리고 있다고 보아야 할 것이다. 그것은 무엇보다도 시민사회의 핵심 가치이자 시민주의의 핵심요소인 인권 및 연대의 정신과 가치가 오늘날 한국사회, 특히 시민사회 영역에서 광범위하게 확산되고 또 다양한 형태로 실천되고 있음을 어렵지 않게 발견할 수 있기 때문이다.

현재 한국사회에서는 복지정책의 방향을 둘러싼 논쟁이 뜨겁게 진행되고 있다. 여기에는 전통적인 야권 진영뿐만 아니라 여권 진영에서도 적극 참여하고 있다. 일부 개혁적인 정치인들을 제외하고는 여러 이유에서 복지를 마냥 비난만 하거나 아니면 진정성 없는 구호로만 외쳐대던 과거의 상황과는 제법 달라져 보인다는 점에서 이것은 분명한 진전을 의미한다. 하지만 보편적 복지와 선별적 복지 논쟁, 무상복지 혹은 증세를 둘러싼 찬반 논쟁 등에서 두드러지게 보이는 것은 수혜자 범위와 재정이지, 시민사회의 존재가 아니다. 역시 득표범위와 재정능력이 핵심쟁점으로 되어버린 채 시민들 당사자의 참여를 통해 이룰 수 있는 수많은 사회정책 과제에 대한 관심이 뒷전으로 밀려나는 양상이다.[10)]

이러한 논쟁은 시민사회의 실질적인 발전을 담보하는 사회정책으로 결실을 맺기보다는 과열된 정치논쟁이나 이념논쟁으로 변질될 위험이 크다는 점에서 바람직한 방향의 논쟁이 되기 어렵다. 물론 사회복지 모델이라는 큰 그림에 대한 사회적 합의를 끌어내고 이를 바탕으로 본격적인 사회정책을 추진하려는 의도는 이해가 된다. 하지만 복지의 핵심 토대가 되는 인권 및 연대 가치에 대한 기본이해가 결여되어 있는 사회집단이 여전히 적지 않으며 또한 이들 가치에 대한 이해를 갖고 있는 사회집단에서도 인식의 차이가 결코 작지 않은 현실에서 복지의 필요성에 대한 공감대를 넓히고 심화시키려는 본격적인 노력 없이 성급하게 그러한 합의를 끌어내려는 시도는 자칫 불필요한 갈등을 야기함으로써 복지에 대한 시민들의 부당한 거부감을 부추길 우려가 있다.[11)]

따라서 사회정책과 복지에 대한 논의는 철저히 인권 가치와 연대 가

---

10) 김진석 역시 이런 관점에서 무상급식 쟁점이 대학입시체제 변화를 둘러싼 논의와 같은 중요한 문제들을 묻어버릴 위험성을 지적한 바 있다(김진석, 2010: 284).

11) 2010년 한 신문사에서 전국 성인남녀 1,000명을 대상으로 실시한 여론조사 결과에 의하면 경제성장 우선 정책과 복지강화 정책 가운데 전자를 선호한 응답자가 비록 과거에 비해 많이 줄긴 하였어도 여전히 후자를 선호한 응답자보다 적지 않은 것으로 나타났으며, 사회복지 확대의 필요성에 동의하면서도 이를 위해 세금부담을 늘이는 데 대해서는 23.9%의 응답자만이 동의한 반면에 나머지는 대부분 현행수준을 유지하거나 오히려 더 줄이기를 원하는 것으로 나타났다. 이것은 많은 국민들이 여전히 사회복지정책을 경제성장정책보다 덜 중시하고 있을 뿐만 아니라 복지의 실현을 위해서는 어느 정도의 부담을 함께 기꺼이 감수해야 한다는 연대정신이 이들에게 아직 많이 결여되어 있음을 보여준다(한겨레신문, 2010a: 8).

치를 토대로 시민들의 공감능력을 향상시키는 방향으로 전개되어야 한다. 그리고 사회문제의 해결을 위한 정책적인 노력은 사회문제의 해결이 국가나 시장의 과제가 아닌 시민들 당사자의 권리이자 의무라는 사실을 시민들이 명백히 인식하고 그 해결에 적극 동참할 수 있는 방식으로 이루어져야 한다. 이러한 방향과 방식을 추구하는 사회정책이 시민주의 사회정책이며 이것을 달리 표현하면 인권/연대 기반 사회정책이라고도 말할 수 있다.

참고문헌

강수택. 2007a. 『시민연대사회』. 아르케.

______. 2007b. “서구 시민문화의 최근의 변화양상.” 『사회이론』 제31호: 107-135쪽.

______. 2010. “반연대주의로서의 모나디즘.” 『사회와 이론』 제17집: 121-157쪽.

기든스, A. 1998. *The Third Way: The Renewal of Social Democracy*. 한상진 · 박찬욱 역. 1998. 『제3의 길』. 서울: 생각의나무.

길버트, N. 2001. *From Welfare State to Enabling State*. 김영화 외 역. 2001. 『복지국가에서 능력개발국가로』. 서울: 한울아카데미.

김영수. 2001. 『한국헌법사』. 학문사.

김진석. 2010. “복지담론에 대하여.” 『황해문화』 2010년도 겨울호: 279-304쪽.

노사정위원회. 1998. “경제위기극복을 위한 사회협약.” 제1기 노사정위원회 합의문. 노사정위원회 홈페이지 자료실.

브라운, H. 2003. *Und wer ist mein Nächster? Solidarität als Praxis und als Programm*. 정재훈 · 김태희 역. 2006. 『사회연대의 이론과 실천』. 서울: EM커뮤니티.

손준규. 1993. “각국의 사회정책 사상 소고.” 『사회정책논총』. 한국사회정책연구원. 제5집: 13-29.

신동면. 2000. “김대중 정부의 사회정책 개혁: 근로연계 복지인가 생산적 복지인가?” 『새 천년의 행정학 패러다임』. 한국행정학회 2000년도 동계학술대회 발표논문집. 293-307쪽.

심창학. 2001. “사회복지정책에 미친 신자유주의의 영향: 영국, 프랑스 국가역할의 변화를 중심으로.” 『사회복지정책』 제13집: 130-158쪽.

유은상. 1989. 『19세기 독일의 사회적 보수주의』. 대학촌.

조영훈. 2003. “복지다원주의의 확대와 복지국가의 미래.” 『현상과 인식』 제91호: 54-75쪽.

조효제. 2007. 『인권의 문법』. 후마니타스.

촐, R. 2000. *Was ist Solidarität Heute?* 최성환 역. 2008. 『오늘날 연대란 무엇인가』. 서울: 한울.

카우프만, F.-X. 2002. *Sozialpolitik und Sozialstaat: Soziologische Analysen.* 정연택 역. 2005. 『사회정책과 사회국가』. 서울: 21세기사.

하이에크, F. A. 1944. *The Road to Serfdom.* 정도영 역. 1974. 『예종의 길(상)』. 서울: 삼성문화재단.

『한겨레신문』. 2010a. "창간특집 여론조사. 복지의식 변화: '성장보다 복지 우선' 6년새 30% → 48%로." 2010년 5월 14일자. 제8면.

______. 2010b. "창간 22돌 기획 대논쟁. 한국사회 미래를 말하다. 진보개혁의 복지 10년: '포괄적 복지' 꾀했지만 '사각지대' 공고화." 2010년 8월 3일자. 제8면.

Beveridge, W. H. 1958. *Social Insurance and Allied Services.* London: Her Majesty's Stationaery Office.

Grebing, H. 1970. *Geschichte der Deutschen Arbeiterbewegung.* München: DTV.

Hayward, J. E. S. 1961. "The Official Social Philosophy of the French Third Republic: Léon Bourgeois and Solidarism." *International Review of Social History,* No. 6: 19-48.

Kaufmann, F.-X. 1989. "Sozialpolitik-Perspektiven der Soziologie." *Staatslexikon. Bd. 5.* Görres Gesellschaft (Hrsg.). 46-50. Freiburg: Herder Verlag.

Lampert, H. 1989. "Sozialpolitik—Grundlagen." *Staatslexikon. Bd. 5.* Görres Gesellschaft (Hrsg.). 41-46. Freiburg: Herder Verlag.

Marshall, T. H. 1950. *Citizenship and Social Class and Other Essays.* Cambridge: Cambridge University Press.

______. 1975. *Social Policy in the Twentieth Century.* London: Hutchinson.

______. 1981. *The Right to Welfare and Other Essays.* New York: The Free Press.

Pankoke, E. 1995. "Sozialpolitik." *Historisches Wörterbuch der Philosophie. Bd. 9.* J. Ritter · K. Gründer (Hrsg.). 1227-1236. Basel: Schwabe & Co. AG Verlag.

Schmidt, K.-H. 1986. "Sozialpolitik." *Handlexikon zur Politikwissenschaft.* W. Mickel (Hrsg.). 471-476. Schriftenreihe der Bundeszentrale für politische Bildung. Band 237. München: Franz Ehrenwirth Verlag.
Wildt, A. 1995. "Solidarität." *Historisches Wörterbuch der Philosophie. Bd. 9.* J. Ritter · K. Gründer (Hrsg.). 1004-1015. Basel: Schwabe & Co. AG Verlag.

CDU. 2007. "Freiheit und Sicherheit. Grundsätze für Deutschland." CDU공식 홈페이지 자료(http://www.grundsatzprogramm.cdu.de/doc/071203-beschluss-grundsatzprogramm-6-navigierbar.pdf).
EPP. 1992. "Basic Programme." EPP 공식 홈페이지 자료(http://www.epp.eu/dbimages/pdf/athene-BASIC_PROGRAM.pdf).
PES. 2001. "For a modern, pluralist and tolerant Europe." PES 공식 홈페이지 자료(http://www.pes.org/en/about-pes/how-does-pes-work/-congress/berlin/for-modern-pluralist-tolerant-europe).
SPD. 2007. "Hamburger Programm." 독일 사회민주당 홈페이지의 기본강령 자료 모음(http://www.spd.de/de/politik/grundsatzprogramm/index.html).
UNDG. 2003. "Human Rights-Based Approach to Development Cooperation: Towards a Common Understanding Among UN Agencies." United Nations Development Group 공식 홈페이지의 Human Rights-Based Approach 사이트 자료(http://www.undg.org/index.cfm?P=221).
Verein für Socialpolitik. 2010. "Informationen über den VfS." Verein für Socialpolitik의 공식 홈페이지 자료(http://www.socialpolitik.org/vfs.php?mode=informationen&lang=1#).

제3장

인권과 사회복지: 연계의 논리적 구조와 접근방법을 중심으로

심창학

I. 서론

사회복지는 곧 인권이라는 절대 명제에도 불구하고 인권에 대한 한국 사회복지 영역에서의 관심은 그렇게 크지 않은 것으로 보인다. 이의 배경은 다음 몇 가지로 대변될 수 있다. 첫째, 일반적인 차원에서의 전통적인 인권 해석의 영향이다. 한동안 한국 사회에서 인권 개념은 제한된 정치적 의미로 사용되어 왔다(김형식, 2008: 6-7; 이용교, 2004: 105). 수감자 혹은 그 가족의 신상과 관련된 인권침해, 불법감금, 고문, 불법체류 외국인 노동자의 강제 출국, 정치 사범에 대한 억압, 경찰의 폭력적 시위 제압 등 본래 인권 개념과 달리 한국에서는 정치적 상징성이 강한 용어로 인식되어 온 것이다. 보육 조례, 급식 조례, 학생 인권 조례 등 생활 속의 인권 개념이 확산되면서 지금은 인권 개념에 대한 인식에 많은 변화가 오고 있지만 종래의 인식 개념에는 정치적 성격이 내재되면서 이는 곧 사회복지분야에서의 인권 개념에 대한 상대적인 경시로 연결되었던 것으로 보인다.

둘째, 실천 분야 혹은 실천 학문으로서의 사회복지의 특수성을 들 수 있다. 사회복지는 욕구 충족의 장으로서 명확한 법적 규정에 바탕을 두고 있을 때 안정적 제도화의 모습을 갖출 수 있다. 이는 태생적 성격에 의거한 사회복지제도의 분류에서도 명확히 드러난다. 구체적으로 사회복지 제 급여나 서비스의 제공이 지배계급의 통치 목적 혹은 사회통제적 의도하에서 이루어지는 권력관계와, 자선 차원에서 이루어지는 사실관계에 바탕을 둔 사회복지제도는 국민이 정책의 주체라기보다는 수동적인 정책의 대상으로 전락할 가능성이 있다는 점에서 많은 문제점을 노정하고 있다. 이의 대안으로 등장한 것이 법관계에 의한 사회복지제도의 출현이다. 왜냐하면 이는 제도의 영속성 차원뿐만 아니라 국민이 정책 입안 및 시행의 주체가 될 수 있다(윤찬영, 2010: 3-40). 이에 따라 어느 국가를 막론하고 현재 사회복지는 헌법, 개별법, 명령, 조례, 규칙 등의 법규범의 조항을 근거로 실시되고 있는 것이 사실이다. 반면 인권은 기본 속성을 고려할 때 포괄성, 보편성, 때로는 법률에 명시되어 있지 않는 부분까지도 포함하고 있다. 이와 같이 법관계에 기초한 사회복지와 인권 사이에는 일정 부분 비양립적 관계가 내포되어 있으며, 이 역시 사회복지 영역에서 인권에 대한 상대적 경시, 부분적 관심으로 연결되는 요인 중의 하나로 판단된다.

셋째, 권리와 관련되는 개념 사이의 긴장관계(?)를 들 수 있다. 즉, 전통적으로 사회복지에서는 사회권에 많은 관심을 두고 있으며 이는 인권 개념에 대한 사회권의 상대적인 우월성으로 연결되었다는 것이 필자의 생각이다. 사회구성원으로서 문화적인 인간에 상응하는 최소한의 기본적인 생활을 영위할 수 있는 권리임과 동시에 이에 필요한 정책의 실시, 제도적 장치를 요구할 수 권리로 정의되는 사회권에 대한 관심은 학문적으로는 공민권→참정권→사회권으로 연결되는 마샬의 시민권 진화 과정 논의에 많은 영향을 받았다. 동시에 산업화 이후 나타난 사회문제의 대응 차원에서 등장한 복지국가 탄생의 역사적 배경 역시 사회권에 대한 관심과 밀접한 관련성이 있다. 이상의 상황 전개는 인권의 중요한 영역 중 하나임에도 불구하고 인권 대신 사회권이 사회복지의 핵심에 자리 잡게 하는 결과를 낳게 되었다. 더 나아가서 사회복지 일각에서는 아래 인용문에서처럼 인권을 사회권의 보조수단 정도로 인식하는 경향까지 나타날 정도로 인권에 대한 관심은 낮았다고 볼 수 있다.

> "사회복지 영역 가운데 인권은 특수한 영역 즉 외국인 노동자, 정신장애인, 일부 시설 생활자와 관련된 인권 침해 요소가 많은 영역에 관계하는 자들의 몫으로 여기고 일반적인 영역에서는 인권을 '좋은 생각이나 바람직한 것' 정도로만 생각하고…… (박태영, 2002: 63; 김형식, 2008: 19에서 재인용)

사회복지 영역에서의 인권에 대한 관심과 관련하여 유의할 점 두 가지만 피력하고자 한다.

첫째, 지금까지 언급한 상대적 경시 현상은 일반적인 현상에 관한 것일 뿐 사회복지 전 분야에 해당되는 것은 아니라는 점이다. 후술하겠지만, 사회복지 실천 현장에서의 인권에 대한 관심은 매우 높다는 점이 강조되어야 할 것이다.

둘째, 정책 분야에서 사회권과 인권의 관계 연구를 수행할 때 세 가지 관점이 존재할 수 있다. 우선, 사회권과 인권을 대비시키는 관점이다. 여기서의 연구 작업은 기존의 사회권에 바탕을 둔 사회(복지)정책의 한계를 제시하고 완전히 새로운 형태의 정책 모형을 제시하는 데 초점을 맞추어야 될 것이다. 두 번째 관점은, 조화론적 관점에서 사회권과 인권 관계를 보는 관점이다. 여기서 사회권은 인권 영역 중의 하나임을 전제하고 있다. 대신 사회복지를 논할 때에는 포괄적인 성격의 인권보다는 사회권, 좀 더 구체적으로 복지권에 초점을 두고 있다. 이는 국내

사회복지학계의 연구 경향을 대변하는 관점이기도 하다(윤찬영, 2010; 이영환, 2009). 인권과 사회권의 관계에 대한 세 번째 관점은 사회권이 인권의 하위 영역이라는 점에서는 두 번째 관점과 동일하다. 하지만 사회권에 기반한 정책에 비해 영역 및 대상의 광범위성, 수급자 권리의 상대적 강화의 성격이 강한 인권 기반 사회복지 정책의 가능성에 관심을 가지고 있다는 점에서는 일정한 차이를 보이고 있다. 이 중 필자의 입장은 후자의 입장에 속한다고 할 수 있다. 이러한 입장은 국제기구, 일부 외국 학자의 연구 경향에서 부분적으로 나타난다. 예컨대, 2009년 발표된 유엔 경제적 · 사회적 · 문화적 권리위원회의 제3차 권고문(이하 '유엔 3차 권고문'으로 칭함)은 법 · 제도영역부터 기타 영역까지의 9개 영역에 걸쳐 법적, 제도적 개선을 권고하고 있는데, 이 중 제5영역인 사회복지 영역을 비롯하여 적어도 5개 영역은 사회권과 직 · 간접적으로 관련되어 있다.[1)]

이상의 기본 관점에서 필자는 인권 기반 사회복지 정책의 가능성을 모색하는 데 관심을 가지고 있다. 시론적 성격의 본 글은 인권과 사회복지 연계의 제도적 분석 즉 인권에 바탕을 둔 사회복지의 제도적 평가 방법은 무엇이며 이에 근거할 경우 한국 사회복지 제도의 현주소는 어떠한가에 초점을 맞추고자 한다. 글의 순서는 먼저, 이미 그 배경에 대해서는 언급했지만 사회 복지 영역에서의 인권에 대한 관심 및 반영의 현주소를 살펴본다. 이어서 논리적 측면에서의 인권과 사회복지의 결합, 즉 인권 기반 사회복지의 논리적 구조를 고찰 · 확인한다. 이는 글의 세 번째 부분인 인권 기반 사회복지제도의 이론적 부분이다. 즉 인권과 사회복지 결합의 연계 고리를 논리적으로 확인하는 부분이 될 것이다. 이를 바탕으로 다음 절에서는 인권에 바탕을 둔 사회복지의 특

---

1) 9개 영역은 법제도, 여성 및 아동 청소년, 이주 · 외국인, 노동, 사회복지, 주거, 건강, 교육, 기타 영역이다(유엔 경제적 · 사회적 · 문화적 권리위원회 제3차 대한민국 최종 견해 권고 항목, 2009).

징을 확인하고자 한다. 다시 말하면 인권 기반 사회복지(Human Rights based Social Welfare)의 접근방법으로서는 어떠한 것이 있으며, 이에 근거할 경우 한국 사회복지의 상황은 어떠한가에 대해서 살펴볼 것이다. 시론적 성격의 본 글은 한국 사회복지에 대한 본격적인 평가보다는 접근방법의 모색에 주안점을 둘 것이다.

Ⅱ. 사회복지 영역에서의 인권에 대한 관심 및 반영

이에 대해 본 글은 사회복지학계의 동향, 사회복지 실천 현장의 경우로 나누어 살펴본다.[2)]

1. 학계 동향: 인권에 대한 상대적 관심 부족

김형식(2008)에 따르면 인권에 대한 사회복지 관심이 구체화된 시점은 2001년으로 이때 『한국의 사회복지와 인권』이라는 공저와 이프(J. Ife)의 책이 김형식과 여지영(2001)에 의해 번역, 발간되었다. 그럼에도 불구하고 최근 10여 년간의 상황을 살펴보면 인권에 대한 사회복지학계의 관심 정도는 매우 약하다. 필자가 확인한 바에 의하면 번역서 3~4권과 공동 저서 1~2권이 발간되었을 뿐이다.[3)] 다시 말하면, 인권과 사회복지의 주 전공자가 없음을 알 수 있다. 이런 열악한 상황에서 학문

2) 제도적 측면은 본 글의 제 IV절에서 다룰 것임.
3) 예컨대, 박영란 외, 2001(2004); J. Ife, 김형식 · 여지영 역(2001); 평택대학교 다문화가족센터 편(2008) 등이다. 물론 노인인권, 장애인 인권, 아동 인권 등 분야별 인권에 대한 논문도 상당수 있다.

의 사각지대(lost continent)를 메우는 데 나름대로 고군분투를 한 기관이 바로 국가인권위원회이다. 예컨대, 번역 활동 지원과 세미나 개최를 통해 인권과 사회복지에 대한 관심을 가져 왔으며 그 결과 의미 있는 성과가 도출되기도 했다.[4)]

사회복지학계의 인권에 대한 무관심 경향은 사회복지학 교육에서도 그대로 드러난다. 사회복지사의 주 역할이 서비스 제공뿐만 아니라 사회적 한계 집단의 옹호임을 고려할 때 이들에 대한 인권 교육이 중요함에도 불구하고 교육 과정에서 인권과 인권 교육은 소홀히 다루어져 왔다. 다음의 〈표 3-1〉에서처럼 독립된 과목으로서 인권 과목은 아예 없다. 그뿐만 아니라 인권은 몇몇 과목의 소주제로만 다루어지고 있을 뿐이다. 가장 대표적인 것이 사회복지법제론이며 그 밖에 사회문제론, 아동복지론, 청소년복지론, 사회복지 윤리와 철학, 여성복지론 등이 있을 뿐이다. 이렇게 볼 때 이용교(2004: 108)의 지적대로 사회복지학을 전공한 대학생 중 4년 동안 세계인권선언이나 아동의 권리에 관한 국제협약 등을 한 번이라도 읽어보고 졸업하는 사회복지사가 과연 얼마나 될 것인가 하는 의문이 들 정도로 사회복지학 교육에서의 인권 교육은 결여되어 있음을 알 수 있다.

이상의 문제는 다른 측면에서의 문제의 심각성을 노정하고 있다. 사회복지 실천 현장에서 인권 침해 현상은 도처에서 발견될 수 있다. 이 점을 고려하다면 사회복지학 교육은 이러한 문제를 야기하는 현실적인 상황 혹은 권력관계를 확인하여 사회복지사가 어떻게 접근, 대처해야 하는지에 관한 교육이 당연히 필요할 것이다. 하지만 불행하게도 현재 사회복지학 교육은 이에 대한 해답을 제시하지 못하고 있는 것이다. 이 부분은 오히려 사회복지학 외의 학문 영역에서 많이 진행되고 있는 실정이다.[5)]

---

4) 국가인권위원회 사회복지연구회 역(2008).
5) 이의 구체적 내용은(이용교, 2004: 115).

〈표 3-1〉 2006년도 사회복지학 교과목 지침서 분석 결과

과목명	포함 내용(사회복지학 교과목 지침서 목차 중심)
사회복지법제론	• **교과목 내용** 4. 사회복지의 권리성 1) 인간과 사회복지 8. 국제법과 사회복지 1) 국제인권교육(A, B) 2) 사회보장에 대한 다양한 국제조약 및 선언 3) 아동의 권리에 대한 국제협약 4) 장애인 권리선언 및 정신지체인 권리선언
사회문제론	• **교과목 내용** 8. 인권과 사회적 소수자 문제 1) 인권문제의 본질과 인권회복 2) 장애인: 장애유형별 문제, 차별, 학대 등의 문제 3) 외국인노동자 4) 결혼이민자 5) 새터민(탈북이주민)
아동복지론	• **교과목 목표** 2. 아동의 권리에 대한 이해 • **교과목 내용** 1) 유엔아동권리협약
사회복지 윤리와 철학	• **교과목 목표** 3. 인권, 사회정의 역량강화 등 사회복지윤리 관련 주요 범주들에 대한 이해 정립 • **교과목 내용** 4. 사회복지 핵심가치 및 범주 연구 1) 휴머니즘과 인권 • **과제** 1) 인권, 사회정의, 소외 등 사회복지윤리의 핵심개념에 대한 연구보고서를 제출하게 한다.

여성복지론	• **교과목 내용** 14. 노동시장에서의 여성차별
청소년복지론	• **교과목 내용** 4. 청소년관련법 6) 유엔아동권리협약

자료: 2006년 사회복지학 교과목 지침서(김형식, 2008)에서 재인용

2. 사회복지 실천 현장에서의 인권 관심

인권 문제 관심에 대한 사회복지 영역에서 나타나는 역설 중의 하나는 인권에 대한 학계의 무관심과는 달리 실천 현장은 사회복지와 인권이 밀접히 관련되어 있음을 보여주고 있으며 관심 또한 높다는 것이다. 사회복지 실천 현장에서는 사회복지를 인권 이상을 실현, 보장해주는 실천 분야의 하나로 인식되고 있다. 그리고 인권 문제는 사회복지 전문직의 인권과 클라이언트의 인권으로 구분되어 관심 표명이 이루어지고 있다. 관심 표명의 대표적인 사례로서 한국 사회복지사 윤리 강령을 들 수 있다. 먼저 전문의 일부를 살펴보면 다음과 같은 내용이 담겨져 있다.

> 사회복지사는 인본주의 · 평등주의 사상에 기초하여, 모든 인간의 존엄성과 가치를 존중하고 천부의 자유권과 생존권의 보장활동에 헌신한다.

비록 전문에서 인권이라는 용어를 사용하지는 않지만 천부적인 자유권과 생존권이라는 인권의 하위 범주를 명확히 사용하고 있음에 유의할 필요가 있다. 이러한 관점은 윤리 기준에서도 더욱 구체화되어 있다. 먼저 11개 항목으로 구성되어 있는 사회복지사의 클라이언트에 대한 윤리 기준 내용을 살펴보면 전부 클라이언트의 인권에 관한 것으로

이루어져 있음을 알 수 있다. 예컨대, 권익옹호(제1항), 존엄성, 자기결정권 존중(제3항), 사생활 보호 등을 들 수 있다. 이어서 명시되어 있는 사회복지사의 사회에 대한 윤리 기준 역시 사회적 약자 옹호, 사회 환경 개선, 사회정의 실현을 위한 내용들로 구성되어 있다. 이렇게 볼 때, 선언적 형태의 글임에도 불구하고 사회 복지사 윤리 강령에 따르면 사회복지사는 인권 전문직임을 명확하게 보여주고 있다. 또한 이는 사회복지 교육에서의 인권 교육이 더 강화되어야 한다는 것의 반증이기도 하다.

사회복지 실천 현장에서의 인권과 관련하여 두 가지 이슈에 주목할 필요가 있다. 첫째, 인권 관점에서의 사회복지사의 클라이언트 접근방법과 관련하여 어떤 접근방법이 더 바람직한가 하는 것이다. 이에 대해 이프(J. Ife, 2006: 15-16)는 욕구 중심 접근과 권리 중심 접근의 상호 비교를 시도하고 있다. 그에 따르면 욕구 중심 접근방법은 전통적인 접근방법으로서 사회복지사의 역할을 상대적으로 많이 강조하고 있다. 즉 개인, 가정, 공동체 혹은 조직 수준에서의 욕구를 정의하고 욕구 실현 방법을 처방하는 것이 사회복지사의 역할이며, 이러한 사회복지사의 판단이 서비스 제공의 중요한 관건으로 작용하고 있다.

반면, 권리 중심 접근은 욕구의 사정(need assessment)에 의해 서비스 제공 여부가 결정되는 것이 아니라 그것이 서비스 수혜자의 권리이기 때문이라는 점을 강조한다. 구체적으로 서비스 수혜자의 권리를 정의하는 것은 사회복지사의 역할이 아니라 인권규약, 인권 조약, 인권관련 입법, 그리고 인권전통 등 다른 권원이다. 이렇게 볼 때, 욕구 중심 접근방법에 비해 권리 중심 접근방법은 덜 판단적, 외부환경에 덜 의존적이며, 잠재적으로 서비스 수혜자의 권한을 더 많이 인정하고 있음을 알 수 있다. 더 나아가서 제기된 이슈가 사람들의 인권이 충분히 보장되지 못하는데서 비롯되기 때문에 문제의 원인이 개인이 아니라 개인의 권리가 보장되지 못하는 시스템에 있는 것으로 보는 점 또한 권리 중심 접근방법에서 강조하고 있는 점이다. 구분의 현실적 모호성, 현실

가능성 부분에서의 논란의 여지에도 불구하고 클라이언트 인권 존중의 관점에서 볼 때 권리 중심 접근방법은 의미 있는 시사점을 보여주고 있다.

사회복지 실천 현장에서 제기되고 있는 두 번째 이슈는 사회복지사의 인권 보장이다. 주지하다시피 사회복지 실천 종사자의 인권 문제는 매우 심각하다. 처우 문제만 하더라도 2006년 기준 근로자 월 평균 임금은 254만 원인데 비해 사회복지 종사자는 135~143만 원으로 이는 도시 근로자 월 평균 소득 369만 원의 절반에도 미치지 못한다(노동부 자료, 황소진, 2008: 24에서 재인용). 이러한 저임금은 직종별 가장 높은 이직률로 연결되고 있는 실정이다. 이외에도 사회복지 종사자에 대한 클라이언트의 폭력, 기관 내 안전사고 등 많은 관련 이슈가 제기되고 있는 실정이다.[6]

이상 본 바와 같이, 사회복지 실천 분야 쟁점의 핵심에는 사회권이 아닌 인권이 자리 잡고 있다. 이는 사회권의 논의만으로는 사회복지 실천 현장에서 벌어지고 있는 이슈 혹은 문제점을 해결하기에는 한계가 있음을 보여주는 하나의 반증이며, 인권과 같이 사회복지제도와 실천 현장의 문제를 포괄할 수 있는 개념에의 관심이 필요함을 보여주는 대목이기도 한다. 이러한 맥락에서 다음 절에서는 인권과 사회복지의 결합을 가능하게 하는 논리적 구조는 무엇인가에 대해 고찰하기로 한다.

---

6) 이의 자세한 내용은 황소진(2008: 24-25)을 참조.

Ⅲ. 인권과 사회복지의 논리적 연계 구조

본 글에서는 인권 개념의 재해석과 인권 세대의 진화라는 두 가지 측면에서 인권과 사회복지의 논리적 연계의 필요성과 가능성을 고찰하고자 한다.

1. 인권 개념의 재해석: 국가의 적극적 의무 강조

인권의 전통적 접근에서 국가 역할은 개인의 자유를 침해하지 못하도록 하는 것이기 때문에 국가는 개인의 삶에 간섭할 적극적 의무가 아니라 개인에 대한 간섭을 억제하는 자기 억제의 의무를 지닌다고 해석되어 왔다(Fredman, 2009; 백승호, 2010: 165에서 재인용). 따라서 인권담론에서 복지권은 국가의 적극적 의무가 아니라 생존에 필요한 '최소한의 조건'을 충족시켜주는 것으로 이해되는 경향이 있었다. 즉 국가의 복지에 대한 개입은 인간의 자유의지를 제약함으로써 자유권을 침해할 수 있다는 주장에 따라 최소주의 원칙을 따라야 한다고 주장되어 왔다(백승호, 2010: 165-166).

이러한 인권의 전통적 접근은 사회권의 최근 의미조차 제대로 담지 못하거나, 담는다고 하더라도 그 의미를 퇴색시키는 결과를 초래할 가능성이 많다는 점에서 이론의 여지가 많은 개념이다. 왜냐하면 개인 간섭의 억제 의무는 사회 구성원 간의 평등을 전제로 할 때 실행 가능하기 때문이다. 반면 불평등한 사회에서 억제의 의무 원칙은 결국은 유산 계급 등 특정 집단에게만 긍정적인 영향을 미칠 가능성이 많다. 이의 연장선상에서 나오는 생존에 필요한 최소한의 조건 충족을 지칭하는 사회권 역시 현재의 입장에서 보면 많은 문제점을 지니고 있다. 예컨대, '최소한의 조건만 하더라도 이의 수준, 정의의 주체에 따라 생물학적 생활 수준(육체적 효율성)의 수준에서부터 문화적인 인간 생활수준까지 다양하게 나타날 수 있다. 여기서 인권의 전통적 접근은 생물학적 최저 수준을 의미할 가능성이 많으며 이는 사회권의 지향점과 심각한 괴리가 있음을 보여준다.

따라서 인권과 사회복지의 바람직한 연계를 위해서는 인권 개념과 관련된 국가 의무의 재해석이 전제되어야 할 것이다. 이러한 차원에서 본 글은 프레드먼(Fredman, 2008)의 국가의 적극적 복지 제공 의무 이론 관점에 주목하고자 한다. 프레드먼의 이론에서 강조되는 것 중 중요한 명제 몇 개만 소개하면 다음과 같다.

첫째, 프레드먼의 이론은 인권의 전통적 해석에 대한 비판에서 출발한다. 그에 의하면, 본래 권리라는 개념은 권리의 주체(A)가 의무의 주체(B)에 대해 어떠한 근거(C)에서 어떤 권리(D)를 요구한다는 논리 구조를 가지고 있다. 하지만, 인권의 전통적 해석은 이 중 권리 주체(A)의 주장에 초점을 두다 보니 권리 주체의 규범력은 강했지만 의무 주체에 대한 구속력은 약하게 나타났다고 비판한다.[7] 구체적으로 전통적 인권 담론에서는 권리의 주체인 개인은 강조되었지만 개인의 권리를 충족시킬 의무가 있는 국가에 잘 부각되지 않았다는 것이다.

둘째, 인권의 중요한 가치 중의 하나인 자유의 개념 역시 재정립이 필요하다고 주장한다. 즉 자유란 진정한 선택을 할 수 있는 능력 혹은 그러한 선택에 맞추어 행동할 수 있는 능력을 의미한다. 이의 연장선상에서 자유란 불간섭에서 오는 것이 아니라 개인이 자신의 선택을 충족시킬 수 있도록 능력을 촉진해 주는 데서 온다고 보고 있다. 이렇게 볼 때 현대 사회에서 국가의 억압보다는 빈곤, 질병, 저발전, 저수준의 교육 등이 자유를 억압하는 주요 요소이며, 바람직한 인권 실행을 위해서

---

7) 이를 프레드먼 책의 번역자인 조효제는 울리히 벡의 견해를 인용, 용암현상(fading-out phenomenon)으로 부연설명하고 있다. 전체 현실 중 어떤 부분만 또렷이 강조되고 나머지 부분은 배경 그림자처럼 희미해지는 현상을 말한다.

는 이러한 반(anti) 자유의 주요한 원천 등은 제거되어야 한다는 것이 프레드먼의 견해이다.

셋째, 이상의 견해는 결국 국가 역할의 강화 및 개입 영역의 확대를 가져오는데 프레드먼은 이를 국가의 적극적 의무라는 개념으로 설명하고 있다. 즉, 국가는 개인의 선택을 촉진할 의무, 다시 말해 실행 가능한 선택 지점들의 범위를 늘리고, 개인의 선택을 제한하는 강압을 제거하는 등의 적극적 의무를 수행해야 한다(우국희, 2010: 134). 만약 국가가 사회권에 포함된 의무를 적극적으로 이행하지 않는 경우, 이는 개인에 대한 국가의 인권 침해라는 해석까지도 가능한 것이다.

넷째, 구체적으로 적극적 의무의 구성 요소 네 가지를 제시하고 있는데, 이의 구체적 내용을 그대로 인용하면 다음과 같다(Fredman, 2008: 203-204).

> 이러한 목표 아래서 적극적 의무를 위한 네 가지의 구성 요소(parameters)를 도출할 수 있다. 첫째, **유효성**(effectiveness)이다. 어떤 특정 시점에 실제로 어느 정도 자원이 제공되었든, 또는 시민들의 자구책을 돕기 위해 어떤 조치를 취했든 간에 적극적 의무는 그 성격이 적절해야 하고, 그러한 권리를 달성하겠다는 목표를 지녀야 한다. 둘째, **참여성**(participation)이다. 이런 과정에 의해 영향을 받는 사람들이 그 과정에 직접 참여해야만 그 결과가 의미있는 것이다. 셋째, **책무성**(accountability)이다. 정부 당국은 어떤 권리를 최적화하기 위해 필요한 조치를 감안해서 도출된 견해를 시민들에게 설명하고 정당화를 시도해야 한다. 책무성은 국가가 어떤 특별한 조치를 취하기 위해 필요한 자율적 공간에서 반드시 필요한 단계이다. (중략). 마지막 요소는, **평등성**(equality)이다. 충족시킬 의무의 초점은 약자들과 타인들보다 자기 권리를 누릴 능력이 제한되어 있는 사람들이다. 평등성은 처우의 평등을 넘어 실질적 평등으로 나아간다는 뜻이다.
>
> (**진한** 표시는 필자가 강조한 것임)

이상 프레드먼이 제시하고 있는 국가의 적극적 의무 이론은 다음 몇 가지 점에서 중요한 의의를 찾을 수 있다.

첫째, 사회권, 적어도 한국 사회에서 통용되고 있는 사회권 인식, 그리고 이에 근거를 둔 정책에 대한 심도 깊은 반성의 근거가 될 수 있다. 예컨대, 헌법에 규정되어 있는 사회권적 기본권에 대한 헌법재판소의 판결은 추상적 권리설에 바탕을 두고 있다(정진경, 2006: 415). 이는 사회적 기본권 해석에 있어서 권리, 의무의 추상성, 행정부의 재량권 존중, 특별한 경우를 제외하고는 헌법 조항은 통제 규범(재판규정)이 아니라 행위 규범으로서의 역할에 한정짓는 것을 특징으로 하고 있다. 다시 말하면 프레드먼이 제시하는 국가의 적극적 의무와는 많은 괴리를 보이고 있는 것이다. 뿐만 아니라 현재 한국에서 실시되고 있는 사회보험, 공적 부조제도가 어느 정도 적극적 의무의 구성 요소를 담보하고 있는가에 대한 생각해 본다면 그 답은 부정적일 가능성이 많다. 더욱더 심각한 문제는 질적으로 열악한 정책 및 제도의 수준이 사회권의 소극적 해석에 의해 정당화되고 있다는 것이다. 이렇게 볼 때 프레드먼의 국가의 적극적 의무 이론은 사회권 담론의 한계를 뛰어넘을 수 있는 논리적 근거를 제공해주고 있다.

둘째, 이의 연장선상에서 인권과 사회복지의 연계 가능성을 도출할 수 있다. 인권 및 자유의 재해석, 국가의 적극적 의무 등 프레드먼의 이론에서 인권과 사회복지가 만나는 지점은 상당히 많다. 어떤 의미에서는 사회복지야말로 인권의 재해석, 국가의 적극적 의무 이론이 가장 잘 실현될 수 있는 분야로 볼 수 있을 것이다.

결국, 프레드먼의 국가의 적극적 의무 이론은 인권과 사회복지 연계 가능성의 논리적 구조를 보여주고 있음과 동시에 사회복지의 새로운 패러다임을 구상하는 데 유용한 이론적 근거를 제시하고 있다.

2. 인권 세대의 진화

여기서 말하는 인권 세대 개념은 이프(J. Ife, 2001)에 의해서 제시된 것으로, 인권 개념의 역사적 발전과정 및 외연 확장을 동시에 보여주는 개념이다. 다시 말하면 인권의 관심 영역 및 개입방법이 제1세대부터 제3세대까지 확장되었다는 것이다. 그럼, 인권의 세대별 특징을 살펴보고 이러한 외연 확장이 인권과 사회복지의 연계에 주는 의미를 도출하기로 한다.

먼저, 제1세대 인권은 시민적 · 정치적 영역, 즉 인간의 자유권에 관한 것이다. 자유권은 타인의 강제로부터의 자유라는 소극적 자유의 보장과 관련되어 있다.[8] 따라서 제1세대 인권 실천은 자유권이 침해되는 상황이 발생했을 때 그러한 자유권이 침해받지 않도록 감시, 옹호, 주창하는 활동을 통해 이루어질 수 있다. 결국, 제1세대 인권 실행은 적극적 차원보다는 소극적 차원의 조치에 초점을 맞추고 있다. 자유권은 상대적으로 사회복지와 관계가 약하지만 그렇다고 해서 아주 무관한 것도 아니다. 예컨대, 시민단체 위주로 진행되었던 장애인 이동 보장 관련 실천 활동은 사회복지와 관련성이 높은 제1세대 인권 실행의 사례가 될 것이다.

인권 2세대는 인권 내용에서 경제적 · 사회적 그리고 문화적 권리들을 말한다. 사회권과 직결되는 권리로서 차별로 인한 인권 침해 방지를 의미하는 소극적 조치보다는 적극적 차원의 인권 실행에 더 많은 관심을 가지고 있다. 구체적으로 적절한 의료 서비스를 받을 권리, 사회보장에 대한 권리 등의 복지권, 일할 권리, 적정임금을 받을 권리와 같은 노동권, 적합한 교육을 받을 권리 및 여가에 대한 권리 등의 문화적 권리 등이 여기에 포함되어 있다. 이렇게 볼 때 사회복지의 가치와 직결되는 인권 세대라 할 수 있다.

---

8) 프레드먼의 전통적 인권 해석과 상응하는 인권 세대이다.

제3세대 인권은 집단적 맥락에서 이해가 필요한 집단적 권리이다. 경제개발에 대한 권리, 안정적이고 공동체적인 사회에서 살 권리, 깨끗하고 오염되지 않는 공기, 물, 식량에 대한 권리, 인간의 완전한 잠재성이 획득되도록 하는 물리적 환경에 대한 권리 등을 들 수 있다(이용교, 2004: 29). 집단적 권리이기 때문에 개인 차원에서 제3세대 인권이 지니고 있는 의미는 약하다고 할 수 있다. 뿐만 아니라 일견 사회복지와는 무관한 권리로 간주되기도 한다. 하지만 제3세대 인권 역시 사회복

〈표 3-2〉 인권 세대의 진화와 사회복지분야의 관련성

	소극적 차원 (의도적으로 침해하지 않아야 하는 차원)	적극적 차원 (자원투입과 구체적 정책이 필요한 차원)	관련되는 사회복지분야
시민적, 정치적 영역의 권리 제1세대	• 고문 및 가혹한 처우 • 자의적 구금 • 초법적 살인 및 실종 • 불공정한 재판 • 선거부정	• 사법개혁 • 법 집행 절차 및 교정 시설 개선 • 법 집행 공직자 인권 교육 • 경찰처우개선 • 선거제도 개선 • 과거 인권 침해 사건 조사 및 과거사 정리	장애인 복지 등 적용 대상별 복지 (예: 장애인 이동권 보장)
경제사회문화적 영역의 권리 제2세대	• 보건, 복지, 교육 영역에서의 젠더, 인종, 나이, 언어 등에 따른 차별관행 및 정책	• 보건 • 복지 • 교육 • 기업 등 사적 주체에 의한 인권 피해자 구제	사회복지 전 분야 (사회권과 직결)
연대, 집단 영역의 권리 제3세대	• 환경 훼손 • 지구 온난화 • 불공정 무역	• 과거사 정리, 진실/화해/배상 • 외채탕감 • 해외개발원조	지역사회조직

자료: 조효제(2007)의 내용과 필자의 견해를 바탕으로 재정리

지와 관련성이 높은 권리이다. 예컨대 사회복지실천방법 중 지역사회조직과 밀접한 관련성을 지니고 있는 권리가 바로 제3세대 인권이다(이용교, 2004: 43). 주지하다시피 지역사회조직은 지역사회개발, 사회계획, 사회 행동 등의 방법(모델)을 통해 지역사회의 변화와 발전을 도모하고 그 결과로서의 혜택이 지역주민들에게 돌아가게 하는 것을 목적으로 한다. 최근 다문화 사회의 등장, 외국 이주 노동자의 권익 보장 등의 문제 역시 지역사회조직에서 다루어야 할 사회문제이다. 이러한 지역사회의 현안을 인권 관점에서 접근할 때 훨씬 더 바람직한 성과가 도출될 것이다. 〈표 3-2〉는 지금까지의 내용을 정리한 것이다.

이렇게 볼 때 오래전부터 사회복지와 인권 사이에는 밀접한 관계가 있었음을 알 수 있다. 구체적으로 장애인 이동권 보장 등 사회적 소수자에 대한 차별 금지의 사회복지 활동은 제1세대 인권 개념에 뿌리를 두고 있다. 제2세대 인권의 핵심에는 사회권이 자리 잡고 있다. 일견 무관한 것으로 보이는 제3세대 인권 역시 사회복지의 중요한 실천 방법 중의 하나인 지역사회조직과 직결되어 있다. 게다가 지역사회조직에서 다루어야 할 새로운 사회문제는 인권적 고려를 필요로 하고 있다. 이는 인권과 사회복지의 논리적 연계가 얼마든지 가능하다는 것을 보여주는 대목이다. 이에 프레드먼의 국가의 적극적 의무 이론을 접목시킨다면 사회권에 바탕을 둔 것과는 질적으로 다른 인권 기반 사회복지 정책의 수립이 가능할 것이다.

Ⅳ. 인권 기반 사회복지의 접근방법 모색

제3절을 통해서 인권과 사회복지의 연계의 필요성 및 가능성을 살펴보았다. 이의 긍정적인 평가에 동의한다면 다음 단계는 인권 기반 사회복지의 정체성 확인에 관한 것이다. 인권 기반 사회복지, 즉 사회복지를 인권의 관점에서 분석하는 데 있어서 어떠한 접근방법이 있을 수 있으며, 이에 근거하는 경우 한국과 같은 특정 국가의 사회복지의 평가 결과는 어떠한가 하는 것이다. 시론적 성격의 본 글은 한국 사회복지의 심도 깊은 평가보다는 접근방법의 제시에 초점을 맞추고자 한다.[9]

1. 인권 기반 사회복지 지표 접근방법

사회 지표는 1960년대 중반 이후 사회과학 분야에서 중요한 연구 주제 방법론으로서 자리 잡고 있다. 사회 문제의 확인과 동시에 정책 개발의 수단, 더 나아가서 특정 제도 및 정책의 평가 수단으로 사회 지표가 지니고 있는 유용성은 매우 높다고 할 수 있다.

사회 지표는 세 가지 유형으로 나누어진다(강수택 외, 2009: 24-25). 첫째, 기준 지표(criterion indicators)유형은 사회지표가 다른 무엇보다 정책적 관심에서 만들어진다는 점을 강조한다. 이런 관점에서 사회지표란 공공정책이 추구하고 지향하는 변화의 타깃, 산출 혹은 목표 가치로 이해되고 보다 직접적으로는 사회 지표를 규범적 복지 지표나 정책 지표로 규정하기도 한다. 둘째, 만족 지표(satisfaction indicators) 유

9) 필자의 본래 생각은 사회복지에 대한 인권 기반적 정책 평가 도구로서의 접근방법과 인권 기반 사회복지 모델 개발 도구로서의 접근방법의 두 가지로 나누어 제시하는 것이 바람직한 것으로 보고 있으나 여기서는 논의의 활성화 차원에서 이의 구분 없이 단순 나열하고 있다.

형은 사회변동과 삶의 질을 제대로 이해하기 위해서는 객관적 사회 상태의 변화 추이를 지속적으로 추적, 관리하는 것뿐만 아니라 사회 구성원의 사회 심리적 상태를 지속적으로 모니터링하는 것 역시 긴요하다는 전제에서 출발한다. 만족 혹은 안락감 지표가 대표적이다. 셋째, 기술적 사회 지표(descriptive social indicators)는 세 가지 사회 지표 유형 중 가장 포괄적인 유형이다. 이 유형은 사회의 주요 특성들이 무엇이고, 이들이 어떻게 상호 관련되어 있으며, 이러한 특성들과 상호 관련성이 어떻게 변화하는지에 주안점을 둔다. 정책 지표뿐 아니라 보다 일반적인 사회 추세를 반영하는 지표라 할 수 있다.

지표 개발과 관련, 현재 한국 사회복지 학계에서는 사회권 지표 개발의 움직임이 활발하다. 실례로 문진영 연구팀은 사회권 지표 개발을 위한 기초 연구를 통하여 소득보장, 건강, 주거, 노동, 교육의 5개 영역에서 전부 85개의 지표를 개발했다(문진영, 2008). 신동면 역시 문진영 연구와 동일한 5개 영역의 27개 지표를 제시하고 있다(신동면, 2010). 한편, 사회복지 분야에서의 인권 지표 개발은 시설에 초점을 두고 있다(이용교 외, 2005). 반면, 포괄적인 성격의 인권 기반 사회복지 지표(Human Rights based Social Welfare Indicators) 개발은 전무하다.

인권 기반 사회복지 지표 개발과 관련하여 다음과 같은 점이 고려되어야 할 것이다.

첫째, 사회 지표의 유형 중 어느 유형에 속하는가에 대한 고민이 전제되어야 할 것이다. 규범적 복지 지표, 정책 지표의 역할을 고려할 때 기준 지표가 기본적인 지표의 성격으로 규정되어야 할 것이다. 그 외 동시에 수급자 혹은 이용자의 만족도 등도 고려되어야 하는 점을 생각한다면 만족 지표의 성격도 담보되는 것이 바람직할 것이다.

둘째, 인권 관점에 충실해야 할 것이다. 따라서 유엔인권선언 혹은 두 가지 국제 규약(A규약, B규약)의 내용 중 사회복지와 관련성이 있는 것은 최대한 반영시켜야 할 것이다.[10] 예컨대, 사회권 지표 개발의 기존 연구들은 주 적용 대상을 내국인에 국한시키고 있다. 이주 외국인,

다문화 사회 구성원에 대한 고려가 선행되어야 할 것이다. 그리고 사회권 지표 개발에서 언급되고 있는 5개 영역 외의 다른 영역도 적극적으로 고려되어야 할 것이다. 예컨대 유엔 3차 권고문에도 언급되어 있는 여성복지(여성차별관행), 산업 재해 등의 분야를 들 수 있다.

셋째, 기존의 사회권 지표는 성과 지표의 성격이 강하다. 반면, 인권의 기본 관점이나 프레드먼의 국가 의무적 이론에서 알 수 있듯이 수급자의 권리 존중 역시 매우 중요한 인권 요소이다. 따라서 기준 지표임에도 불구하고 인권 기반 사회복지 지표에는 수급자의 참여 등 수급자의 권리 존중에 관한 지표가 반드시 들어가야 할 것이다.

결국 사회권 지표에 비해 인권 기반 사회복지 지표는 영역 및 적용 대상의 포괄성, 수급자의 권리 존중을 담보하는 방향으로 개발이 이루어져야 할 것이다.

2. 특정 사회 문제 중심 접근방법

이는 특정 사회 문제를 인권의 관점에서 보는 접근방법이다. 본 글에서는 빈곤 문제의 인권 기반 접근방법과 관련하여 한 국제기구의 견해를 소개하고자 한다. 인권 기반 빈곤 퇴치 전략 원칙 및 지침이라는 보고서를 통해 유엔인권고등판문관실(2008)은 인권에 바탕을 둔 빈곤 극복을 강조하고 있다. 이 보고서는 먼저, 28개 항목에 걸쳐 인권 기반 접근방법의 이론적 기반을 제시하고 있는데 주요 내용은 다음과 같다.

첫째, 인권 기반 접근방법은 빈곤의 다차원적 성격을 강조하고 있다. 박탈 측면의 다원성과 사회적 배제에 대한 관심이 빈곤 극복의 핵심임

10) UN은 수차례의 논의를 거쳐 1966년 '경제적, 사회적, 문화적 권리에 관한 국제규약(A규약)'과 '시민적, 정치적 권리에 관한 규약(B규약)'을 채택했다. 이는 국제 시민권의 초석으로 평가받고 있으며 한국은 1990년 4월, 이에 가입했다.

을 강조하고 있다.

둘째, 인권 기반 접근방법은 빈곤 문제가 경제, 사회적, 문화적 권리뿐만 아니라 시민권, 정치적 권리의 향유에 의해서도 크게 좌우될 수 있음을 강조하고 있다. 따라서 동 접근방법에서는 경제, 사회, 문화적 권리뿐만 아니라 시민권과 정치적 권리도 빈곤 퇴치 전략에 반드시 필요한 구성요소가 될 것을 요구하고 있다. 실례로, 노숙인의 참정권의 실질적 보장을 들 수 있다.

셋째, 필자가 보기에 인권 기반 접근방법이 가장 강조하는 부분이 바로 빈곤층의 권한 부여, 권리 인정에 관한 부분이다. 28개 항목 중 적어도 10개 항목은 이와 관련된 것이다. 한 항목을 그대로 인용하면 다음과 같다

19. 권한을 부여하는 가장 근본적인 방법은 **권리 개념 자체를 도입**하는 것이다. 이 같은 개념을 **정책 입안 과정에 도입할 경우**, 빈곤 퇴치의 이론적 배경은 빈곤층에게 도움이 필요하다는 사실뿐만 아니라 이들이 타인에 대해 법적 의무를 초래하는 권리가 있다는 사실에서 유래한다. 따라서 인권의 관점은 빈곤 퇴치를 **정책 입안의 일차적인 목표**로 해야 한다는 점의 합법성을 보장한다. (후략).

20. 인권 규범 구조의 대부분의 특징은 어떤 방식으로든 빈곤층에 대한 권한 부여에 기여할 수 있다는 것이다. 이러한 기능은 **보편성과 차별금지, 평등의 원칙, 참여적 의사 결정의 참여, 책임성 개념, 권리의 상호 의존성에 대한 인정**을 포함한다.

23. 빈곤 퇴치에 대한 기존의 접근방법과는 달리, 인권에 기반하는 접근방법은 목표 자체 만큼이나 **발전적 목표를 달성시켜야 할 과정**을 중시한다. 특히, 동 접근방법에서는 **빈곤 퇴치 전략의 입안, 시행, 점검**에 있어서 정보에 입각한 **빈곤층의 적극적인 참여**를 확

> 보해야 할 중요성을 강조하고 있다. 동 접근방법에서는 **참여**가 다른 목표에 대한 수단일 뿐만 아니라 그 자체를 위해 실현되어야 할 **기본인권**으로서 소중하다는 사실을 중시한다.
>
> (**진하게 표시**된 부분은 필자의 강조
> 유엔인권고등판문관실, 2008: 12-13)

동 보고서의 지침 5는 참여의 구체적 내용을 언급하고 있다. 구체적으로 참여 단계를 공개, 정책 입안, 시행, 점검, 평가, 책임성으로 구분하고 각 단계에서의 참여의 특징, 구체적 내용을 제시하고 있다. 이어서 동 보고서는 유의미하면서도 효과적인 참여를 담보하기 위한 두 가지 전제 조건을 제시하고 있는데, 참여 보장의 메커니즘과 제도적 장치 구비, 참여 보장 권한 부여에 필요한 최저 수준의 경제적 보장, 인권 교육의 실시 등이 바로 그것이다(유엔인권고등판문관실, 2008: 31-33).

이를 바탕으로 지침 8에서는 특정 인권 기준을 고려하여 빈곤 퇴치 전략의 구체적 내용을 열거하고 있는데, 이는 다음의 〈표 3-3〉과 같다.

이상의 빈곤 극복 전략은 다차원성을 중시하고 있다는 점에서는 사회복지학계에서 논의되고 있는 사회적 배제 개념과 유사하다. 하지만, 인권 개념에 기반을 둔 빈민의 권리 인정, 참여권, 역량 강화의 상대적 강조, 사회적 권리 외 시민적 · 정치적 권리의 중요성을 동시에 강조하고 있는 점에서는 일정한 차이를 보이고 있다. 이와 같이 인권 기반적 접근방법은 특정 사회 문제 개입에 있어서도 기존의 접근 방식과는 다른 모습을 보이고 있다.

빈곤 퇴치와 관련, 유엔 3차 권고문은 한국이 높은 GDP 성장에도 불구하고 빈곤 정도와 심각성이 증가하고 있다는 사실에 우려를 표명하면서 1)빈곤 퇴치 전략의 완전한 시행에 필요한 충분한 예산 배정, 2)취약, 소외 계층에 대한 빈곤 퇴치 전략의 영향을 효과적으로 모니터링할 것, 3) 경제적, 사회적, 문화적 권리를 전략에 완전히 통합시킬 것, 4) 빈곤퇴치 조치들의 결과와 관련된 상세한 정보(집단별 빈곤율의 최신 연간 통계 포함)를 차기 보고서에 포함시킬 것을 권고하고 있다(유엔 3차 권고문, 2009: 9).

〈표 3-3〉 인권 기반 빈곤 퇴치 전략

<table>
<tr><th>구분</th><th>지침</th><th colspan="2">내용</th></tr>
<tr><td rowspan="7">인권 기반 빈곤 퇴치 전략의 입안, 시행, 점검과정</td><td>지침 1</td><td>빈곤층 식별</td><td></td></tr>
<tr><td>지침 2</td><td>국가 및 국제 인권 구조</td><td></td></tr>
<tr><td>지침 3</td><td>평등 및 차별 금지</td><td></td></tr>
<tr><td>지침4</td><td>목표 설정, 벤치마크, 우선순위 결정</td><td></td></tr>
<tr><td>지침 5</td><td>참여</td><td></td></tr>
<tr><td>지침 6</td><td>점검 및 책임성</td><td></td></tr>
<tr><td>지침 7</td><td>국제 원조 및 협력</td><td></td></tr>
<tr><td rowspan="8">인권 기반 퇴치 전략의 내용</td><td rowspan="8">지침 8</td><td rowspan="8">특정 인권 기준 통합</td><td>노동권</td></tr>
<tr><td>적절한 음식을 섭취할 권리</td></tr>
<tr><td>적절한 주거권</td></tr>
<tr><td>건강권</td></tr>
<tr><td>교육권</td></tr>
<tr><td>안전과 프라이버시에 대한 권리</td></tr>
<tr><td>사법평등권</td></tr>
<tr><td>정치적 권리 및 자유</td></tr>
</table>

3. 사회복지 국제 기준 접근방법

이 접근방법은 오래전부터 인권 혹은 사회권의 실현에 관심을 보여온 국제기구의 기준에 특정 국가의 사회복지 제도가 어느 정도 부합되는지의 분석을 통해 해당 국가의 인권 기반 사회복지의 수준을 가늠하는 방법이다. 사실, 이 방법은 엄밀성 부분에서는 한계를 지니고 있다. 여기서 제시하고 있는 기준이 사회권에 바탕을 둔 것인지, 보다 더 포괄적인 인권에 근거한 것인지 명확하지 않기 때문이다. 그럼에도 불구하고 전통적인 복지국가 모델인 생계부양자 모델의 그늘에 있는 여성 집단에게까지 관심을 두고 있다는 측면에서 인권기반 사회복지의 성격도 어느 정도 담보하고 있는 것으로 판단된다. 여기서는 등장 배경 및 향후 활동을 고려할 때 여타 국제기구에 비해 근로자 집단 등 사회적 취약 계층의 권익 보호에 많은 관심을 가지고 있는 국제노동기구(ILO)에서 제시하고 있는 기준 일부를 살펴보고자 한다.

1) 국제노동기구의 사회보장 협약 및 그 기능

ILO는 출범 초기에는 주로 노동환경의 개선을 위한 입법 활동에 주력했다. 한편, 사회복지(사회보장)에 대한 ILO의 관심은 1944년 필라델피아 선언과 동년 제정된 권고 67호와 69호를 통해서 시작되었다. 특히 1944년 필라델피아 선언은 전후 서방 각국에서 사회보장 개혁이 착수되던 시점에 발표된 중요한 역사적 의의를 지니고 있다. 이를 계기로 ILO는 적극적으로 개인의 삶의 질을 개선하는 것을 중요한 정책 과제로 채택했고, 관련 입법 활동을 전개했다.[11]

ILO의 새로운 관심 영역으로서 보편적인 사회보장 헌장의 제정 노력

11) 1919년의 국제노동기구 헌장과 1944년의 필라델피아 선언에서 나타나는 ILO의 목표 및 관심 영역의 변화에 대한 국내 문헌으로는 전광석(1988: 366)의 각주 54)를 참조.

은 1952년 채택된 협약 제102호를 통해서 그 잠정적인 결실을 맺게 되었다. '사회보장(최저수준)협약'으로 불리는 이 협약(이하 협약 102호)은 국제적인 관점에서 사회보장 실체법을 접근하는 데 기본법으로 기능하게 되었다고 평가될 정도로(전광석, 1988) 그 중요성을 인정받고 있다. 동 협약에서는 사회보장에 포함되어야 할 영역으로 의료, 상병수당, 실업급여, 노령연금, 산재급여, 가족수당, 출산급여, 장애급여, 유족급여 등 9가지 분야를 제시하고 있다. 이어서 각 영역의 최저 보호 수준(Minimum Standards)을 제시하고 있다.

전광석(1988: 368)에 의하면 이 최저 수준은 두 가지 의미를 지닌다. 첫째, 절대적 차원에서 세계 공동체가 목표로 하는 최저 기준의 성격이다. 둘째, 각국의 사회보장법에 대한 비교 작업을 통해 도출되는 사회보장의 최저 기준의 성격이다. 한편, 협약 제102호에 제시되어 있는 최저 기준이 인권에 기반을 둔 것으로 보는 이유는 명시적이지 않지만 1948년 국제연합에서 제정된 세계인권선언의 내용, 특히 제22조에 명시되어 있는 사회보장의 이념을 반영하고 있다는 것이 일반적인 평가이기 때문이다. 구체적으로 세계인권선언 22조는 사회보장의 이념을 단순히 사회적 위험으로부터 개인을 보호하는 데 그치는 것이 아니라 개인의 존엄성과 인격의 자유로운 발전의 보장으로까지 적극적으로 강조하고 있는 것이다. 이후 ILO는 차후 계속된 사회보장 분야별 협약 및 권고안 채택을 통해서 사회적 위험 범위의 확대 혹은 세분화, 적용 대상 인구의 확대, 보호 수준의 상향 조정을 위해 지속적인 관심을 기울였다.[12)]

이상의 각국 사회보장 개선 발전을 위한 ILO 노력의 효과와 관련하여 두 가지만 지적하면 다음과 같다.

---

12) 산재보상급여(협약 121호, 1964년), 노령, 장애 및 유족연금(협약 128호, 1967년; 권고안 131호, 1967년), 의료 및 상병수당(협약 130호, 1969년; 권고안 134호, 1969년), 사회보장 권리유지(협약 157호, 1982년), 고용보호 및 실업보상(1988), 모성 보호(협약 183호, 2000년; 권고안 191호, 2000).

첫째, 기준 제시와 관련하여, 102호 협약과 이후 협약, 혹은 권고안 간에 중요한 차이가 있다. 구체적으로 102호는 최저수준(minimum standards for social security)을 명시하고 있는 데 비해, 후에 채택된 협약 혹은 권고안에서는 하위 수준[13] 혹은 상위 수준이 제시되어 있다. 이들은 사회보장 제도 발전의 시대적 상황을 반영하면서 최저 수준보다 높게 설정되어 있다.

둘째, 협약과 권고안의 효력과 관련된 것이다. 일반적으로 국제법의 효력은 법적 규범력에 따라 경성법(hard law)과 연성법(soft law)으로 나뉘어진다. 이 중 권고안은 선언, 결의와 함께 연성법에 속하는 것으로 이의 법적 규범력은 없다. 따라서 회원국이 준수해야 할 법적 의무는 부과되지 않는다. 사회보장의 상위 수준이 주로 권고안을 통해 제시된 것도 이에 연유한 것이다. 단지 하나의 정책 방향으로서만 그 의의를 지니고 있는 것이다. 반면, 협약은 경성법으로서 당사국 국민에게 권리를 부여하고 의무를 부과하는 성격의 법적 규범력을 지니고 있다. 하지만 협약이 법적 구속력을 지니기 위해서는 해당 국가의 비준이 먼저 있어야 한다. 뿐만 아니라 비준되었다 하더라도 실제 해당 국가에서 협약이 의도하는 대로 실현되고 있는가는 비준 여부와는 다른 별개의 문제이다. 왜냐하면 국제사법재판소를 통한 분쟁 해결 사례가 없는 상태에서 협약의 준수 여부에 대한 통제 가능성은 거의 없기 때문이다(전광석, 1988: 357-358). 협약의 현실적 효력 분석을 위해서 우선 협약에의 비준 국가 수를 살펴보면, 그 수가 많지 않다는 것을 확인할 수 있다.[14] 뿐만 아니라 한국이 비준한 협약은 하나도 없음에 유의할 필요가

13) 하위 수준 혹은 상위 수준 명칭은 김연명(2004)에서 인용한 것임. 하위 수준과 관련되는 협약 조항은 …not less than …percent of all employees… 등의 식으로 서술되어 있음.

14) 예컨대, 각 협약의 비준 국가는 협약 102호는 46개, 협약 121호는 24개 국가, 협약 128호는 16개 국가, 협약 130호는 15개 국가, 협약 157호는 4개 국가, 협약 168호는 7개 국가에 불과하다. 이는 ILO의 홈페이지 검색을 통해 필자가 직접 확인한 것임.

있다. 이렇게 볼 때 협약이 지니고 있는 법적 구속력에도 불구하고 이의 국제적 영향은 그렇게 크지 않을 수 있음을 알 수 있다. 그럼, 협약에 관심을 가지는 이유는 무엇인가? 이는 한마디로 무시할 수 없다는 것이다. 구체적으로, 실질적인 법적 구속력이 없음에도 불구하고 특정 국가 역시 국제사회의 일원으로서 협약은 국제공동체의 법적 확신을 미리 예고해 주고 있다는 점과 새로운 제도의 도입 및 이미 도입된 제도의 수정 보완 시에 중요한 준거틀(정책적 기준)이 될 수 있다는 점에서 그 의의를 가지고 있는 것이다.

2) ILO의 사회보장 협약 기준과 한국 사회복지 제도

ILO의 국제 기준은 적용 대상의 비율, 급여(서비스)의 종류, 급여의 수준 등의 다양한 항목을 포함하고 있다. 이 중 본 글에서는 해당 제도의 적용률(coverage rate)을 소개하면서. 이에 근거하여 한국의 관련 사회복지제도는 어떠한가에 대해 간략히 살펴볼 것이다. 엄격한 의미에서 적용률은 특정 제도가 지향하고 있는 사회적 위험의 잠재적 노출 집단 규모 대비 실질적 가입자 규모를 지칭한다. 이는 또한 특정 집단의 사회보험의 실질적 적용 여부를 가늠하는 세 가지 판단 기준 중 첫 번째 기준으로서 제도의 형식적 틀에 관한 것이다.[15] ILO의 국제 기준은 보호 대상 집단(the person protected) 규모 수준을 임금 근로자 대비, 그리고 경제활동인구 대비의 두 가지로 나누어 제시하고 있는데 각 제도의 자세한 내용은 〈표 3-4〉와 같다.

〈표 3-4〉에서처럼, ILO가 제시하고 있는 노령 연금 적용 대상의 최저 수준은 임금 근로자 대비 25%, 경제활동인구 대비 20%이다. 적어도 이 수치 이상은 되어야 한다는 것이다. 한편, 하위 수준의 경우 전체 임금

15) 세 가지 판단 기준은 포괄성 원칙에 근거한 적용률, 관대성 원칙에 바탕을 둔 수급률(recipiency rate), 마지막으로 적절성 원칙과 직결되는 급여 수준이다. 이의 자세한 내용에 대해서는 심창학(2010)을 참조.

〈표 3-4〉 ILO의 사회복지 국제 기준

(연도, %)

구분	종류	최저기준		하위기준		상위기준	
		임금근로자* 기준	경제활동 인구기준	임금근로자 기준	경제활동 인구기준	임금근로자 기준	경제활동 인구기준
노령보험	관련조항	협약 102호(1952)		협약 128호(1967)		권고 131호(1967)	
	노령연금	50	20	100	75	100	100
	장애수당	50	20	100	75	100	100
	유족연금	50	20	100	75	100	100
산재보상보험	관련조항	협약 102호(1952)		협약 121호(1964)		협약 121호(1964)	
		50	-	100	-	100	-
고용보험	관련조항	협약 102호(1952)		협약 168호(1988)			
		50	-	85	-		
상병수당	관련조항	협약 102호(1952)		협약 130호(1969)		권고 134호(1969)	
		50	20	100	75	100	100
모성보호	산전후휴가 급여	모든 여성 근로자(비정규직 포함, 협약 183조, 2000)					
	육아휴직 급여	부모 근로자(권고 191조, 2000)					
아동수당	관련조항	협약 102호(1952)					
		50	20				

* 임금근로자의 범위:
- 노령 보험: 임시근로자, 가족종사자, 전체 피고용인의 10% 범위 내에서 기타 피고용인 제외 가능
- 산재보상보험: 도제를 포함하여 공공 · 민간부문의 전 피용자를 포함한 수치(예외조항 있음)
- 고용보험: 공무원과 도제를 포함한 수치임

자료: 관련 협약과 김연명 외(2004: 4)

〈표 3-5〉 한국 노령 연금 적용 대상 규모 (2005년)

국민연금 가입자 (A)	임금근로자 수(B)	경제활동인구수(C)	A/B(%)	A/C(%)
사업장 가입자 7,950,449	15,401,000	24,123,000	51.6	32.9
사업장 가입자+지역가입자 중 소득신고자+임의가입자 12,466,277			80.9	51.7

자료: 구인회 · 백학영(2008: 183)과 노동부 경제담당관실(2005)에서 발췌, 재정리

근로자가 노령 연금의 적용 대상자에 포함되어야 하며, 이를 경제활동인구를 기준으로 할 때는 75% 이상은 되어야 한다고 제시한다. 권고안 131호가 제시하고 있는 상위 수준은 각각 100%이다.

이를 2005년 한국 상황에 대비하면 〈표 3-5〉와 같다.

먼저, 국민연금 가입자 중 사업자 가입자 수를 기준으로 할 때 적용 대상 비율은 임금 근로자 대비 51.6%, 경제활동인구 대비 32.9%이다. 한편, 이에 한국 연금의 특수성을 고려하여 지역가입자 중 실질적 가입자인 소득신고자와 임의가입자를 합치면, 그 비율은 각각 80.9%와 51.7%로 상승한다. 그럼에도 불구하고 양 수치는 ILO의 최저 기준만 충족시킬 뿐 하위 수준과 상위 수준에는 미치지 못하는 상태이다. 이는 ILO의 인권의 관점에서 볼 때 노후의 소득보장에서 배제될 수 있는 집단이 상당 규모 존재하고 있음을 의미한다. 뿐만 아니라 후술하겠지만 상병수당은 한국의 경우 기업 복지 차원에서 대기업 중심으로 운영되고 있을 뿐 사회보험의 이름으로는 존재하지 않는다. 아동 수당 역시 마찬가지 상황이며, 육아 휴직 급여 역시 최근 관심을 보이기 시작했을 뿐 아직은 미활성화 상태이다. 이렇게 볼 때 전반적으로 ILO 국제 기준 관점에서 본 한국의 인권 기반 사회복지는 최저 수준을 겨우 넘겼거나,

특정 제도는 제대로 실시되고 있지 않는 한계를 보이고 있다.

4. 제도의 실체적 접근방법

이 접근방법은 인권의 관점에서 필요한 사회복지제도의 내용 분석에 초점을 맞추고 있다. 즉, 인권 관점에서 볼 때 필요한 사회복지제도는 무엇인가에 대한 확인을 전제로 이에 대한 특정 국가 사회복지의 현황, 문제점 그리고 정책 방향을 제시하는 것에 관심을 두고 있다. 위에서 언급한 사회 복지 국제 수준 접근방법이 제도의 형식에 초점을 맞추고 있다면 이는 제도의 구체적 내용에 관심을 두고 있다는 점에서 실체적 접근방법의 성격을 강하게 보이고 있다.

제도의 실체적 접근방법(substantial institutional approach)의 가장 중요한 고려 사항은 제도의 선택에 관한 것이다. 즉 어떤 사회복지제도가 인권의 관점에서 중요한 것으로 간주되어야 할 것인가이다. 인권의 보편적 성격은 사회구성원 전체를 적용 대상으로 하고 있음은 자명하다. 하지만 롤스의 정의론에서처럼, 사회적 약자 혹은 취약 계층을 우선적으로 고려하는 것 또한 인권이 표방하고 있는 중요한 가치임에 틀림없다. 따라서 인권 관점은 사회적 취약 계층을 주 적용 대상으로 사회복지제도의 분석, 더 나아가서 이의 정책 개발에 초점이 맞추어져야 할 것이다. 이러한 관점에서 중요성에도 불구하고 한국에서는 아직 실시되고 있지 않거나 미활성화되어 있는 사회적 취약 계층별 제도 및 정책을 소개하면 다음과 같다.

1) 빈곤 노인

노인 집단의 빈곤 문제는 한부모 집단과 함께 한국의 빈곤 심각성을 대변하는 대표적 집단이다. 예컨대 65세 이상 한국 여성 가구주의 상대적 빈곤율은 67.2%로서 네덜란드의 60배 이상 높다(김수정, 2008; 심창학, 2009b: 52에서 재인용). 노인 빈곤은 노후의 소득 보장 제도와 직결되어 있다. 이러한 관점에서 노인 빈곤 문제의 개선에 도움을 줄 수 있는 제도를 소개하면 다음과 같다.

첫째, 최저연금(guaranteed pension)제도이다. 이는 사회보험 시행 국가에서 저수준의 기여 혹은 가입기간이 짧음으로 인해 급여 수준이 낮은 경우 급여의 하한선 설정을 통해 노후 소득 보장을 실현하는 것을 목적으로 하고 있다. 예컨대, 프랑스에서는 기여금의 수준 혹은 기여기간에 관계없이 기준임금의 25% 이상인 연금 하한선을 설정하고 있다.

둘째, 노령 부조 급여(old-age benefit in social assistance) 제도이다. 이는 사회보험 실시 국가에서 앞에서 언급한 최저 연금 제도의 실시에도 불구하고 혜택에서 배제되어 있는 빈곤 노인에게 지급되는 사회부조 급여이다. 유럽 조사 대상 14개 국가 중 프랑스를 비롯하여 7개 국가에서 실시되고 있다(심창학, 2007: 81). 예컨대, 프랑스 노령 부조는 월 소득인정액이 613유로 이하인 가구에 대해서 최대 월 599유로의 급여가 지급되고 있다.

셋째, 기초 연금(basic pension)이다. 이는 최저 연금제도보다 보편적 성격이 더 강한 제도이다. 다시 말하면 최저 연금 제도는 최소한의 기여를 전제로 하는 반면, 기초 연금 제도는 기여 여부, 국적에 관계없이 정기 거주의 요건만 충족되면 일정 연령에 도달하는 경우 지급되는 연금 제도이다. 예컨대, 덴마크의 기초 보편 연금은 덴마크 국민의 경우 15세~65세 사이 3년 이상의 정기적 거주, 외국인의 경우 10년 이상 거주(수급 개시 전 5년 포함) 사실만 확인되면 최대 월 5,096DKK(한화 약 100만 원)의 연금이 지급된다(심창학, 2009a: 179).

한국에서는 기초노령연금제도가 실시되고 있으나 적용 대상, 급여 수준을 볼 때 양자 어디에도 속하지 않는 미완성 제도이다. 국민 기초생활 보장 제도 역시 생계급여라는 단일의 급여 제도로 운영됨으로써 노인 집단의 욕구 특성이 무시되고 있는 실정이다. 이러한 점을 우려하여, 최근의 유엔 경제적 · 사회적 · 문화적 권리 위원회 제3차 권고안은 노인들이 일정 수준의 삶을 영위할 수 있도록 하는 보편적 최저 연금 혹은 사회부조 급여와 같은 제도를 국민연금제도의 대안 혹은 보완으로 구상할 것을 권고하고 있다(유엔 3차 권고안, 2009: 9).

2) 장애인

장애인 부조 급여제도를 들 수 있다. 이 역시 노인 부조 급여와 마찬가지로 장애인의 빈곤 문제 개선의 목적에서 유럽 국가를 중심으로 실시되고 있는 제도이다. 예컨대, 프랑스에서는 60세 이하 장애인 중 연금 수급권자 중 월 소득 인정액이 613유로 이하인 자에게 장애 보충급여의 이름으로 월 599유로의 급여가 지급되고 있다. 장애인 부조 급여제도는 노인 부조 급여제도보다 국제적으로 더 활성화되어 있는 제도이다.[16] 장애인의 소득 보장을 위한 프랑스 사회복지제도는 긴밀하게 연계되어 있다. 예컨대, 60세 이상 장애인 중 연금 적용 제외자에 대해서는 성인 장애 급여(AAH)제도가 실시되고 있다. 한편, 60세 이상 장애인은 노령 연금 수급자가 되거나 앞에서 언급한 노령 부조 급여 수급자

〈표 3-6〉 프랑스 장애인의 연령대별 급여 개관

연령대별 구분	연금 수급권 여부	급여 종류
60세 미만 성인	연금 수급권자	장애보충급여(ASI)
	연금 비수급권자	성인장애급여(AAH)
60세 이상 노인	연금 수급권자	노령연금
	연금 비수혜자	노령부조급여(ASV)

16) 14개 조사 대상 국가 중 프랑스를 비롯하여 유럽 9개국에서 실시되고 있음(심창학, 2007: 81).

로 전환된다. 이를 연령대별로 정리하면 〈표 3-6〉과 같다.

한편, 한국에서는 국민기초생활보장제도하에 장애 수당이 지급되고 있으나 적용 대상을 수급자와 차상위 계층에 한정하고 있으며 급여 수준 또한 매우 열악하다.[17] 그나마 다행인 것은 장애인 연금제도가 2010년 7월부터 실시되었다는 것이다. 이는 국민기초생활보장제도와는 다른 선별 급여(categorical benefit)로서의 첫발걸음을 내딛는 의미를 지니고 있다. 하지만 적용 대상이 제한성, 급여 수준의 열악성은 여전히 해결되어야 할 문제로 남아 있다.[18]

3) 노동시장 취약 집단: 여성, 비정규직 근로자

노동시장 불안정의 최대 희생자가 비정규직 근로자, 성별로는 여성 근로자임은 국내외를 막론하고 공통된 현상이다. 노동시장의 불안정은 단순히 취업 문제에 국한되는 것이 아니라 근로 조건의 차별, 저임금, 빈곤, 사회적 배제 더 나아가 불안정한 노후 생활과 직 · 간접적으로 관련되어 있다는 데 문제의 심각성이 있다. 이에 유엔 제3차 권고안은 비정규직과 파견직 근로자들의 상황 평가를 즉각적으로 결론지을 것, 동일 가치 노동에 대한 동일 임금 지급, 적절한 사회보험 적용, 실직 수당, 휴가 및 초과근무수당을 포함한 노동법 보호, 부당 해고 방지를 위한 안전 장치의 마련을 권고하고 있다.

노동시장 취약 집단에 대한 인권 기반 사회복지제도로서 본 글은 사

---

17) 기초 수급(차상위) 중증 장애인: 1인당 월 13만 원(12만 원), 기초 수급(차상위) 경증 장애인: 1인당 월 3만 원(2만 원).

18) 이의 적용 대상자는 18세 이상의 중증 장애(장애등급 1, 2급 및 3급 중복장애)인 중에서 본인과 배우자의 소득인정액이 선정 기준액 이하의 자이다. 급여수준은 기초 급여액은 국민연금 가입자 최근 3년간 월 평균 소득의 5%(2010년 기준 9만 원)에 기초 생활 수급자 중 18세~64세는 6만 원, 65세 이상인 자에게는 15만 원, 차상위계층의 경우 각각 5만 원과 12만 원의 부가급여가 지급된다. 결국, 중증 장애인은 연령에 따라 15만 원 혹은 24만 원을 받게 됨으로써 기존의 장애 수당에 비해 2만 원 혹은 9만 원을 더 받게 된 것이다.

회보험 크레디트 제도(coverage period bonuses)의 활성화를 강조하고자 한다. 이 제도는 출산, 육아, 실직, 군복무 등의 이유로 경제활동이 중단된 경우 해당기간의 일부 혹은 전부를 가입기간으로 인정하는 제도이다. 이 기간의 기여금은 납부한 것으로 간주하거나 국가가 실질적으로 대납하는 방식을 취하고 있다. 보험 유형에 따라서 연금 크레디트, 고용보험 크레디트로 나누어진다. 이의 국제 동향을 살펴보면, 독일의 연금 크레디트는 25년 기여금 납부 근로자가 가입 기간 중 일정 기간이 10세 미만 아동의 양육 기간과 겹친 경우 전체 근로자 평균 소득에 상응하는 기여금을 납부한 것으로 간주하고 있다. 뿐만 아니라 비자발적 근로 중단 근로자의 경우, 상병, 재활, 급여 수혜 기간 중 실직, 17세 이후의 학교 교육, 양육 기간(최대 36개월)을 가입 인정 기간에 포함시키고 있다. 고용보험 역시 실업자의 직업 훈련 기간을 가입 인정 기간으로 간주하고 있다(심창학, 2005: 300). 프랑스의 연금 크레디트 제도는 인정 범위가 독일보다 광범위하여 조기퇴직, 국가 봉사 기간도 포함되어 있다.

한편, 한국은 2007년 7월, 연금 크레디트 제도가 실시되기 시작했다. 하지만 군복무 기간과 출산에 한정하고 있으며, 인정 기간 또한 매우 제한적인 한계를 보이고 있다(국민연금법 제17조와 18조). 하지만 한국의 특수한 상황, 그리고 여성 집단과 관련성이 있을 뿐 근로 지속 기간이 짧은 비정규직 근로자에게 긍정적인 기여를 할 가능성은 전무하다. 따라서 고용보험 크레디트 제도 도입을 통한 사회보험 크레디트 제도의 외연확장과 동시에 가입기간 인정 범위의 확대가 필요하다.

4) 유병 근로자: 상병수당의 도입

근로자가 재직 중 건강상의 이유로 직장 생활이 중단된 경우 이는 소득의 손실과 연결된다. 이에 대비하여 봉급의 일부 혹은 전부를 사회보험을 통해서 지급됨으로써 소득의 손실을 보상하는 제도가 상병수당(sickness benefit)이다. 상병수당 제도는 유럽 국가는 물론 일본, 대만에서도 실시되고 있다. 상병수당 지급 기간은 국가에 따라 다르나 최소 1년에서 최대 36개월 사이이다.[19] 반드시 짚고 넘어가야 할 점은 외국의 상병수당 제도는 건강보험 제도의 도입과 동시에 실시되었다는 것이다. 예컨대, 영국에서는 1911년, 건강보험법의 급여 종류의 하나로서 상병수당이 명시되어 있었다. 뿐만 아니라 상병수당 제도는 〈표 3-4〉처럼, ILO도 일찍이 관심을 나타낸 사회보장 적용 분야이기도 하다. 이렇듯 상병수당 제도는 오랜 역사를 지니고 있다. 하지만 한국 사회보험의 현황은 그러지 못한 것이 사실이다.

건강보험법 제45조에 의하면 상병수당을 장제비 등과 함께 부가 급여, 그리고 임의 급여로 규정하면서 도입 가능성을 열어 놓았다. 하지만 시행령에는 부가 급여의 범위를 임신 · 출산비에 한정하여 사실상 상병수당을 제외시키고 있는 것이다(시행령, 제25조, 부가급여). 따라서 한국의 상병수당은 사회보험이 아니라 단체 협약을 통해 기업 복지 프로그램의 하나로 대기업을 중심으로 실시되고 있는 실정이다. 하지만 기업 복지의 임의적 성격과 기업 규모별 기업복지의 차이를 고려할 때, 이의 긍정적인 효과는 매우 제한적일 수밖에 없을 것이다. 따라서 우선, 법규범의 수직적 위계화에도 위배되는 시행령은 반드시 개정되어야 할 것이며, 이어서 사회보험을 통한 상병수당 제도 보편화의 방향으로 개선 작업이 이루어져야 할 것이다.

5) 외국인 근로자

국제화, 세계화의 추세에 따라 새롭게 등장하고 있는 인권 보호 대상 집단이 바로 외국인 근로자이다. 이들 집단 역시 노동시장 보호와 사회보호 등의 두 가지 측면에서의 고려가 필요한 집단들이다.[20]

---

19) 이의 구체적 내용은 김연명 외(2004: 104-105)를 참조할 것.

20) 이주 노동자 차별에 대해서 유엔 제3차 권고의 관심사이기도 함. ILO의 사회보장 권리 유지 협약 157호(1982년)의 주된 내용 역시 이주 근로자에 초점을 맞추고 있음.

〈표 3-7〉 체류유형별 고용보험 적용 제외 현황

합법체류자	비전문취업자 (고용허가제한입국자)	○
	상호주의 원칙이 적용되는 외국기업의 파견근로자	○
	거주자(F-2), 영주권자(F-5)	○
	전문기술인력	△
	방문동거취업자(F-1) 및 재외동포(F-3)	△
	연수취업자	△
	산업연수생	×
	해외투자기업연수생	×
불법체류	×	

비고: ○는 당연적용, △는 임의적용 또는 상호주의 원칙 적용, ×는 적용 제외
자료: 김연명(2004: 201)의 〈표VI-14〉

한국 사회보험에서 외국인 근로자는 사각지대에 방치되어 있는 것이 사실이다. 먼저, 연금 분야는 외국인 근로자의 출신 국가가 한국과 사회보장 체결 발효국인 경우와 아닌 경우의 구분이 필요하다. 전자의 경우 외국인 근로자 역시 양국의 비준하에 실시되고 있는 사회보장 협정의 적용을 받게 된다. 하지만 이 경우를 제외하고는 외국인 근로자는 연금 적용의 실질적 제외 집단으로 방치되어 있다.[21] 건강보험 역시 대부분 임의 적용 대상자로서 이들에 대한 의료 행위는 인권 민간 의료

21) 세부적으로 세 가지 유형의 외국인 근로자가 발생할 수 있다. 출국 시 보험료 수령 가능 외국인 근로자(가나 등 13개국), 출국 시 반환일시금을 받을 수 없는 외국인 근로자(76개국), 원천적 적용 배제 외국인 근로자(17개국). 김연명 외(2004).

단체에 의해 수행되고 있다. 한편, 고용보험의 경우는 외국인 근로자의 체류 유형에 따라서 다르다. 〈표 3-7〉은 이를 정리한 것이다.

김연명 연구진(2004)의 분석에 의하면, 외국인 근로자 중 임의 가입 대상자는 227,556명에 달하며, 적용 제외 집단의 규모는 전체 외국인 근로자의 45.1%인 187,288명에 달한다. 반면 당연 적용 외국인 근로자의 수는 소수에 불과하다(김연명 외, 2004: 200). 이렇듯, 외국인 근로자에 대한 국제 기구의 관심에도 불구하고 한국에 체류 중인 외국인 근로자의 대부분은 사회보험의 적용에서 제외되어 있다고 할 수 있다.

지금까지 본 글은 제도의 실체적 접근방법을 통해 인권의 관점에서 중요하게 간주되어야 할 제도는 무엇이며, 이와 관련된 한국 사회복지 제도의 운영 상황은 어떠한가를 살펴보았다. 정리하면, 인권 기반 사회복지제도의 상당수는 한국에서는 아직 도입되지 않았으며(예: 최저 연금제, 노인 부조 급여, 기초 연금제, 상병수당), 도입되었다 하더라도 파급효과는 매우 제한적(사회보험 크레디트 제도, 사회보험의 외국인 적용)임을 알 수 있다. 그럼에도 불구하고 2010년 7월, 장애인 연금제도의 실시는 장애인 인권보장 차원에서 중요한 사건으로 기록될 수 있을 것이다. 〈표 3-8〉은 지금까지의 논의를 정리한 것이다.

〈표 3-8〉 인권 기반 사회복지제도와 한국

인권 보호 대상	사회복지제도	한국
빈곤노인	최저연금제, 노인부조급여, 기초연금제	미실시
장애인	장애인 부조 급여	실시(장애인 연금, 장애수당)
비정규직근로자, 여성 근로자	사회보험 크레디트 제도 (연금, 고용보험)	부분 실시
유병근로자	상병수당	미실시
외국인 근로자	사회보험 적용	극히 일부만 실시

V. 결론

지금까지 본 글은 인권 기반 사회복지 정책의 모색이라는 대명제하에 그 첫 번째 작업으로서 인권과 사회복지 연계의 필요성 및 가능성을 살펴보았다. 이를 위해 사회복지 영역에서의 인권 관심 동향 및 그 특징을 먼저 살펴보았다. 이어서 인권 기반 사회복지의 전제로서 인권과 사회복지 연계의 가능성을 모색했다. 이를 바탕으로 본 글은 인권 기반 사회복지의 접근방법의 확인을 시도했다.

연구 결과 발견점은 다음과 같다.

첫째, 인권에 대한 사회복지 분야에서의 관심은 주로 미시적 사회복지 실천 분야, 그리고 실천 현장에서 상대적으로 강한 것으로 나타났다. 반면 사회권 이념에 많은 영향을 받고 있는 사회복지의 나머지 분야, 특히 사회복지의 교육 및 정책 분야에서의 관심은 상대적으로 약하다. 실천 현장에서의 인권 관심을 고려할 때 특히 사회복지 교육에서의 인권에 대한 관심의 필요성은 절실히 필요한 사안으로 판단된다. 뿐만 아니라 인권 관점이 강화된 클라이언트 접근방법(권리 중심 접근방법)은 클라이언트의 권리를 상대적으로 더 존중해 준다는 점에서 그 의의를 찾을 수 있다.

둘째, 인권과 사회복지의 연계와 관련하여, 프레드먼의 국가의 적극적 의무 이론과 인권 세대의 진화 개념의 결합을 통해서 연계의 가능성을 확인할 수 있었다. 뿐만 아니라 인권 기반적 사회복지는 사회권에 기반을 둔 사회복지에 비해 영역 및 적용 대상이 더 광범위하고 참여권 보장 등 수급자 권리 역시 상대적으로 더 존중될 수 있는 정책 및 제도 개발을 가능하게 할 수 있음을 확인할 수 있었다.

셋째, 이에 근거하여 본 글은 인권 기반 사회복지의 연계를 확인할 수 있는 접근방법을 모색한 결과 네 가지 접근방법을 도출했다. 인권 기반 사회복지 지표 개발을 통한 정책 · 제도의 평가 및 개발의 가능성,

빈곤 등 특정 문제 중심의 접근방법이 가지고 있는 특징, 사회복지 국제기준에 근거한 접근방법, 마지막으로 인권 관점에서 사회적 취약 계층을 대상으로 하는 제도 분석에 초점을 둔 제도의 실체적 접근방법이 바로 그것이다. 아직은 아이디어 차원의 접근방법으로서 향후 더욱더 세련된 논의가 진행되어야 할 것이다. 그럼에도 불구하고 이에 근거하여 한국의 사회복지제도를 평가한 결과 인권 기반적 요소가 아직도 취약한 것으로 나타나 개선의 여지가 많음을 알 수 있었다.

향후 본 연구는 세 가지 과제를 안고 있는데, 인권 기반 사회복지 접근방법의 정교화, 이에 바탕을 둔 한국 사회복지제도의 평가, 마지막으로 인권 기반 사회복지 정책 모델 개발이 바로 그것이다. 이를 위해서는 인권과 사회복지의 연계에 대한 이론적 심화 작업도 병행될 필요가 있을 것으로 판단된다.

참고문헌

강수택 외. 2009.『대학 인권지표 개발 연구』(2009년도 국가인권위원회 연구용역 보고서). 국가인권위원회.

구인회 · 백학영. 2008. "사회보장의 사각지대: 실태와 영향요인."『사회보장연구』제24권 제1호: 175-204.

김연명 외. 2004.『경제 · 사회 · 문화적 권리 국가인권정책 기본계획수립을 위한 사회보장(4대사회보험) 기초현황조사』(2004년 인권상황실태조사 연구용역보고서). 국가인권위원회.

김형식. 2008. "사회복지와 인권: 실천적 접목의 과제."『사회복지영역에서의 인권인식확산과 활성화 방안 발표자료집』. 국가인권위원회 부산사무소. 부산광역시사회복지협의회: 6-20.

문진영 외. 2008.『사회권 지표 개발을 위한 기초연구』. 국가인권위원회.

백승호, 2010. "노인인권(사회권)에 대한 다차원적 비교연구." 국가인권위원회 편.『노인인권논문집』. 국가인권위원회: 163-190.

신동면. 2010. "사회복지의 공공성 측정에 관한 연구."『한국사회정책』제17집 제1호: 241-265.

심창학. 2005. "유럽 비정규직 근로자의 사회보장: 영국, 독일, 프랑스의 연금 및 실업보험을 중심으로."『사회보장연구』제21권 제4호(제35집): 283-311.

______. 2007. "프랑스의 사회적 미니멈(Minimum sociaux)의 구조 및 급여체계: 공공 부조 제도의 한 연구."『한국사회복지학』제59권 제3호: 75-97.

______. 2009a. "연금 및 실업 보험을 통한 비정규직 사회보호: 덴마크와 프랑스 사례를 중심으로."『한국사회복지조사연구』제22권: 169-201.

______. 2009b. "경남여성빈곤의 동학: 빈곤 및 사회적 배제의 관점에서."『2009년 경상대 여성 연구소 창립 기념 학술대회 발표 자료집』(2009년 10월 22일): 40-64.

______. 2010. "한국 비정규직 근로자의 사회보호: 건강보험 및 연금을 중심으로."『2010년 한국사회정책학회 춘계학술대회 발표자료집』(2010년

5월28일): 223-247.
우국희. 2010. "인권관점에서 바라 본 노인학대와 사회적 책임." 국가인권위원회 편. 『노인인권논문집』. 국가인권위원회: 129-162.
이용교. 2004. "인권에 대한 사회복지계의 접근: 성과와 과제." 박영란 외. 『한국의 사회복지와 인권』. 인간과 복지: 105-181.
이용교 외. 2005. 『아동복지시설 인권평가지표 마련을 위한 연구』. 2005년도 국가 인권 위원회 인권 상황 실태 조사 연구 용역 보고서.
이영환. 2009. "인권과 사회복지." 김동춘 외(엮음). 『편견을 넘어 평등으로: 인권을 위한 강의』. 인권평화센터: 71-105.
전광석. 1988. "국제노동기구의 사회보장 국제 기준." 『강원법학』 제10권: 347-411.
정진경. 2006. "사회복지법 관련 헌법 재판소 판례 분석—1987~2004년 헌법 판례 현황과 내용을 중심으로." 『한국사회복지학』 제58권 제1호: 395-423.
조효제. 2007. 『인권의 문법』. 후마니타스.
평택대학교 다문화가족센터 편. 2008. 『사회복지와 인권』. 양서원.
프레드먼, S. 2008. *Human Rights Transformed.* 조효제 역. 2009. 『인권의 대전환』. 교양인.
황소진. 2008. "사회복지종사자의 인권보장 방안 제시." 『사회복지영역에서의 인권인식확산과 활성화 방안 발표자료집』. 국가인권위원회 부산사무소. 부산광역시사회복지협의회: 22-27.
Ife. J. 2006. "인권과 사회복지서비스: 기회와 도전(국문 발제문)." 『사회복지분야 인권관점 도입확산을 위한 워크숍』. 국가인권위원회: 3-19.
노동부 노동 경제담담관실. 2005. 『최신 노동 경제 동향』. 2005.7.18.
유엔 인권고등판문관실. 2008. 『인권에 입각한 빈곤 퇴치 전략: 원칙 및 지침』(HR/PUB/06/12). 유엔인권고등판문관실(OHCHR) · 국가인권위원회.
『유엔 경제적, 사회적, 문화적 권리 위원회 제3차 대한민국 최종 견해 권고항목(제6항-제35항) 주제별 분류 및 요약』(국가 인권 위원회 인권 정책과 이성택 작성).

• ILO 협약 및 권고

Social Security(Minimum Standards) Convention No. 102(1952).

Employment Injury Benefits Convention No. 121(1964).

Invalidity, Old-Age and Survivors' Benefits Convention No. 128(1967).

Invalidity, Old-Age and Survivors' Benefits Recommendation No. 131(1967).

Medical Care and Sickness Benefits Convention No. 130(1969).

Medical Care and Sickness Benefits Recommendation No. 134(1969).

Maintenance of social security rights Convention No. 157(1982).

Employment Promotion and Protection against Unemployment Convention No. 168(1988).

Maternity Protection Convention No. 183(2000).

Maternity Protection Recommendation No. 191(2000).

제4장

사회권의 지표 개발과 사회 정책*

문진영 · 김진욱 · 신영전 · 은수미 · 홍인옥**

I. 서론: 연구의 배경 및 필요성

인권은 국적, 종교, 성별, 신체적 조건, 사상, 그리고 신념을 넘어서서 인간의 존엄성과 복리(well-being)를 추구한다. 따라서 인권은 인류애(humanity)에 근거한 인간 존엄을 누리는 삶을 상정하고 있으며, 또한 인간 사회의 품격을 높이고자 하는 인류 사회의 목표를 반영한다. 그렇기 때문에 인권의 궁극적인 목적은 인간 개개인이 근본적인 도덕적 지위를 누리도록 하며, 자신의 삶을 합리적이고 자율적으로 통제하며 살

* 이 글은 2007년도 국가인권위원회 사회권 지표개발 연구용역보고서인 「사회권 지표개발을 위한 기초연구」의 일부 내용을 발췌하여 요약한 것임.

** 문진영(서강대학교 사회복지학과), 김진욱(서강대학교 사회복지학과), 신영전(한양대학교 의과대학), 은수미(노동연구원), 홍인옥(한국도시연구소).

아가는 주체자로서 만드는 것이다. 더 나아가 인권의 목적은 다른 사람들로부터 지배받거나 간섭받지 않고 자신의 삶의 목적을 효과적으로 추구하며, 또한 상호 존중과 협력 속에서 다른 사람들과 관계를 갖도록 만드는 것이다(Freeman, 1994: 502-508).

한편으로 인간의 권리는 자유권적 기본권과 더불어 사회적 기본권이 보장될 때 완성된다. 이러한 자유권과 사회권은 국가와 시민의 관계를 규정하는 중추적인 개념인데, 사유재산권, 계약의 자유, 언론 · 출판 · 집회 · 결사의 자유와 같은 자유권이 국가의 부당한 간섭으로부터 개인의 자유를 보장하는데서 출발하였다면, '인간다운 생활을 할 권리'로 표현되는 사회권은 국가로 하여금 시민의 존엄성 보장을 적극적으로 요구하고 있다. 다시 말해서 자유권은 국가 간섭으로부터의 해방을 추구한다면, 사회권은 국가의 적극적인 개입의 필요성을 요구하고 있다. 이러한 점에서 인권의 두 측면인 자유권과 사회권은 일견 갈등의 관계로 이해될 수 있다. 하지만 한 사회의 구성원 모두에게 인간다운 삶을 살 수 있는 환경을 제공할 때에만 개인의 자유권적 기본권의 실질적 보장이 이루어지는 한편으로, 사회권 역시 실질적 자유권 실현의 기초를 이룬다는 면에서, 이 양자는 상호보완적이며 상호친화적인 관계를 갖는다고 보는 것이 타당할 것이다.

이처럼 인권은 사회적 존재로서의 인간을 전제로 하여 발전하여 왔으며, 따라서 사회권 역시 인권을 실현할 수 있는 실질적인 수단을 제공하는 필수 불가결의 권리로 정착되어가고 있다. 하지만 한국에서 사회권 보장에 대한 정부와 국민들의 인식수준은 매우 낮았으며, 노동, 교육, 의료, 생계, 주거 등 주요 사회권 보장을 위한 정부의 정책적 의지와 노력은 크게 부족하고 기복도 심했던 것이 사실이다. 한국도 1987년 개정된 헌법(제9차 개헌) 제34조에서 '모든 국민은 인간다운 생활을 할 권리를 가진다'고 명시하고 있으며, 이하 제2~4항에 그 권리실현의 방법으로서 국가의 사회보장 및 사회복지증진 의무를 규정하고, 여성 · 노인 · 아동(청소년)의 복지증진과 생활무능력자에 대한 보호를 규정하고 있다.

하지만 지금까지는 이러한 사회적 기본권이 국민의 청구권을 인정하는 실질적 차원의 규정으로 인식되기보다는, 국가의 시책과 노력을 촉구하는 선언적 의미로 받아들여져온 것이 사실이다. 최소한 1997년 외환위기 전까지는, 경제개발의 논리에 밀려 사회복지에 대한 국가의 제도적 노력은 미비하였고, 시민사회의 입장에서도 사상 · 언론 · 출판 · 집회의 자유와 노동3권의 실질적 보장과 같은 기본적인 자유권이 확보되지 못한 상황에서 사회적 시민권을 주장하기 어려웠다. 이렇게 보면, 한국 사회에서 사회권 보장을 논의할 수 있는 기본적 조건이 구비된 것은 우리의 발전모델을 근본적으로 점검하게 된 1997년 이후의 일이다.

물론 아직까지는 포괄하는 위험의 범위, 급여 및 지출의 수준 등에 있어 국제적 기준이나 평균에 훨씬 미달하는 수준이지만, 1998년 국민의 정부가 출범하면서 한국의 사회복지제도는 비약적으로 발전하였다. 1999년에는 국민연금을 도시자영업자로까지 확대, 고용보험 적용범위 1인 이상 사업장으로 확대, 2000년 산재보험 적용범위 1인 이상 사업장으로의 확대 등으로 1989년에 이미 개 보험(皆保險)화된 건강보험까지 감안하면 4대 사회보험에 있어 외형상 보편주의 원칙이 확립되었다.

무엇보다 1999년 기존의 생활보호법이 혁파되고 이에 대한 대체입법으로 국민기초생활보장법이 국회를 통과, 2000년 10월부터 시행됨으로써, 노동능력 유무를 불문하고 원칙적으로는 모든 국민에게 최저생계비 수준의 생활을 국가가 보장하는, 이른바 국민최저(national minimum)의 개념이 도입되기에 이르렀다. 아울러 1997년과 1998년 노동법 개정으로 교원노동단체의 합법화, 노조의 정치참여 및 제3자 개입금지 조항 삭제 등이 이루어지는 성과를 가져오기도 하였다. 결국, 외환위기 직후 2~3년에 걸친 제도적 보완을 통해, 한국에서 사회권의 제도적 외연은 크게 확장된 것으로 보인다.

하지만 이러한 사회복지제도의 외형적 확장과 노동관계법의 개정이 내용적인 측면에서 사회권의 보장 수준을 실질적으로 견인하였는가?

우리는 이 시점에서 이 질문에 냉철히 답해야 할 필요가 있다. 이 글은 이러한 질문에 답하기 위하여 작성되었는데, 그 첫 걸음으로 사회권의 이상(理想)과 한국의 사회권 보장 현실 간의 괴리를 평가하고자 하였다. 이를 위하여 제2절에서는 사회권의 개념을 정의하고 사회권이 발전해 온 역사를 살펴보았다. 또한 사회권에 대한 법적인 해석을 비교적 자세하게 다루었으며, 이어 판례의 연구를 통해서 사회권에 대한 헌법재판소의 입장을 정리하였다.

본 연구의 본문에 해당하는 제3절에서는 실제적으로 이상적인 사회권과 한국의 현실에 있어 괴리를 측정하기 위한 기초연구로서 사회권의 지표를 구성하였다. 즉 소득보장, 건강, 주거, 노동, 그리고 교육 등 총 5개의 영역을 씨줄로 하고 3개 수준(제1수준, 제2수준, 제3수준)[1)]을 날줄로 하여 모두 85개의 사회권 지표를 추출하였는데, 이 지표들은 한국 사회권 보장수준의 현주소를 가늠할 수 있는 출발점이 되리라고 생각한다. 그리고 제4절에서는 사회권 지표개발의 의의와 한계를 살펴보았으며, 추후 과제를 정리하였다.

---

1) 가장 핵심적인 지표는 제1수준으로(primary indicator), 2차적 중요성을 갖는 지표는 제2수준으로(secondary indicators), 전통적인 사회지표에 포함되지 않았던 실험적 성격을 갖는 지표는 제3수준으로(experimental indicators) 구분한다.

II. 사회권의 개념 및 성격

1. 사회권의 개념

1) 사회권의 개념과 영역

인권이란 개념은 역사적, 시대적 그리고 문화적 맥락 속에서 규정되는 것이기 때문에, 인권을 연구하는 학자들이나 이를 현실세계에서 실천하는 실천가들 사이에서 다양하게 정의되고 있다. 즉 인간이 처해 있는 사회 · 경제적 여건이 변화함에 따라서 인간의 사고가 변화하게 되고, 이에 따라서 가치 인식도 달라지기 때문에, 인권에 대한 개념이 다양하고 또한 시대적으로 변화하는 것은 자연스러운 것이라고 할 수 있다.

하지만 시대와 공간을 넘어서서 인류에게 보편적으로 적용되는 절대적인 수준에서의 인간 가치에 대한 공감대가 존재하고 있는데, 이는 유엔 인권선언(Universal Declaration of Human Rights, 1948)에 정확하게 표현되어 있다. 이 선언 제1조에서는 "모든 사람은 태어날 때부터 자유롭고, 존엄성과 권리에 있어서 평등하다. 사람은 이성과 양심을 부여받았으며, 서로에게 형제의 정신으로 대해야 한다"고 명시하고 있다. 어찌 보면 단순하게 표현된 이 선언은 사실 앞으로의 인권발전을 위한 많은 내용들이 함축되어 있다.

첫째, 모든 인간은 존엄을 유지하면서 살 수 있는 권리를 천부적으로 부여받았다.

둘째, 인권은 이성적이고 양심적인 사회 환경 속에서 발전할 수 있다. 야만적이고 비양심적인 행위가 용납되는 사회에서는 인권의 가치가 정착되기 어렵다.

셋째, 인간이 존엄성을 유지하고 살아가기 위해서는, 삶의 모든 영역이 바로 인권의 대상이 된다.

넷째, 인권은 개인이 고립적으로 누리는 것이 아니라, 형제애의 정신(in a spirits of brotherhood)으로 동시대인과 더불어 누릴 때 진정한 인권이 완성된다.

다섯째, 따라서 인권은 인종이나 성별, 언어, 종교적 신념, 교육 정도, 출생지, 신분, 외모, 사상 등과 상관없이 인간에게 천부적으로 주어진 권리이다.

인권의 역사는 바로 인간 이성(human reason)의 역사이기 때문에 인간의 이성이 발전하는 범위와 속도에 조응하면서 인권이 발전하였다. 근대 이후 인간 이성은 '자유'와 '평등'이라는 가치에 대한 신념체계를 구축하였으며, 이러한 가치는 인간이 만들어낸 사회제도 속에서 구현되고 있다. 따라서 오늘날 우리가 인권을 연구하고 실천할 때 가장 중요하게 관심을 기울어야 할 부분은, 자유와 평등이라는 가치가 어떻게 통일적으로 인권의 규범에 적용되고 있으며, 사회제도적으로 반영되어 있는가 하는 점이다. 즉 자유와 평등은 인권을 구성하는 가장 중요한 가치일 뿐만 아니라, 마치 동전의 앞뒷면과 같이 상대방의 존재가 자신의 존재에 전제가 되는 상호침투적인 관계라고 할 수 있다.

예를 들어서 어떤 정부가 그 사회에서 빈곤을 타파하고 불평등을 해소하겠다는 목표하에 일사불란한 정책적 지향을 제시하면서, 이를 반대하거나 다른 방식을 제안하는 국민들에게 의사표현의 자유를 억누른다면 그 사회는 인권이 보장되는 문명사회라고 할 수 없다. 마찬가지로 시장에서 빈곤과 불평등이 만연되어 사회구성원의 존엄한 삶이 전혀 보장되어 있지 않은 상태임에도 불구하고, 국가는 '자유'라는 이름으로 시장에 전혀 개입하지 않는다면 이 역시 인권의 보장과는 동떨어진 것이다. 따라서 인권의 발전은 바로 자유와 평등이라는 일견 상반되는 가치가 어떻게 인권 규범에서 통일되고, 어떻게 사회제도 속에 통일적으로 실천되는 가에 의해 결정된다고 할 수 있다.

〈표 4-1〉 인권의 차원 및 영역

		차원: positive	차원: negative
인권의 분류	시민 · 정치적 권리	A: 사법제도, 감옥, 경찰력 그리고 선거에 대한 투자	B: 고문, 탈사법적 살인, 실종, 자의적 구금, 부당한 재판, 선거부정을 위한 협박, 선거권 박탈
	경제적 · 사회적 · 문화적 권리	C: 진보적 실현 건강, 교육, 복지에 대한 투자	D: 건강, 교육, 복지에 있어서의 다양한 차별
	연대적 권리 (Solidarity)	E: 과거사에 대한 보상 부채탕감 해외 개발원조 및 기술 지원	F: 환경파괴 이산화탄소 배출 불공정 무역

Source: Landman(2006), Table 1.1

1789년 프랑스 대혁명 이후 인권 발전의 역사를 보면, 자유라는 가치가 먼저 발전하고 정착하면서, 이에 기초하여 사회적 연대까지 발전하는 역사적 궤적을 보인다. 즉 전통적인 관점에서의 인권의 개념은 시민 · 정치 권리(civil and political rights)에 기초한 자유권 중심으로 발전하였다. 하지만 인권의 역사는 이에 기초하여 인간 존엄성 유지를 위한 권리로서 경제 · 사회 · 문화적 권리(economic, social and cultural rights)를 중시하는 방향으로 발전하여 왔다. 즉 정당하고 합당한 조건과 대우를 받으면서 일하고 공정한 대가를 받을 수 있는 경제적 권리, 사회적 위험에 대하여 포괄적인 사회적 보호를 받을 수 있는 사회적 권리, 그리고 고유한 풍습과 문화를 포함한 자신의 문화적 정체성을 누릴 수 있는 문화적 권리 등 다양한 내용이 인간의 기본 권리로 인식되고 있다. 이러한 인권의 개념을 바탕으로 이제는 인권의 개념이 국가 공동체를 넘어서는 지구 공동체의 연대성(solidarity)을 강조하는 방향으로 발전하고 있다. 이러한 인권의 차원에 대해서 랜드만(T. Landman, 2006)은 〈표 4-1〉로 정리하고 있다.

2) 사회권의 측정

본 연구가 관심을 갖는 인권의 영역은 앞의 〈표 4-1〉에서 C cell에 해당되는 것으로, 건강과 교육, 노동 그리고 복지 영역에 대한 투자를 통해서 인권의 진보적 실현(progressive realization)을 이루는 것이라고

〈표 4-2〉 측정의 수준

제 1 수준

주어진 개념과 연관된 의미와 이해
규범적 경험적 이론

제 2 수준

체계화된 개념
학자, IGO, NGO에 의해서 사용되는 개념의 구체적인 형태
개념의 차원과 내용

제 3 수준

지표
측정도구, 조작화, 유형화
사건중심(event-based), 표준화 중심, Survey 중심

제 4 수준

각 단위별 점수 부여
특정 지표에 의해 산출된 결과물에 대한 점수 부여
양적 질적 데이터

Source: Landman(2006), Table 1.1

할 수 있다. 그런데 이러한 인권적 가치가 현실세계에서 진보적으로 실현되기 위해서는 무엇보다도 과학적인 측정이 필수적이다. 즉 인권이라는 가치가 과학적으로 측정될 수 있어야 구체적인 실천방법을 모색할 수 있게 된다. 만약 이러한 과학적인 측정이 결여된 상태에서, 인권의 가치만을 주장하는 것은 강한 규범주의적 가치 지향으로 인해서 선언적인 의미만을 갖는 구두선(口頭禪)에 그칠 위험성이 있다.

따라서 인권문제에 대한 과학적인 접근은 우리가 얼마나 타당성 있고, 신뢰성이 있으며 그리고 무엇보다도 실질적인 의미를 지닌 측정방식을 가지고 있느냐에 달려 있다고 해도 과언이 아니다. 이러한 인권의 측정에 대해서 랜드만은 다음의 표로 정리하고 있다.

〈표 4-2〉에서 알 수 있듯이, 인권을 측정하기 위한 첫 단계는 주어진 개념에 대한 의미 파악과 이해이다. 이 단계는 규범적이고 경험주의적인 이론을 바탕으로 개념에 대한 이해와 의미를 가지고 개념을 폭 넓게 파악한다. 두 번째 단계는 이러한 개념을 체계화시키는 것이다. 인권을 연구하는 학자나 인권현장에서 인권을 실천하는 실천가들 사이에서 사용되는 인권의 개념을 구체적으로 형성하는 것이다. 세 번째 단계는 인권의 개념을 측정하기 위해서 개념의 조작화(operationalization)와 유형화(classification)를 하는 단계이다. 이 단계에서 체계화된 개념이 타당성 있고, 유의미하며 그리고 신뢰성 있는 지표로 발전하게 된다. 마지막 단계인 네 번째 단계에서는 세 번째 단계에서 이루어진 개념의 지표에 점수를 부여함으로써 인권의 개념이 사회적으로 기능하도록 만든다.

이러한 인권의 측정은 특히 사회권과 관련하여 필수불가결한 측면이 있다. 왜냐하면 사회권은 그 자체로서 실현되는 것이 아니라, 사회권의 '법제화'를 통한 '제도화'를 거쳐야만 실현되는 속성을 가지고 있다. 따라서 이러한 과정에서 가장 중요한 것은 사회권과 관련된 이슈에 대한 객관적인 자료의 축적이라고 할 수 있다. 다시 말해서 사회권 지표에 대한 과학적인 측정은 사회적 권리의 제도적 보장을 위한 첫걸음이라고 할 수 있는데, 이의 유용성은 몇 가지로 정리할 수 있다.

첫째, 사회권의 과학적 측정을 통해서만, 국제비교가 가능하다. 즉 현재 우리의 사회권의 수준을 파악하고 목표를 세워서 발전하기 위해서는 반드시 국제비교가 필요한데, 과학적 측정이 이를 가능하게 한다. 둘째, 사회권 지표는 일종의 사회적 기준선을 제시하는 것이기 때문에, 이에 대한 과학적이고 객관적인 근거가 있어야 한다. 셋째, 사회권 지표는 정부정책을 수행할 때 일종의 가이드라인으로 기능한다. 즉 사회권이 객관적이고 과학적으로 측정되는 과정에서 정책영역과 대상 집단의 환경을 나타내는 구체적인 지표가 개발되고, 이는 바로 정부가 수행하는 사회정책의 가이드라인이 된다. 넷째, 사회권 지표를 과학적으로 측정하는 과정은 그 자체로 우리사회 삶의 질을 측정할 수 있는 기초데이터를 구축하도록 견인하는 기능을 수행하게 된다.

2. 사회권의 역사와 법적 성격

1) 사회권의 역사적 발전

역사적으로 인권은 개인주의 사상이 확립되고서야 비로소 구체적인 실현방식을 확보하게 된다. 즉 중세 이후 확립된 신의 권리가 아닌 근대 이후 새로이 싹을 틔운 인간의 권리가 발전하기 위해서는 무엇보다도 자신이 속한 집단으로부터 해방되어, 자유롭게 사고하고 행위를 하는 자유인을 전제로 하기 때문이다. 이러한 점에서, 인권은 중세 봉건제적 질서를 붕괴시킨 1789년 프랑스 대혁명을 기점으로 발전하게 된 공민권(civic rights)을 중심으로 발아하기 시작하였다. 봉건제적 신분질서의 질곡에서 벗어나 공화국의 시민으로서 권리와 의무를 지게 된 사람들은 자유로운 경제행위를 통해서 개인과 사회의 부를 생산하고 축적하게 된다. 이렇듯 한 사회에서 부가 축적되면서 자연스럽게 이를 분배하는 규칙을 정하게 되는 정치적인 질서에 관심을 가지게 된다.

따라서 공민적 권리는 19세기에 접어들면서 자연스럽게 선거권을 핵심으로 하는 정치적 권리(political rights)로 발전하게 된다. 물론 이 과정이 순탄하였던 것은 아니었다. 자신의 계급 이익을 정치적으로 표현하는 수단을 얻고자 하는 노동계급의 강렬한 열망에 대해서 지배계급은 항상 비타협적인 탄압을 일삼았다. 하지만 역사의 발전은 노동자 계급을 포함한 기층민들에게도 선거권을 주어서 시민으로서의 정체성을 세우고 또한 의무를 다하게 하는 대중민주주의로 발전하게 된다.

이렇듯 공민으로서의 권리와 정치적인 권리를 모두 갖게 된 시민들은 20세기 들어서면서 이러한 근대사회의 원칙적 권리를 뛰어넘는 사회적 권리를 요구하기에 이른다. 즉 그 사회에서 존재하는 인간에게는 인간의 존엄을 유지하면서 살 수 있는 권리가 천부적으로 주어졌다는 천부인권사상을 바탕으로, 건강하게 살 수 있는 건강권, 기본적인 교육을 받을 수 있는 교육권, 인간의 존엄이 유지되는 주거환경을 가질 수 있는 주거권, 노동력을 제공하는 노동자로서 정당한 노동의 대가를 보장하는 노동권, 그리고 무엇보다도 그 사회에서 기초적인 생활을 할 수 있는 생존적 권리를 요구하게 된다. 이러한 인권의 발전을 영국의 사회사학자인 마샬(T. H. Marshall)은 시민권(citizenship)으로 정리하여 설

〈표 4-3〉 시민권의 시대적 발전 양상

	공민권(Civil Rights)	정치권(Political Rights)	사회권(Social Rights)
시기	18세기	19세기	20세기
원칙	개인적 자유	정치적 자유	사회복지
수단	출정영장제(*Habeas Corpus*), 의사표현과 사상 · 신념의 자유, 법률적 계약을 맺을 자유	선거권, 의회개혁, 직업정치인의 등장	무상교육, 연금, 국민보건서비스(복지국가)

자료: Pierson(1991: 23)

명하고 있다.

그는 근대 이후 영국의 역사를 시민권의 신장이라는 측면에서 살펴보았는데, 18세기의 공민권, 19세기의 정치권의 확립을 기초로 하여, 20세기에는 사회권이 확립되게 되었다고 한다. 따라서 전후 영국에서 복지국가의 건설은 20세기에 들어서면서 확립된 사회적 권리의 구체적 표현이라고 주장하였다(Marshall, 1964). 이러한 사회권의 확립은 영국의 복지국가가 성취한 선구적이고 진보적인 업적으로 이후 유럽대륙으로 확산되었는데, 이를 피어슨(C. Pierson, 1991: 23)은 〈표 4-3〉으로 정리하였다.

20세기 인권의 발전은 바로 사회권의 발전을 가장 큰 축으로 해서 이루어지는데, 그 시발점은 1919년 독일 헌법(이하 바이마르 헌법)이다. 바이마르 헌법은 전통적이고 고전적인 의미에서의 자유권과 더불어 사회권을 규정하고 있는데, 가장 대표적인 예가 경제생활을 규정하고 있는 장(章)이다. 바이마르 헌법 제151조에서는 "경제생활의 질서는 모든 국민이 인간다운 생활을 보장하는 것을 목적으로 하는 정의의 원칙에 적합하여야 한다. 개인의 경제적 자유는 이 한계 내에서 확보된다"고 명시하고 있으며, 또한 제153조에서는 "소유권의 행사는 공공의 복지에 도움이 되어야 한다"는 점을 명확하게 밝히고 있다. 이외에도 단결권의 보장(제159조)과 근로자의 필요생계에 대한 배려(제163조), 그리고 경제협의회 제도(165조) 등은 현재까지도 사회권의 기본 골격을 제공해주고 있다.

이러한 사회권의 발전에서 주목해야 할 점은 국민국가 내의 헌법뿐만 아니라 국제규약에 의해서도 보장되는 보편성을 가지고 있다는 것이다. 즉 자본주의의 고도화에 따라서 필연적으로 나타나는 모순인 실업과 빈곤과 같은 사회문제를 해결하기 위한 국가권력의 적극적인 시책을 강구하는 한편으로 국민에게는 사회적 권리를 누리기 위한 급부를 청구할 수 있는 권리를 부여하는 사회권은 그 태생으로부터 보편성을 가지고 있기 때문에, 국제규약에서 이를 규정하는 것은 지극히 온당하다고 할 수 있다. 바이마르 헌법이 공표된 1919년 같은 해에 국제노동사무소(International Labor Office: 이하 ILO)가 발족하게 되는데, 이후 가입국들에게 ILO 협약을 체결하게 함으로써 경제적, 사회적, 그리고 문화적 권리에 대한 기본적인 수준을 유지하는 데 큰 기여를 하여 왔다.

이후 2차 세계대전이 종식되면서 창설된 유엔은 기존 국내의 문제에 국한되었던 인권의 문제를 보편적인 수준에서 국제사회의 문제로 확산시켰다. 1948년 인권선언을 통해서 '존엄성을 가진 인간의 권리에 대한 기본적이고 보편적인 존중'은 개별 국민국가의 고유영역이 아니라 국제사회가 공동으로 대처해야 하는 국제사회의 문제임을 명확하게 선언하였다. 하지만 인권선언은 그야말로 선언이기 때문에, 법적 구속력과 제도적 실천방안을 모색하기 위한 새로운 틀이 필요하게 되었고 그 결과로 '정치적 · 시민적 권리에 관한 국제규약(B 규약)'과 '경제적 · 사회적 · 문화적 권리에 관한 국제규약(A 규약)'이 성립되었다.

그러나 이 과정이 그리 순탄하지는 않았다. 2차 세계대전 이후 세계질서는 구 소비에트를 중심으로 하는 사회주의 진영과 미국을 중심으로 하는 자본주의 진영이 무한 경쟁을 하던 냉전의 시대로 접어들게 된다. 이 시기는 비단 군사적인 경쟁뿐만 아니라, 경제, 사회, 그리고 문화의 전 영역을 포괄하는 체제경쟁의 시기이기 때문에 유엔을 무대로 매우 격렬히 총성 없는 전쟁을 치렀는데, 인권의 발전도 예외는 아니었다. 이 과정에서 첫 번째로 문제가 제기된 것은 '자유권'과 '사회권'을 통합하는 규약을 제정할 것인가 아니면 각각 분리하여 따로 규약을 제정할 것인가 하는 점이었다. 물론 당시 이 논쟁에 참여하였던 대다수의 국가와 전문가들이 자유권과 사회권은 결국 인권으로 통합된다는 통합주의적 사고를 가지고 있었으나, 구체적인 실천의 방법에 있어서는 의견이 엇갈리고 있었다.

구 소비에트권을 중심으로 하였던 사회주의 국가들과 제3세계 국가들은 자유권과 사회권은 범주화하여 나누거나 가치의 중요도를 따질 수 없는 그야말로 동전의 앞뒷면과 같기 때문에 이 두 개의 권리는 하나의 규약에서 동시에 보호되어야 한다고 주장하였다. 하지만 이들과 체제경쟁을 하던 서구, 특히 미국을 중심으로 한 자본주의 진영에서는 자유권과 사회권에 있어 실현방식의 차이를 강조하면서 두 개의 분리된 기구에서 관장하여야 한다고 주장하였다. 이들의 논지는 자유권은 법률적으로 강제할 수 있지만, 사회권은 국가경제의 여건을 고려하여 점진적으로 보장되는 것이기 때문에 국가적 의무의 실현방식이 서로 판이하게 다르다는 것이다. 따라서 이 두 개의 권리는 서로 다른 차원에서 보장하여야 한다는 것이다. 이러한 양대 진영의 논쟁은 팽팽하게 진행되었으나, 워낙 막강했던 미국의 의도대로 인권은 위에서 언급한 두 개의 조약으로 분리하여 운영하게 되었다.

더욱이 1966년에 결의되고 1976년에 발효된 '경제적 · 사회적 · 문화적 권리에 관한 국제규약(A 규약)'은 '시민적 · 정치적 권리에 관한 국제규약(B 규약)'에 비하여 이행감시기구가 마련되지 못하였고, 권리를 침해당했을 경우 청원할 수 없었다는 점에서 구체적인 권리규범으로 인정받지 못하였다. 즉, A 규약에서 보장된 인권들은 구체적이고 보편적인 법원리로서 인정되기보다는 추상적이고 도덕적이며 프로그램적인 권리로 해석되었다. 더욱이 A 규약에 담겨 있는 '점진적인 달성', '가용자원의 최대한도까지'의 표현을 이유로 각국 정부들은 A규약의 의무사항을 이행하지 않는 구실로 악용되어 왔다. 하지만 사회권이 '국가 경제의 여건'을 고려하여 '점진적'으로 실현된다면, 시장자본주의 사회에서 사회권은 현실적으로 보장되기 어렵다. 따라서 이러한 논리는 사회권에 대한 천박한 인식수준을 드러내는 것으로 다음과 같은 문제점이 있다.

먼저 사회권의 실현에 있어서 '국가경제의 여건' 고려라는 측면을 살펴볼 때, 사회권이 기본권이라면 국가는 이러한 기본권을 보장하기 위해서 정부재정을 조정하여야 한다. 특히 어느 나라나 국가재정에 상당 부분을 차지하는 국방비를 줄여서 사회권 보장을 위한 정책에 예산을 할당한다면 사회권의 보장이 가능할 것이다. 두 번째로 '점진적인 보장'이라는 측면은 상당한 오해를 보이고 있는데, 사회권의 점진적 실현 조항이 있다고 해서, 국가의 법적 의무가 면제되는 것은 아니다. 즉 국가가 가지고 있는 사회권의 점진적인 보장의 의무는 바로 권리보장 상태를 지속적으로 유지 · 발전시켜야 할 의무를 말하기 때문에, 사회권의 보장상태를 악화시키는 것은 국가의 직무유기에 해당한다.

이러한 사회권에 대한 각국 정부의 무관심을 극복하고자, 1986년 유엔 경제 · 사회 · 문화적 권리위원회가 만들어지고 1990년대부터 사회권규약선택의정서 초안에 대한 준비 작업이 진행되면서 사회권규약이 명실상부 국제인권법으로서 자리(당사국 2002년 2월 현재 145개국 비준)를 잡아나가고 있다.

2) 사회권의 법적 성격

(1) 사회권의 개념

사회권은 사회적 기본권, 생존권적 기본권, 사회권적 기본권, 생활권적 기본권, 사회국가적 기본권 등과 같이 다양하게 불리고 있는데, 한국 헌법 재판소에서도 '생존권적 기본권(88헌마3)', '생존권 내지 사회권적 기본권(89헌가106)', 그리고 '사회적 기본권(96헌가6)'이라는 용어를 별다른 차이 없이 사용하고 있다. 이러한 용어의 다양성에도 불구하고 관철되는 원리는 "사회정의의 실현을 목적으로 하는 사회국가(복지국가)에서 국민의 인간다운 생활을 보장하기 위해 국민에게 부여된 국가적 급부 · 배려에 관한 권리"라는 것이다. 즉, 사회권은 헌법에서 보장한 인간다운 생활의 보장(제34조)을 기본이념으로 하고, 국가적 급부와 배려를 내용으로 하며, 헌법상의 보장과 법률에 의한 구체적 형성을 통해 실현되는 특징이 있다.

전광석(2002)은 사회권의 기본권적 원칙을 다음의 두 가지 차원에서 설명하고 있다. 즉 사회권은 첫째, 자본주의 체제 안에서 기능하는 한,

체제 순응적 성격을 가질 수밖에 없으며, 둘째, 사회권은 자유권의 조건을 강화하는 상호보완적 기능을 수행한다는 것이다. 그러면 먼저 사회권의 체제 순응적 성격을 살펴보자. 사회적 기본권은 기본적으로 정치체제로서의 민주주의와 경제질서로서의 자본주의시장경제를 기반으로 한다. 사회적 기본권은 이러한 체제를 부정하고 새로운 질서를 창설하는 수단이 아니라, 오히려 기존의 정치 및 경제체제를 새로운 현실상황에 적합하게 조정하여 기존의 헌법체제를 유지시키는 체제 순응적 기본권으로 기능을 한다. 두 번째, 사회권은 자유의 조건을 보장하여 개인의 자유를 실질적으로 실현하는 과제를 갖는다. 국가는 개인에게 절대적인 차원에서 자유를 향유하기 위하여 필요한 최소한 혹은 적절한 수준의 조건을 보장하여야 한다. 여기에서 자유의 조건은 개인생활의 모든 영역을 포괄하며, 국가는 자유의 조건들을 포괄적으로 포섭하여 보호하여야 한다. 또한, 자유의 조건을 보장하는 정도, 즉 기회에 있어서도 평등이 실현되어야 한다는 것이다.

(2) 자유권과 사회권의 상보적 관계

인간이라면 누구에게나 천부적으로 주어지는 인간의 권리는 자유권적 기본권과 더불어 사회적 기본권이 보장될 때 완성된다. 이러한 자유권과 사회권은 국가에 대한 개인의 관계를 규정하는 중추적인 개념인데, 사유재산권, 계약의 자유, 언론 · 출판 · 집회 · 결사의 자유와 같은 자유권이 국가의 부당한 간섭으로부터 개인의 자유를 보장하는 것이라면, 인간다운 생활을 할 권리로 표현되는 사회권은 인간의 존엄성을 실질적으로 보장할 수 있는 국가의 적절한 개입을 요구한다. 한쪽은 국가간섭으로부터의 해방, 다른 한쪽은 국가개입의 필요성을 요구한다는 점에서 인권의 두 측면은 표면적으로 보기에 갈등의 관계로 이해될 수 있다. 그러나 한 사회의 구성원 모두에게 인간다운 삶을 살 수 있는 환경을 제공할 때에만 개인의 자유권적 기본권의 실질적 보장이 이루어진다는 현실적 고려에서 바라보게 되면, 자유권은 사회권을 요구할 수 있는 필요조건이 되지만 사회권 역시 실질적 자유권 실현의 기초를 이룬다는 면에서, 이 양자는 상호보완적이며 상호친화적인 관계를 갖는다고 보는 것이 옳다.

다시 말해서, 자유권과 사회권은 동전의 앞뒷면과 같이 상호의존적이어서, 두 개의 기본적인 권리 중에 하나의 권리가 박탈되었을 때 다른 하나의 권리도 온전하게 유지하지 못하여 결국은 기본적 권리를 향유하지 못하게 된다. 이렇듯 자유권과 사회권은 불가분의 관계임에도 불구하고, 각국 정부에서는 사회권의 보장에 있어서 자유권과의 차이를 두고 있는 것이 현실이다. 이러한 두 개의 권리에 대하여 차별적으로 인식하고 있는 이유는 바로 국가의 보장의무에 대한 그릇된 성격구분에 있다고 할 수 있다. 이러한 논리를 주장하는 사람들에 따르면, 자유권의 발생이 국가권력으로부터의 부당한 간섭과 폭압적 제재로부터의 자유에서 연유하였기 때문에, 국가가 시민의 자유권을 보장하기 위해서는 국가는 시민의 생활에 "간섭하지 않으면 된다"는 소극적인 의무만을 부과한다는 것이다.

반면에 사회권을 보장하기 위해서는 기본적으로 국가는 법적 근거를 마련하고, 행정적인 시스템을 구축하여야 하고, 또한 무엇보다도 이에 상응하는 재정을 마련하여야 하는 등 자유권의 보장과는 차원이 다르게 매우 적극적인 조치를 요구한다는 것이다. 따라서 국가가 가지고 있는 사회권 보장의 원칙은 국가의 법적 의무의 측면도 있지만, 이보다는 이러한 국가의 의무수행을 가능하게 하는 재정적이고 정치적인 조건이 선행되어야 하는 한계를 가지고 있다는 것이다. 따라서 이들은 사회권의 보장은 청구권이 수반되는 구체적인 권리라기보다는 추상적이고 선언적인 프로그램의 권리로 해석되어야 한다고 주장하고 있다.

하지만 이러한 자유권과 사회권의 이분법적 접근은 사회권의 발전에 결정적인 걸림돌이 될 뿐만 아니라, 장기적으로 자유권마저도 위협받는 결과를 초래하게 된다. 예를 들어서 기초적인 생계가 보장되지 않아서 인간의 존엄성을 자신의 삶에서 구현하지 못하는 사람에게 시민으로서의 자유권을 보장한다는 것은 어불성설이다. 다른 한 가지 예를 든다면, 교육권의 문제이다. 시민으로서 자유권을 향유하기 위해서는 자신의 행위에 대한 반성적 성찰이 가능한 지적 능력을 가지고 있어야 한다. 하지만 국가가 기본적인 교육의 권리를 보장하지 않는다면, 경제적인 문제로 교육을 받지 못하는 사람들이 생기게 되고 이들은 자유권에 따른 시민으로서의 의무를 제대로 이해하지 못하여 결과적으로 자유권을 제대로 향유하지 못하게 되는 문제가 있다.

따라서 자유권과 사회권은 구분하는 것 자체가 부적절하며, 더 나아가 편의상 내용을 나누어 놓고 있는 두 권리는 실제로 서로 긴밀하게 연결되어 있다고 인식하는 것이 온당할 것이다. 특히, 인권은 사회적·문화적 조건이나 개인적 차이에도 불구하고 어느 곳에서든지 보편적으로 실천되는 것이 필요하기 때문이다.

(3) 사회권의 해석

위에서 살펴본 바와 같이, 사회권에 대한 해석은 지극히 소극적인 프로그램 규정설이 지배적이었으나, 최근에 들어서서야 법적 권리설이 대두되고 있다. 하지만 법적 권리설은 다시 추상적 권리설과 구체적 권리설로 나뉘어진다. 한국의 학계에서 더 이상 사회권을 프로그램 규정으로 인식하는 학자들은 없지만, 추상적 권리설을 대체적으로 인정하고 있는 상황이다. 하지만, 다수설은 사회권을 기본적으로 추상적 권리이지만 구체적 권리로서의 성격도 아울러 가지고 있다는 학설, 즉 "사회적 기본권은 입법권을 구속하지만 구체적 입법이 없이는 행정권·사법권을 구속할 수 없고, 다만 침해배제청구권은 인정된다"는 입장을 가지고 있다.

① 프로그램 규정설

프로그램 규정설은 사회권에 관한 헌법규정을 매우 소극적으로 해석하여, 사회권이란 국가의 사회 정책적 목표 내지 입법방침을 선언한 것에 불과하므로, 국가가 구체적인 입법 또는 시설을 하지 않는 한 헌법 규정만으로 국가에 대해 그 권리를 재판상 주장할 수는 없다는 입장이다. 또한 입법부가 그에 관한 입법을 하지 않는다 하여 입법부작위 위헌확인을 구하는 등의 사법적 구제조치를 취할 수 없다는 견해이다. 이 견해는 국가재정이 충분하지 않으면 국가가 국민의 사회적 기본권을 현실적으로 실현시킬 수 없기 때문에, 사회권에 관한 규정은 미래에 실현될 국가 정책적 방침의 선언에 불과하다는 입장이다. 따라서 헌법은 사회적 기본권을 추상적으로만 규정하고 있을 뿐 국가의 법적 의무를 명시하지 않고 있으므로 사회권은 현실적으로 법적 권리로 해석하기는 무리라는 입장을 가지고 있다.

② 추상적 권리설

이 해석은 기본적으로 헌법이 사회적 기본권을 국민의 권리로 명시한 이상 사회적 기본권도 참정권 · 청구권과 같이 법적 권리라는 입장에 기초하고 있다. 따라서 국민은 헌법의 사회적 기본권 규정을 실현시킬 수 있는 조치를 국가에 요구할 수 있는 법적 권리를 갖지만, 사회적 기본권은 그 실현방법이 일률적이지 않고 애매하기 때문에 불완전한 권리이고 따라서 사법적 절차에 의해 강제될 수 없는 추상적 권리라고 해석한다.

이러한 추상적 권리설은 구체적 입법이 없는 한 사회적 기본권에 대한 사법적 구제를 받을 수 없다는 점에서 프로그램 규정설과 상당 부분 일치한다. 하지만 사회권을 구체화한 법률이 국가의 현금급여를 포함한 사회적 급부를 구체적으로 규정한 경우에도 프로그램 규정설은 행정부의 정책적인 자유재량사항이기 때문에, 국민이 사법절차를 통해 행정부의 조치에 대해서 위법여부를 다툴 수 없다고 해석하는 반면에, 추상적 권리설은 그 급부청구권이 법률상의 권리이고 행정청의 급부대상자 인정 및 급부처분이 헌법 및 법률에 기속되는 기속재량사항이므로 국민은 행정부의 조치에 대해서 행정청의 급부대상자 불인정이나 불완전한 급부는 위법을 다툴 수 있다고 해석한다.

③ 구체적 권리설

사회권에 관한 가장 적극적인 해석을 담고 있는 학설이 구체적 권리설이다. 이 해석은 헌법상의 사회적 기본권 규정은 설사 이를 구체적으로 실현할 수 있는 법률체계가 미비하다 하더라도 법률적 효력을 가지기 때문에, 국민은 이러한 헌법규정에 근거하여 사법적 절차를 통해 국가를 상대로 법적 권리로서 주장할 수 있다는 견해이다. 즉 사회적 기본권은 헌법적 권리이기 때문에 국가는 국민의 사회권을 실현시켜야 할 헌법적 의무가 있다는 것이다. 따라서 국민은 국가를 상대로 자신의 사회적 생존에 관한 조치를 취해줄 것을 요구할 수 있는 권리가 있고, 이러한 국민의 요구에 대하여 국가는 적극적으로 응할 의무가 있다는 것이다. 또한 국가가 사회적 기본권을 보장할 수 있는 조치를 취하지 않는 것, 즉 국가의 부작위는 사회권의 침해가 되기 때문에 사법적 구제의 대상이 된다는 견해이다.

④ 불완전한 구체적 권리설

이 해석에 따르면, 사회적 기본권은 자유권적 기본권처럼 직접효력을 갖는 완전한 의미의 구체적 권리일 수는 없다 할지라도 일부 청구권적 기본권이나 정치적 기본권과 동일한 수준의 불완전하나마 구체적인 권리로서의 성격을 가지고 있다는 것이다. 즉 사회권은 헌법 규정 그 자체만으로 완결적인 권리가 생기는 것은 아니고, 보다 구체적으로 헌법 규정을 현실세계에서 적용하여 실천할 수 있는 입법의 과정이 있을 때, 비로소 완전한 구체적인 권리가 된다는 점에서, 불완전 구체적 권리설이라고 불린다. 이 견해에 따르면, 행정부의 부작위로 인하여 사회권이 실현되지 않을 때에는 헌법소원이 가능하다고 한다.

(4) 사회법의 원리

자유권을 기초로 하는 법률체계를 시민법이라고 한다면, 사회권을 기초로 하는 법률체계는 사회법이라고 할 수 있다. 각각의 법률체계는 발생의 역사적 배경이 다르고, 또한 근거하고 있는 철학적 기초가 다르기 때문에 별개의 법률체계로 잘못 이해되기도 한다. 하지만 사회법은 자유권을 기초로 하는 시민법 원칙에 대한 수정원리로서 시민법의 대립물로서 혹은 보완물로서 기능하고 있다. 이러한 사회법의 성격에 대해서 윤찬영(2007)은 계약의 공정성, 소유권의 사회성, 그리고 집합적 책임이라는 세 가지 관점에서 설명하고 있다.

먼저 계약의 공정성을 살펴보자. 시민법상의 계약자유의 원칙은 봉건적 신분질서의 예속을 뚫고 산업자본주의로 발전하는 가장 핵심적인 원리였으나, 계약 주체 간의 사회적 불평등성을 간과한 측면이 있다. 즉 절대적, 상대적으로 열세에 있는 노동자가 자본가와 대등한 계약을 체결하기 위해서는 자연인 간의 일대일 계약이 아니라 노동자가 집단적으로 계약의 주체가 될 수 있는 합법성을 부여할 필요가 있다(윤찬영, 2007: 62-63). 통상적으로 노동력의 공급이 노동력의 수요를 초과하는 산업사회에서 국가의 개입이 없는 사용자와 노동자 일대일의 자연적 법률관계에서 노동자가 항상 불리하게 되어 있다. 왜냐하면 사용자는 그 노동자와 계약관계를 맺지 않고 다른 노동자와의 계약관계로 들어갈 수 있으나, 자신이 제공하는 노동력의 대가로 자신과 가족이 생활의 방도를 찾아야 하는 노동자의 입장에서 계약의 무산 혹은 파기는 당장 생활상의 어려움으로 나타나기 때문이다. 이러한 상황에서라면 노동자는 불리한 근로조건을 수용할 수밖에 없으며, 결과적으로 인간다운 생활을 하지 못하게 되는 결과를 초래하기도 한다. 이러한 현실에서 국가는 노동자가 사용자와 대등한 협상력을 갖고 근로조건에 합의할 수 있는 환경을 조성하여야 하는데, 단결권, 단체교섭권, 단체행동권 등 노동 3권이 이러한 목적에 기여하는 기본권으로 이해할 수 있다.

두 번째는 소유권의 사회적 성격이다. 시민혁명 이후 산업자본주의의 발전에 결정적으로 기여했던 원칙이 바로 소유권의 절대주의라고 할 수 있다. 하지만 현대 국가는 개인의 절대적이고 무제한적인 소유에 대해서 일정한 제한을 가하고 있다. 물론 국가가 자본주의 체제 안에서 기능하는 한, 소유하는 자체에 대한 제한은 불가능하고, 다만 소유권의 내용을 조세제도를 포함한 국가 정책을 통해서 사회정의에 맞게 적절하게 통제한다는 의미를 가지고 있다(윤찬영, 2007: 64).

세 번째로는 집합적 책임의 원칙을 들 수 있다. 자본주의 사회에서 시민법상 과실의 자기책임 원칙은 사용자가 자신의 고의 또는 과실에 대해서만 이에 상응하는 책임을 지면 모든 책임으로부터 자유롭게 되는 문제점을 가지고 있다. 즉 고의 또는 과실은 개인의 구체적인 행동 속에서 밝혀질 수 있는 것이지 실제 구조적인 문제에 대한 기준으로는 적합하지 못하다(윤찬영, 2007: 65). 이러한 과실의 자기책임 원칙에 대한 가장 적합한 예가 산업재해의 문제일 것이다. 산재보험은 기본적으로 업무상 재해를 입은 재해근로자에 대하여 무과실 책임주의에 입각하여 사업주의 보상책임을 담보하여 주는 사업주책임보험으로서의 특성을 지닌다. 하지만 이러한 무과실 책임주의의 원칙이 합리적으로 적용된다고 하더라도, 현실적으로 사용자의 경제적 여건이 피해근로자와 그의 가족의 안정적인 생계를 책임질 수 없을 때 문제가 발생한다.

따라서 산업재해란 자본주의 사회에서 필연적으로 발생하는 사회적 위험이라는 점을 고려하여, 개별 사용주에게 책임을 물을 것이 아니라, 공동으로 연대하여 집합적인 책임을 지도록 하는 산업재해보상보험제도를 도입하게 되었다. 산업재해보상보험제도는 근로자, 사업주 및 국가의 입장에서 각각 다음과 같은 장점이 있다. 첫째, 근로자의 측면에서는 산업재해를 당한 근로자에게 신속하게 보상함으로써 근로자와 그 가족의 생활안정과 복지를 증진시키고, 둘째, 사업주의 측면에서는 산업재해로 인한 보상을 사회보험방식으로 해결함으로써 사업주가 감당해야 하는 위험을 분산하게 하고 안정적으로 기업경영에 전념할 수 있게 돕도록 하며, 국가 사회적 측면에서는 건전한 노동력을 확보, 보전

함으로써 경제발전과 국민복지증진에 기여할 수 있다.

(5) 판례연구를 통해 본 사회적 권리에 대한 헌법재판소의 입장

① 배경

1994년 2월 당시 생활보호법상의 대상자이었던 심모 부부는 생활보호기준에 대하여 헌법소원심판을 청구하였다. 이들은 생활보호사업지침에 따라서 제공되는 생계급여의 수준이 헌법에서 보장한 인간다운 생활을 할 권리를 침해하는 것으로 위헌임을 확인해 달라는 헌법소원을 헌법재판소에 제기하였다. 이는 한국의 사회복지 분야에서 최초로 이루어진 소송으로 한국판 아사이(朝日) 소송으로도 불린다(윤찬영, 2007: 298-299).

② 청구 이유

청구인들은 보건복지부장관이 고시한 생활 보호사업지침 상의 생계보호기준에 의하여 1인당 매월 65,000원 상당의 주식과 부식비, 연료비를 지급받고 있는데 이 보호급여 수준이 최저생계비에도 미치지 못하여 헌법상 보장된 인간다운 생활을 할 권리와 행복추구권을 침해하고 있다는 이유이다. 물론 생활보호법상의 생계보호 외에도 노인복지법에 의한 노령수당으로 월 15,000원씩을 지급받고 있고 그 외에 매월 일정액의 버스승차권, 상하수도의 사용료 감면, 텔레비전 수신료 면제 등의 혜택을 받고 있으나 이를 다 합쳐도 갑, 을이 거주하는 지역의 최저생계비인 2인 1가구 기준 190,000원에는 현저하게 미달하기 때문에, 이와 같은 보호급여만으로는 청구인들의 헌법상 보장된 행복추구권을 보장하기는커녕 인간다운 생활을 할 권리마저 침해하는 것이므로 청구인은 피청구인(당시 보건사회부 장관)의 보호급여처분이 헌법에 위배된다는 확인을 하여 달라는 소송을 제기하였다.

③ 피청구인(당시 보건사회부 장관)의 답변서

청구인의 헌법소원에 대하여 피청구인이었던 당시 보건사회부 장관은 다음과 같은 논리로 헌법소원이 각하되어야 한다고 주장하였다. 즉 피청구인이 고시한 생계보호 기준은 행정조직의 업무처리에 대한 내부적인 지침에 불과하여 국민에 대해 직접적인 효력을 가지는 것이 아니라고 할 것이고, 또한 생활보호사업지침의 고시행위가 헌법소원의 대상이 되는 공권력 행사에 해당한다고 볼 수 없다. 따라서 청구인의 심판청구는 헌법소원의 대상으로 할 수 없는 행정규칙 자체를 대상으로 헌법소원을 청구한 것이니 각하되어야 한다는 것이다.

④ 헌법재판소의 결정

헌법재판소는 1997년 5월 29일 청구인들의 심판청구를 기각하였는데, 이러한 기각결정이 이루어진 근거를 살펴보자. 헌법재판소[2]는 "모든 국민은 인간다운 생활을 할 권리를 가지며 국가는 생활능력 없는 국민을 보호할 의무가 있다는 헌법의 규정은 모든 국가기관을 기속하지만, 그 기속의 의미는 적극적 · 형성적 활동을 하는 입법부 또는 행정부의 경우와 헌법재판에 의한 사법적 통제기능을 하는 헌법재판소에 있어서 동일하지 않다"는 입장을 가지고 있다. 즉 인간다운 생활을 할 권리를 천명한 헌법의 규정이 "입법부 · 행정부에 대하여는 국민소득, 국가의 재정능력과 정책 등을 고려하여 가능한 범위 안에서 최대한으로 모든 국민이 물질적인 최저생활을 넘어서 인간의 존엄성에 맞는 건강하고 문화적인 생활을 누릴 수 있도록 하여야 한다는 행위의 지침 즉 행위규범"으로서 작용하는 것은 사실이지만, "인간다운 생활이란 그 자체가 추상적이고 상대적인 개념으로서 그 나라 문화의 발달, 역사적 · 사회적 · 경제적 여건에 따라 어느 정도는 달라질 수 있는 것일 뿐만 아니라, 국가가 이를 보장하기 위한 생계보호 수준을 구체적으로 결

2) 이하 따옴표 내의 내용은 1997.5.29 결정 94헌마33에서 인용하였음.

정함에 있어서는 국민 전체의 소득수준과 생활수준, 국가의 재정규모와 정책, 국민 각 계층의 상충하는 갖가지 이해관계 등 복잡하고도 다양한 요소들을 함께 고려하여야 한다"고 주장하여 사실상 사회권의 구체적 권리를 인정하지 않고 있음을 드러냈다.

또한 헌법재판소는 "생계보호의 구체적 수준을 결정하는 것은 입법부 또는 입법에 의하여 다시 위임을 받은 행정부 등 해당기관의 광범위한 재량에 맡겨져 있다고 보아야 한다"고 하여 생활보호제도와 같이 사회권적 사회보장제도는 행정부의 재량행위라는 인식을 드러내고 있다. 그러므로 "국가가 인간다운 생활을 보장하기 위한 헌법적 의무를 다하였는지의 여부가 사법적 심사의 대상이 된 경우에는, 국가가 생계보호에 관한 입법을 전혀 하지 아니하였다든가 그 내용이 현저히 불합리하여 헌법상 용인될 수 있는 재량의 범위를 명백히 일탈한 경우에 한하여 헌법에 위반된다고 할 수 있다"고 하여 사회권에 대하여 소극적인 해석을 하고 있음을 알 수 있다.

⑤ 평가

위에서 살펴본 헌법재판소의 결정을 보면, 사회권에 대하여 여전히 추상적 권리설의 입장을 고수하고 있는 것으로 생각된다. 하지만 어떤 권리가 기본권으로서 존재하는 한, 즉 헌법에 "…… 할 권리를 가진다"라고 표현되어 있는 이상, 이것을 법적 구속력이 없는 정치적이고 도의적인 선언이나 지침으로 볼 수는 없기 때문에 사회권을 프로그램 규정으로 볼 수는 없다. 또한 사회적 기본권의 규범내용이 불명확하기 때문에 이를 구체화하는 법률의 제정을 기다려 그것이 비로소 구체적으로 국민이 향유할 수 있는 권리로 된다는 추상적 권리설도 헌법재판제도가 확립되어 공권력의 행사 혹은 불행사(不行使)에 의하여 기본권이 침해된 경우 헌법소원을 청구할 수 있게 된 현실을 감안할 때, 헌법 해석론적으로 문제가 있다고 할 수 있다(홍성방, 2008).

III. 사회권 지표의 구성

1. 사회권의 지표: 총괄 요약

본 연구는 사회권을 소득보장, 건강, 주거, 노동, 교육의 5개 영역으로 구분하고, 각 영역별로 사회적 기본권을 보여줄 수 있는 지표들을 실험적으로 구성·개발하였다. 이 지표들은 앞으로 지속적인 비판과 논의의 대상이 될 것이고, 상당 기간 동안 끊임없는 수정과 보완을 요구하게 될 것이다. 그럼에도 불구하고, 총 5개 영역, 3개 수준에 걸친 총 85개의 사회권 지표들은 한국 사회권 보장수준의 현주소를 가늠할 수 있는 출발점이 될 수 있을 것이다. 본 연구를 통해 개발된 사회권 지표들은 다음의 〈표 4-4〉에 총괄적으로 요약되어 있다.

첫째, 소득보장영역은 빈곤, 소득불평등, 공적연금·공공부조, 기타소득보장, 재분배효과 등 5개 하위 차원에 걸친 총 20개의 지표로 구성되었다. 빈곤 차원에서는 상대적 빈곤기준 빈곤율, 최저생계비기준 빈곤율, 장기빈곤율, 근로빈곤율 등 5개의 지표가, 소득불평등에서는 소득 5분위 분배율과 지니계수 등 2개 지표가, 공적연금·공공부조 차원에서는 공적연금가입률, 공적연금수혜율, 빈곤층의 공공부조수혜율 등 3개의 지표가, 기타소득보장에서는 고용보험가입률, 산재보험가입률, 산전후휴가이용률, 상병급여수혜율, 육아휴직급여이용률, 폐질·장해급여수혜율 등 6개의 지표가, 재분배효과 차원에서는 빈곤감소율, 빈곤갭감소율, 지니계수개선율, 5분위배율분배율 등 4개 지표가 개발되었다. 수준별로는 제1수준이 7개, 제2수준이 7개, 제3수준이 6개이다.

둘째, 건강권 영역은 최선의 의료서비스, 안전작업·생활환경, 건강수준 등 3개 하위 차원에 걸쳐 총 19개의 지표로 구성되었다. 최선의 의료서비스에서는 건강보장사각지대인구비율, 건보본인부담률(또는 건강보험 보장률), 과부담의료비지출가구비율, 소아예방접종률, 의료급여대상자 본인부담률, 활동의사수, 노인인플루엔자예방접종률, 자궁경부암검진율, 국민의료비 중 공공의료비 비중, 이주민 · 이주노동자를 위한 의료시설확보율 등 10개의 지표가, 안전작업 · 생활환경 차원에서는 식품 미보장률, 상수도보급률 등 2개 지표가, 건강수준 차원에서는 출생 시 기대수명, 총사망률, 영아사망률, 주요 질환에 의한 사망률, 저체중아출생, 자가보고 건강수준, 조기사망 등 7개 지표가 개발되었다. 수준별로는 제1수준이 9개, 제2수준이 8개, 제3수준이 2개이다.

셋째, 주거권 영역은 주택의 적정성, 점유의 안정성, 주거권 실현과정 등 3개 하위차원에 걸친 총 12개의 지표로 구성되었다. 주택의 적정성 차원에서는 최저주거기준 미달가구수, 주거비 부담 정도, 공공임대주택 거주가구비율, 노인 및 장애인 편의시설 설치가구비율 등 4개 지표가, 점유의 안정성 차원에서는 홈리스 수, 강제퇴거가구수, 비닐하우스 거주가구수, 쪽방거주 인구수, 비자발적 이주가구수 등 5개 지표가, 주거권 실현과정에서는 개발사업으로 인해 영향받는 주민에 대한 주거보장, 주거권 침해에 대한 정보 및 자문을 제공하는 제도 여부, 지자체 주택분쟁조정위원회 설치비율 등 3개 지표가 개발되었다. 수준별로는 제1수준이 5개, 제2수준이 4개, 제3수준이 3개이다.

넷째, 노동권 영역은 전체고용, 경제활동인구, 비정규노동인구, 노사관계 등 4개 하위차원에 걸쳐 총 20개의 지표로 구성되었다. 전체고용 차원에서는 고용률, 비경제활동인구비율, 여성고용률, 25~34세 여성고용률, 여성비경활동인구비율, 25~34세 여성 비경활동비율, 혼인 · 임신 · 출산을 전후한 여성고용탈락률 등 7개 지표가, 경제활동인구 차원에서는 실업률, 취업률, 비임금근로자비중, 성별청년실업률, 자영업 · 무급가족종사비율 등 5개 지표가, 비정규인구 차원에서는 한시적근로자비율, 전체비정규직비율, 저임금근로자비율, 임시 · 일용 · 호출근로 · 시간제 · 파견 · 용역 · 사내하청노동자 등 4개 지표가, 노사관계 차원에서는 전체노조조직률, 고용형태별 조직률, 단협적용률, 고용형태별 단협적용률 등 4개지표가 개발되었다. 수준별로는 제1수준이 5개,

제2수준이 6개, 제3수준이 9개이다.

끝으로, 교육권 영역은 중등교육, 평생교육, 소득격차 등 3개 하위차원에 걸친 총 14개의 지표로 구성되었다. 중등교육 차원에서는 중등교육탈락률, 연령별탈락률, 계층간사교육비 비중, 지역간사교육비 비중 등 4개 지표가, 평생교육 차원에서는 평생학습참여비율, 저소득층참여율, 고용형태별 비율, 성별 비율 등 4개 지표가, 소득격차 차원에서는 연령집단별 소득격차, 학력별 소득격차, 수도권과 지방대 졸업생 간 소득격차, 성별 소득격차, 고용형태별 소득격차, 학력별 소득격차 등 6개 지표가 개발되었다. 수준별로는 제1수준이 4개, 제2수준이 3개, 제3수준이 7개이다.

본 연구에서 개발된 총 85개의 지표를 수준별로 정리해 보면, 최우선적인 중요성을 가진 제1수준 지표가 30개로 가장 많았고, 2차적인 중요성을 갖는 제2수준이 28개의 지표로 구성되었으며, 그리고 보충적·실험적 특성을 갖는 제3수준으로 개발된 지표는 27개였다.

〈표 4-4〉 사회권 지표구성(안)의 요약

영역	차원	지표구성		
		제1수준	제2수준	제3수준
소득보장(20)	빈곤	·빈곤율(상대빈곤) ·빈곤율(최저생계비) ·빈곤갭	·장기빈곤율 ·근로빈곤율	
	소득불평등	·5분위분배율	·지니계수	
	공적연금·공공부조	·공적연금수혜율 ·공적연금가입률 ·공공부조수혜율		
	기타 소득보장		·고용보험가입률 ·산재보험가입률 ·산전후휴가이용률 ·상병급여수혜율	·육아휴직급여이용률 ·폐질·장해급여수혜율
	재분배효과			·빈곤감소율 ·빈곤갭감소율 ·지니계수개선율 ·5분위배율개선율

건강 (19)	최선의 의료서비스	·건강보장사각지대 인구비율 ·건보본인부담률(보장률) ·과부담의료비지출 가구비율 ·소아예방접종률	·의료급여대상자 본인부담률 ·활동의사수 ·노인인플루엔자 예방접종률 ·자궁경부암검진율 ·국민의료비 중 공공 의료비 비중	·이주민, 이주노동자를 위한 의료시설 확보율
	안전작업·생활환경	·식품미보장률 ·상수도보급률		
	건강수준	·출생 시 기대수명 ·총사망률 ·영아사망률	·주요 질환에 의한 사망률 ·저체중아출생 ·자가보고 건강수준	·조기사망
주거 (12)	주택의 적정성	·최저주거기준 미달 가구수 ·주거비 부담 정도	·공공임대주택 거주 가구비율	·노인 및 장애인 편의시설 설치가구비율
	점유의 안정성	·홈리스 수 ·강제퇴거가구수	·비닐하우스 거주 가구수 ·쪽방거주 인구수	·비자발적 이주가구수
	주거권 실현과정	·개발 사업으로 인해 영향받는 주민에 대한 주거보장	·주거권 침해에 대한 정보 및 자문 제공하는 제도 여부	·지자체 주택분쟁조정위원회 설치비율
노동 (20)	노동시장 - 전체고용	·고용률	·비경제활동인구비율	·여성고용률 ·25~34세 여성고용률 ·여성비경활인구비율 ·25~34세여성비경활비율 ·혼인,임신,출산전후 탈락률
	노동시장 - 경제활동인구	·실업률 ·취업률	·비임금근로자비중 ·성별청년층실업률	·자영업과무급가족 종사비율
	노동시장 - 비정규인구	·한시적근로자비율	·전체비정규직비율 ·저임금근로자비율	·임시, 일용, 호출근로, 시간제, 파견, 용역, 사내하청
	노사관계	·전체노조조직률	·고용형태별 조직률	·단협적용률 ·고용형태별단협적용률
교육 (14)	중등교육	·중등교육탈락률	·연령별탈락률	·계층 간 사교육비 비중 ·지역 간 사교육비 비중
	평생교육	·평생학습참여비율	·저소득층참여율	·고용형태별 비율 ·성별 비율
	소득격차	·연령집단별 소득격차 ·학력별 소득격차	·수도권과 지방대 졸업생 간 소득격차	·성별 소득격차 ·고용형태별 소득격차 ·학력별 소득격차

2. 소득보장 지표

1) 소득보장 지표 개발의 원칙

소득보장 영역의 사회권 지표를 구성하는 데 필요한 원칙을 정리하고, 구체적인 지표를 개발하는 데 고려되어야 할 쟁점들을 살펴보면 다음과 같다.

첫째, 소득보장 영역의 지표들은 복지결과를 나타내 줄 수 있는 것을 기본적 지표로 하되, 소득보장제도에 광범위한 사각지대가 존재하고 있는 한국의 상황을 감안하여 제도의 외형이나 특징을 나타내줄 수 있는 부가적 지표들을 포함하여야 한다.

둘째, 복지결과를 보여주는 지표의 기준은 소비가 아닌 소득이어야 한다. 개인의 효용은 재화를 소비할 때 발생되므로 후생수준은 소비로 판단하는 것이 개념적으로는 더 타당하다. 그러나 소비의 패턴은 개인이나 가구의 선호도에 따라 극단적인 차이를 가져올 수 있으며, 소비의 경우 소득에 비하여 변이가 상대적으로 작다는 문제를 갖는다. 이러한 특성 때문에 소비대신 소득을 사용하는 것은 빈곤과 소득분배 연구에서 어느 정도 합의되어 왔으며, 본 연구에서도 소비가 아닌 소득을 사용하게 될 것이다.

셋째, 소득은 가구원의 수를 고려하여 조정된 가구소득을 사용한다. 소득분석의 단위는 개인, 가구, 가족으로 구별될 수 있으나, 본 연구에서 사용된 소득분석 단위는 가구이다. 또, 여기에서 반드시 논의되어야 하는 것이 가구소득의 균등화와 관련된 쟁점이다. 가구는 가구원의 수, 연령, 장애유무 등 인구학적 특성에 따라 매우 다양한 형태를 나타내게 되는데, 이러한 가구의 특성에 따라 동일한 가구소득을 갖는 경우라도 가구에 속해 있는 개인들의 경제적 후생상태는 달라지게 된다. 사회권 지표, 특히 소득보장 영역의 복지결과를 나타내는 지표들는 다른 국가에도 적용 가능한 형태가 되는 것이 바람직하므로, 가구소득의 균등화 지수 역시 국제적 표준에 부합하는 것이 바람직하다.

넷째, 빈곤선의 경우 절대적 기준과 상대적 기준을 모두 고려해야 한다. 절대적 빈곤선의 경우 최소한의 인간다운 생활을 할 수 없는 수준으로 한 사회의 합의가 필요한 개념이다. 이것은 개별 국가, 특히 한국의 상황을 고려하는 데에는 문제가 없으나, 이를 국제비교에 적용할 때에는 심각한 문제가 발생된다. 각 국가의 문화적 차이와 사회적 합의의 수준에 따라 절대적 빈곤선에 큰 차이가 발생하기 때문이다. 따라서 빈곤에 관한 국제비교 연구는 중위소득이나 평균소득의 일정비율을 빈곤선으로 설정하는 상대적 빈곤선을 채택하고 있다.

다섯째, 주관적 빈곤이나 박탈지수 등 주관적 지표는 배제하는 것이 바람직하다. 조사(Survey) 방식에 의해 빈곤선을 산출하거나 박탈지표를 구성하여 지표에 활용하는 것은 한 사회 구성원들의 인식을 잘 반영할 수 있다는 장점이 있으나, 빈곤선을 산출하고 박탈지표를 개발하는 기준과 과정에 대한 합의를 이루기 힘들고, 국가간 · 지역사회간 · 문화간 편차가 매우 심하므로, 지표의 효율성을 위하여 주관적 지표는 배제한다.

여섯째, 소득보장제도의 내용적 측면을 지표에 포함시키는 것이 바람직하다. 빈곤과 소득분배는 시장에 의한 1차적 분배상황과 이를 교정하기 위한 소득분배제도의 재분배가 결합된 것이다. 그러나 이것은 국민들의 복지수준 또는 복지결과를 의미하는 것이며, 국민들이 사회적 권리로서 얼마나 소득보장제도의 혜택을 받고 있는지를 직접적으로 보여주는 지표는 아니다. 소득의 중단이라는 사회적 위험에 처했을 때 국민들이 얼마나 소득보장제도의 혜택을 받고 있는지 혹은 받을 가능성이 있는지를 평가하는 것은 매우 중요하다. 국가가 소득의 지원을 통해 얼마나 국민들에게 실질적으로 소득보장에 대한 사회적 권리를 보장해주는가를 볼 수 있어야 한다.

일곱째, 재분배 기능을 수행하는 사회보장제도의 전반적인 효과성을 볼 수 있는 지표를 포함하는 것이 필요하다. 비록 사회보장(소득보장)의 적용범위, 수급자 비율, 급여 수준 등 제도의 내용과 형태에 대한 고려는 제외되지만, 사회보장제도가 1차적 시장분배의 폐해를 얼마나 시정하고 있는지를 보여주는, 즉 제도의 효과성을 나타내는 지표를 보완적 차원에서 활용할 필요가 있다. 이것은 재분배 전과 후의 빈곤 및 소득불평등 지표를 비교함으로써 가능하다.

여덟째, 각 지표의 중요성을 차등 부여함으로써, 다양한 수준에서의 활용이 가능하도록 한다. 이것은 여러 지표를 합산하여 지수화(indexing)할 때 지표의 선정 및 가중치 부여의 근거가 된다. 구체적으로, 가장 핵심적인 지표는 제1수준으로(primary indicator), 2차적 중요성을 갖는 지표는 제2수준으로(secondary indicators), 전통적인 사회지표에 포함되지 않았던 실험적 성격을 갖는 지표는 제3수준으로(experimental indicators) 구분한다.

2) 소득보장 지표의 개발

지금까지 논의한 소득보장 영역 지표구성의 고려사항 및 기본 원칙을 바탕으로, 소득보장 영역의 사회권 지표를 빈곤, 소득불평등, 재분배제도의 효과성 등 총 4영역에 걸친 20개의 지표로 구성하였다. 구체적인 소득보장 지표의 내용은 다음과 같다.

(1) 빈곤

① 빈곤율 1(상대적 빈곤): 전체 인구에서 차지하는 빈곤인구의 비중으로서, 빈곤의 규모(광범위함)를 보여주는 지표이다. 상대적 빈곤선에 의한 빈곤율은 국제적 비교를 가능하게 하는 지표이다. 상대빈곤선의 기준은 중위소득의 50%를 우선기준으로 하되, 40%와 60%를 병행하여 사용하는 것도 적극 검토될 필요가 있다. 빈곤율은 빈곤의 가장 대표적이고 핵심적인 지표이므로, 제1수준으로 설정한다.

② 빈곤율 2(절대적 빈곤): 빈곤율은 국제비교를 위한 중위소득 기준의 상대적 빈곤율과 함께, 한국 국민기초생활보장제도에서 사용되고 있는 최저생계비 기준의 절대빈곤율을 함께 사용한다. 빈곤율 1과 마찬가지로 제1수준으로 설정한다.

③ 빈곤갭: 빈곤의 정도(심도)를 나타내는 지표로서, 빈곤가구의 소득과 설정된 빈곤선 간의 차액의 평균으로 정의된다. 본 연구에서는 이 빈곤갭을 중위소득대비 비율로 전환하여 사용한다. 빈곤의 심도를 나타내는 대표적 지표이므로 빈곤율과 마찬가지로 제1수준으로 설정한다.

④ 장기빈곤율: 빈곤의 정도를 나타내는 다른 형태의 지표로서, 많은 실증연구들은 빈곤의 기간에 주목해 왔다. 즉 장기간 빈곤에 처해 있는 경우 빈곤의 진입과 탈퇴를 반복하는 경우 보다 더욱 심각한 빈곤상황, 즉 만성적인 빈곤으로 간주될 수 있기 때문이다. 대개 3년 이상 빈곤이 지속되는 경우 장기빈곤으로 볼 수 있으며, 전체 빈곤인구 대비 장기빈곤인구의 비율로 조작화한다. 이것은 빈곤의 규모와 심도를 보충하는 제2수준으로 보는 것이 타당하다.

⑤ 근로빈곤율: 노동시장에 참여하여 근로소득의 원천을 갖고 있음에도 불구하고, 고용의 불안정성과 저임금으로 빈곤선 이하에 머무르는 경우가 있으며, 이러한 근로빈곤의 문제가 새로운 형태의 사회적 위험(new social risks)이 초래하는 빈곤의 새로운 현상으로 지적되고 있다. 전체 성인취업가구 중 빈곤가구의 비율로 조작화하는 것이 바람직하며, 앞의 장기빈곤율과 동일한 이유로 제2수준으로 간주하는 것이 타당하다.

(2) 소득불평등

① 5분위분배율: 통상적으로 상위 20% 평균소득을 하위 20% 평균소득으로 나눈 값으로 정의된다. 소득불평등 수준을 보여주는 가장 대표적인 지표이므로 제1수준으로 설정한다. 지수화를 목적으로 빈곤율 등 다른 지표와 같이 0에서 1의 값 또는 비율로 전환하는 것이 필요하다면, 5분위분배율의 역수로 표현할 수 있으나, 이 경우 값이 클수록 소득불평등도가 커지므로 각별히 주의할 필요가 있다.

② 지니계수: 소득분배집중도를 나타내며, 로렌츠 곡선을 활용한 소득불평등 측정방식이다. 5분위배율과 함께 가장 많이 쓰이는 지표이며, 0에서 1사이의 값을 가지는데, 1에 가까울수록 소득분배가 불평등함을 의미한다. 소득불평등 측정에서 광범위하게 사용되지만, 불평등을 나타내는 다른 지수들과 마찬가지로 약간의 방법론적 쟁점이 존재하므로 제2수준으로 설정한다.

(3) 공적연금 및 공공부조

① 공적연금수혜율: 65세 이상 전체 노인의 수 대비 65세 이상 공적연금 수혜자 수로 정의된다. 공적연금제도가 현 세대 노령인구를 얼마나 포괄하고 있는지를 보여주는 것으로, 소득보장제도의 대표적인 제도인 공적연금에 관한 지표이므로 제1수준으로 설정한다.

② 공적연금가입률: 19세 이상 전체 공적연금 가입대상 인구 대비 공적연금 가입자 수로 정의된다. 현재의 공적연금제도가 얼마나 보편적으로 실제 적용되고 있는지를 보여주는 지표로서, 제1수준으

로 설정한다.

③ 빈곤층의 공공부조수혜율: 최저생계비 이하 저소득 인구 중 실제 공공부조의 혜택을 받고 있는 인구의 비율로 정의된다. 전 국민에게 기초생활을 보장해주는 것이 사회적 권리의 핵심이라면, 실제 공공부조제도가 규정한 빈곤선 기준을 충족시킨 저소득층에게 이 권리가 실질적으로 보장되고 있는지를 파악하는 것은 매우 중요하다. 제1수준으로 설정한다.

(4) 기타소득보장

① 고용보험가입률: 전체 임금근로자 대비 고용보험에 가입한 피보험자의 비율로 정의된다. 실업으로 인한 소득중단의 위험이 임금근로자에게 얼마나 보장되고 있는지를 보여준다. 제2수준으로 설정한다.

② 산재보험가입률: 전체 취업자 대비 산재보험가입자의 비율로 정의된다. 산업재해로 인한 소득중단의 위험이 취업자에게 얼마나 보장되고 있는 지를 보여준다. 제2수준으로 설정한다.

③ 출산유급휴가이용률: 전체 출산여성 근로자 중 유급 산전후 휴가 이용자의 비율로 정의된다. 출산으로 인한 소득중단의 위험을 여성근로자들에게 얼마나 잘 보장하고 있는 지를 보여준다. 제2수준으로 설정한다.

④ 상병급여수혜율: 근로자의 전체 결근일 대비 상병급여 지급일 비율로 정의된다. 이 지표는 상병으로 인한 소득중단의 위험을 소득보장제도가 얼마나 포괄하고 있는지를 보여준다. 제2수준으로 설

정한다.

⑤ 육아휴직급여이용률: 출산 후 12개월 내의 영아를 둔 전체 육아휴직 대상 근로자 가구 부부 중 1명이 육아휴직을 사용한 비율로 정의된다. 제3수준으로 설정한다.

⑥ 폐질 · 장애급여수혜율: 폐질이나 영구적 장애로 인하여 소득활동을 할 수 없을 경우 소득보장이 제공되는지를 보기위한 지표이다. 전체 20~60세 사이의 폐질 · 중증장애인(노동력상실률 80% 이상) 수 대비 폐질 또는 장애급여를 수급받는 자의 비율로 정의된다. 제3수준으로 설정한다.

(5) 재분배제도의 효과성

① 빈곤율 감소(빈곤감소율): 재분배 전후의 빈곤율 변화를 비교하여 공적이전제도의 효과성을 측정하는 것으로 빈곤율감소효과성(Poverty Rate Reduction Effect)을 의미한다. 전통적인 사회지표에는 포함되지 않은 실험적 지표이므로 제3수준으로 설정한다. 그 조작적 정의는,

$$\text{빈곤감소율} = \frac{(\text{재분배 전 빈곤율} - \text{재분배 후 빈곤율})}{(\text{재분배 전 빈곤율})}$$

② 빈곤갭 감소: 재분배 전후의 빈곤갭 변화를 비교하여 공적이전제도의 효과성을 측정하는 지표로서 빈곤갭감소효과성(Poverty Gap Reduction Effect)이다. 재분배 전 빈곤갭과 재분배 후 빈곤갭의 차이를 재분배 전 빈곤갭의 비율로 나타낸 것이다. 빈곤율 감소 효과성 지표와 마찬가지로, 제3수준으로 설정한다. 그 조작적

정의는,

$$\text{빈곤갭 감소율} = \frac{(\text{재분배 전 빈곤갭} - \text{재분배 후 빈곤갭})}{(\text{재분배 전 빈곤갭})}$$

③ 지니계수 개선: 재분배 전후의 지니계수 변화를 비교하여 공적이전제도의 효과성을 측정하는 지표이다(지니계수 개선율). 재분배 전 지니계수와 재분배 후 지니계수의 차를 재분배 전 지니계수에 대한 비율로 나타낸 것이다. 역시 제3수준이며, 그 조작적 정의는 다음과 같다.

$$\text{지니계수 개선율} = \frac{(\text{재분배 전 지니계수} - \text{재분배 후 지니계수})}{(\text{재분배 전 지니계수})}$$

④ 소득5분위배율 개선: 재분배 전후의 소득 5분위배율 변화를 비교하여 공적이전제도의 효과성을 측정하는 지표로서, 재분배 전과 후의 소득 5분위배율의 차를 재분배 전 소득 5분위배율로 나타낸다. 역시 제3수준이며, 그 조작적 정의를 공식으로 나타내면,

$$\text{5분위배율 개선율} = \frac{(\text{재분배 전 5분위배율} - \text{재분배 후 5분위배율})}{(\text{재분배 전 5분위배율})}$$

지금까지 논의한 소득보장 영역 지표의 조작적 정의와 수준을 정리하면 다음의 〈표 4-5〉와 같다.

〈표 4-5〉 사회권 지표의 구성(안): 소득보장영역

차 원	지 표	수준	조작적 정의
빈곤	빈곤율 1	level 1	중위소득 50% 미달하는 빈곤인구비율(상대적 빈곤)
	빈곤율 2	level 1	최저생계비에 미달하는 빈곤인구비율(절대적 빈곤)
	빈곤갭	level 1	중위소득 대비 평균 빈곤갭 비율
	장기빈곤율	level 2	당해 연도 빈곤인구 중 3년 이상 장기빈곤자 비율
	근로빈곤율	level 2	전체 성인취업가구 중 빈곤가구의 비율
소득불평등	5분위분배율	level 1	상위 20% 평균소득/하위 20% 평균소득의 비율
	지니계수	level 2	가처분소득 기준 지니계수
공적연금 · 공공부조	공적연금 수혜율	level 1	65세 이상 노인 중 공적연금 수급자 비율
	공적연금 가입률	level 1	전체 가입대상 인구 중 공적연금 가입자 비율
	공공부조 수혜율	level 1	빈곤인구(절대/상대) 중 공공부조급여 수혜자 비율
기타 소득보장	고용보험 가입률	level 2	전체 근로자 중 고용보험 적용 비율
	산재보험 가입률	level 2	전체 취업자 중 산재보험 적용 비율
	산전후휴가 이용률	level 2	전체 출산여성근로자 중 유급산전후휴가 이용자 비율
	상병급여 수혜율	level 2	근로자의 전체 결근일 대비 상병급여 지급일 비율
	육아휴직급여 이용률	level 3	육아휴직 대상 근로자 중 실제 이용자 비율
	폐질 · 장애급여 수혜율	level 3	전체 폐질 · 장애인구 대비 폐질 · 장애급여 수혜자 비율
재분배 효과	빈곤감소율	level 3	재분배 전 빈곤율 대비 재분배 후 빈곤감소율 비율

재분배 효과	빈곤갭감소율	level 3	재분배 전 빈곤갭 대비 재분배 후 빈곤갭감소 비율
	지니계수개선율	level 3	재분배 전 지니계수 대비 재분배 후 지니계수 감소 비율
	5분위배율개선율	level 3	재분배 전 5분위배율 대비 재분배 후 5분위배율 감소 비율

주: 해당제도가 없는 경우는 0

3. 건강권 지표

1) 건강권 지표 선정의 원칙

사회권적 건강지표는 다음과 같은 원칙하에 선정하였다.

첫째, 건강권 중 사회권적 성격이 강한 두 부문 즉, 최선의 의료서비스를 제공받을 권리와 안전한 작업, 생활환경의 확보권리에 관한 내용을 중심으로 지표를 선정하였고 여기에 사회권적 건강권의 궁극적인 지표라고 할 수 있는 건강수준과 관련한 지표들을 포함하였다.

둘째, 지표는 주관성을 최대한 배제하기 위하여 객관적으로 개량이 가능한 지표들로 구성하였다.

셋째, 연도별 생산이 가능하고 가급적 국제적 비교가 가능한 지표로 선정하였다. 국제적 비교가 가능한 지표를 선정할 경우, 지표의 내용이 지나치게 기초적(crude)인 변수와 수준이 되어 전 세계적으로 볼 때 우리나라 지표는 더 이상 별로 개선할 것이 없는 것으로 나와 지표로서의 국내적 효율성이 떨어질 가능성이 크다. 따라서 국제적 기준을 고려하여 지표를 선정할 때에는 OECD 국가 내 비교가 의미 있는 지표들을 중심으로 선정하였다.

넷째, 다른 부문, 예를 들어 교육, 문화, 환경, 노동권과 중복을 최소화하도록 하였다. 그러나 건강에 필수적인 생활환경의 확보와 관련한 지표들은 환경관련 변수와의 중복을 허용하여 제시하되 건강과 매우 밀접한 지표들로 제한하였다.

다섯째, 지표의 중요성에 따라 차등적으로 수준을 설정하여 제시하였다. 즉, 가장 핵심적인 지표를 제1수준으로, 제1수준에 비해 중요성이 떨어지는 지표를 제2수준으로, 전통적인 사회지표에 포함되지 않았던 실험적 성격을 갖는 지표를 제3수준으로 설정하였다.

여섯째, 각 지표들은 일차적으로 전체 국민을 대상으로 한 지표들을 중심으로 제시하였으며, 국민전체를 대상으로 하는 지표 또는 소득집단에 따른 건강권의 차이를 제시하는 것으로 해결할 수 없으면서 사회권적 건강권의 확보가 절대적으로 필요한 특수집단들의 지표들을 일부 추가하였다. 그러나 원칙적으로 각각의 지표들은 성별 · 연령 · 종교 · 사회적 신분 또는 경제적 사정 등에 따라 유의한 차별이나 불평등이 없는지 확인되어야 한다. 그리고 특별히 취약하다고 알려진 집단들에 대해 이러한 지표들인 사회권적 건강권을 침해하는지 별도의 모니터링이 이루어져야 한다.

2) 건강권 지표의 개발

앞서 설정한 원칙하에 사회권적 건강지표들을 선정하고 그 정의와 현재 우리나라의 현황을 살펴보면 다음과 같다.

(1) 최선의 의료서비스를 제공받을 권리와 관련한 지표

① 건강보장 사각지대 인구비율(the uninsured): 전체 인구 중 보험료 체납 등의 사유로 자격이 정지되어 있거나 불법체류 등을 이유로 애초부터 건강보험에 가입되어 있지 않은 인구수와 비율

② 건강보험 본인부담률 또는 건강보험 보장률: 건강보험 본인부담률과 건강보험 보장률은 동전의 양면과 같은 지표이다. 이 중 건

강보험 본인부담률은 건강보험 수혜자임에도 불구하고 본인이 직접 지출해야 하는 의료비의 비율을 말하고, 건강보험보장률은 전체진료비 중 건강보험이 보장해 주는 비율(%)을 말한다.

③ 의료급여대상자 본인부담률: 공적부조로 의료급여를 제공받고 있는 사람들이 부담하는 본인부담금 비율

④ 과부담의료비 지출 가구비율(catastrophic health expenditure): 가계소득 중 일정기준치(20%) 이상의 의료비를 부담하는 가구

⑤ 활동의사수(practicising physicians): 활동의사란 공공과 민간기관에서 의료를 활발하게 시행하고 있는 의사의 수를 말한다. 일반적으로 인구 1,000명당 활동의사로 표시한다.

⑥ 소아예방접종률(%): 소아 예방접종률은 권고한 기간 동안 해당 예방접종을 받는 소아 인구의 백분율을 의미한다.

⑦ 노인 인플루엔자 예방접종률(%): 해당 연도 전체 65세 이상 인구 중 인플루엔자 예방접종을 받은 65세 이상 인구수를 말한다.

⑧ 자궁경부암 검진율: 특정연령대(보통 20~69세)의 여성 중 특정기간(여기서는 2년) 동안 자궁경부암 검사를 받은 여성의 비율

⑨ 국민의료비 중 공공의료비 비중(%): 국민의료비 중 공공의료비 비중

⑩ 이주민, 이주노동자를 위한 보건의료서비스 접근도: 이주민 또는 이주 노동자 대비 이주민대상 의료시설수

〈표 4-6〉 건강권 지표

부문	수준	지표	정의
최선의 의료 서비스를 제공받을 권리	1	건강보장 사각지대 인구비율(%)	전체 인구 중 보험료체납으로 인한 자격정지자, 이주노동자 등 비율
	1	건강보험 본인부담률(%) 또는 건강보험 보장률(%)	건강보험 수혜자임에도 불구하고 본인이 직접 부담해야 하는 의료비 비율 전체진료비 중 건강보험이 보장해 주는 비율(%)
	2	의료급여대상자 본인부담률(%)	공적부조로 의료급여를 제공받고 있는 사람들이 부담하는 본인부담금 비율
	1	과부담의료비 지출 가구 비율(%) (catastrophic health expenditure)	가계소득 중 일정기준치(20%) 이상의 의료비를 부담하는 가구
	2	활동의사수 (인구 1,000명당)	공공과 민간기관에서 의료를 활발하게 시행하고 있는 의사의 수
	1	소아예방 접종률(%)*	권고한 기간 동안 해당 예방접종을 받는 소아 인구의 백분율
	2	노인 인플루엔자 예방접종률(%)*	해당 연도 전체 65세 이상 인구 중 인플루엔자 예방접종을 받은 65세 이상 인구수
	2	자궁경부암 검진율(%)	특정연령대(보통 20~69세)의 여성 중 특정기간(여기서는 2년) 동안 자궁경부암 검사를 받은 여성의 비율
	2	국민의료비 중 공공의료비 비중(%)	국민의료비 중 공공의료비 비중
	3	이주민, 이주노동자를 위한 의료시설 확보율	이주민 또는 이주 노동자 대비 이주민대상 의료시설수
안전한 작업, 생활환경의 확보권리	1	식품미보장률 (food insecurity)*	끼니걱정을 하거나 배고픔을 느끼는 가구비율

	1	상수도보급률(%)* (access to safe drinking water)	전체 인구 중 상수도에 의해 물을 제공받는 인구의 비율
건강수준	1	출생 시 기대수명* (life expectancy at birth)	출생 시 기대되는 수명
	1	총사망률* (all-cause age-specific mortality rate)	특정연도 특정 집단의 전체 인구 10명당 사망자수를 연령보정한 지표
	2	주요 질환에 의한 사망률* (age-specific mortality rate by major diseases)	주요 질환(암, 순환기계질환, 자살, 손상 등)에 의한 사망률
	3	조기사망* (potential years of life lost, PYLL)	인구 10만 명당 조기사망으로 인한 잠재수명 손실년수의 합
	1	영아 사망률* (%) (infant mortality)	출생 1,000명당 1세 미만에서 사망하는 영아의 수
	2	저체중아출생* (%)	총출생아 중 출생 시 체중이 2,500g 미만인 신생아의 수
	2	자가보고 건강수준*	자기 스스로 자신이 "양호", "매우 좋음", "우수"라고 응답한 사람의 비율

* 위에 제시한 개별지표들을 성, 연령, 소득, 교육수준, 종교, 인종, 지역 등에 따라 불평등이나 차별이 없는지를 확인해야 한다. 특별히 취약계층의 지표들과 전체 지표와의 차이를 모니터링해야 한다

(2) 안전한 작업, 생활환경의 확보권리와 관련한 지표

① 식품미보장률(food insecurity): 끼니걱정을 하거나 배고픔을 느끼는 가구비율

② 상수도보급률(access to safe drinking water): 전체 인구 중 상수도에 의해 물을 제공받는 인구의 비율

(3) 건강수준과 관련한 지표

① 출생 시 기대수명: 출생 시 기대되는 수명

② 총 사망률: 특정연도 특정집단의 전체 인구 10명당 사망자수를 연령보정한 지표

③ 주요 질환에 의한 사망률: 세계보건기구는 인구 10만 명당 원인별 사망률(cause-specific mortality rate)과 연령표준화사망률(age-standardized mortality rate)을 나누어 제시하고 있는데, 전자의 경우, 후천성면역결핍증으로 인한 사망률, HIV음성자 중 결핵으로 인한 사망률, HIV 양성자 중 결핵으로 인한 사망률을 구분하여 제시하고 있다. 후자는 비전염성질환, 심혈관계질환, 암 등으로 인한 사망률을 제시하고 있다.

④ 조기사망: 조기사망은 잠재수명손실년수(potential years of life lost, PYLL)로 측정되며 인구의 젊은 연령층의 사망을 기준으로 한다. 잠재수명손실년수는 조기사망을 측정하는 약식방법으로 젊은 연령을 갈음할 수 있는 명확한 방법이다. 구체적으로 잠재수명손실년수는 연령별 사망률을 합하여 70세의 정해진 한계 연령까

지 살아야 하는 잉여 연수와 비교하여 계산한다. 즉, 5세에 사망한 아동의 경우, 잠재수명손실년수는 65년이다. 지표는 남녀 10만 명을 기준으로 한다.

⑤ 영아 사망률: 출생 1,000명당 1세 미만에서 사망하는 영아의 수

⑥ 저체중아 출생: 세계보건기구는 저체중아를 영아의 임신기간과 상관없이 출생 시 2,500g 미만의 체중을 가진 신생아로 정의하고 있다. 저체중아수는 총출생아의 백분율로 나타낸다.

⑦ 자가보고 건강수준: 자기 스스로 자신이 "양호", "매우 좋음", "우수"라고 응답한 사람의 비율

4. 주거권 지표

1) 주거권 지표 구성의 원칙

주거권 지표의 선정에는 다음과 같은 원칙들이 고려되었다.

첫째, 전체 국민의 주거권 실현 정도를 파악할 수 있는 지표이다. 주거권 개념은 적용범위에 따라 광의와 협의로 구분하기도 하는데, 광의의 주거권은 모든 소득계층과 주택점유형태에 관계없이 고르게 적용되는 넓은 의미의 개념이다. 이에 비해 협의의 주거권은 주로 빈민, 주거빈곤층, 최저주거기준 미달가구, 임차가구 등에 초점을 맞추고 있다. 협의의 주거권 대상이 되는 계층이나 집단의 경우 상대적으로 주거권 침해 정도가 심각하고 시급한 제도적 지원을 필요로 하기 때문에 이들의 주거권 실현을 최우선 과제로 설정하고, 이들만을 대상으로 한 주거권 연구가 이루어지기도 하였다. 그러나 사회권으로서 주거권은 인간의 기본적 권리로 모든 계층에게 공히 적용되어야 할 권리라 하겠다.

이런 점에서 주거권 지표는 모든 계층에 보편적으로 적용되는 지표를 기본으로 하되, 주거권 침해가 심각한 집단들 예컨대 홈리스나 비닐하우스, 쪽방 거주민 등을 대상으로 한 지표도 포함되어야 한다.

둘째, 국제적으로 비교 가능한 지표와 한국 사회의 특성을 반영한 지표이다. 주거권 지표는 국제사회에서 통용되고 있는 '적절한 주거'에 대한 유엔사회권위원회의 일반논평 4의 기준을 기초로 구성함으로써 국제 비교가 가능하도록 한다. 주거여건은 각 나라마다 서로 다른 특성을 갖고 있기 때문에 보편적 지표 이외에 각국의 특별한 상황을 보여줄 수 있는 지표 또한 제시할 필요가 있다. 더구나 우리나라는 세계적으로 유래가 없는 급속한 도시화과정에서 심각한 주택문제를 경험하였고, 한국만의 독특한 방식으로 주택문제에 대처해 왔기에 국제적으로 비교하기 힘든 특이한 주거문제를 안고 있기도 하다. 예를 들면, 도시화과정에서 형성된 무허가불량주택지역을 정비하기 위해 도입된 합동재개발사업과 재개발사업 추진과정에서 빈번하게 발생한 폭력적 강제철거의 경험과 절대적으로 부족한 주거공간을 확보하기 위한 지하 및 반지하층 거주의 보편화를 비롯하여 비닐하우스촌, 쪽방촌 등은 외국과 비교하기 힘든 우리나라의 주거문제라고 하겠다. 이런 측면에서 우리나라의 주거현실을 진단할 수 있는 지표가 필요하다. 따라서 주거권 지표는 기본적으로는 유엔정주권회의(UN-HABITAT)에서 개발하여 국제적으로 적용되고 있는 지표를 중심으로 구성하되, 구체적인 대상에서는 한국의 현실여건을 반영할 수 있는 지표들로 구성한다.

셋째, 과정과 효과를 평가하는 지표이다. 사회권 지표는 그 목적에 따라 현재 상태에 중심으로 둔 일종의 결과지표와 실현 과정 특히 정책의 효과에 중점을 둔 지표로 구분할 수 있다. 주거권 지표개발은 현재 우리나라의 주거권 달성 정도가 어느 수준에 이르렀는지를 객관적으로 확인하기 위한 것일 뿐만 아니라 주거권 실현을 위한 각종 제도와 정책들이 제대로 추진되고 있고, 또한 그 효과는 어느 정도인지를 평가하기 위한 것이기도 하다. 즉 정부의 주거권 실현의지를 확인하고 또 독려하기 위한 목적도 갖고 있다. 그러므로 주거권 지표는 주거실태를 보여줄 수 있는 현황지표와 함께 주거권 실현을 위한 정부의 노력을 평가하는 지표를 포함하여 구성하고자 한다.

넷째, 중요도를 고려한 지표의 차등화이다. 지표는 먼저 영역을 나누고 각 영역별 관련 지표들로 구성한다. 그런데 영역별로 구성된 개별 지표는 해당 영역의 성격을 반영하는 정도에 따라 1, 2, 3수준으로 차등화한다. 제1수준의 지표는 영역 대표 지표라 할 수 있으며, 제2수준 지표는 2차적 중요성을, 그리고 제3수준 지표는 부가적 성격을 지니고 있다. 이처럼 차등화된 지표는 여러 지표를 합산하여 지수화(indexing)할 때 지표의 선정 및 가중치 부여의 근거로 이용하는 등 다양한 수준에서 활용할 수 있다.

2) 주거권 지표의 개발

주거권 지표는 UN-HABITAT가 주거권 모니터링을 위해 개발한 지표의 구성 체계를 토대로 한국의 주거특성을 보여줄 수 있는 대표적인 지표를 중심으로 구성하였다. 이에 따라 주거권 지표는 크게 주택의 적정성, 점유의 안정성,[3] 그리고 주거권 실현과정의 3개 영역으로 구분하였으며, 주택의 적정성 영역에서는 최저주거기준 미달가구, 주거비 부담정도, 공공임대주택 거주가구 비율, 노인 및 장애인 편의시설 설치가구 비율 등 4개 지표를 설정하였다. 그리고 점유의 안정성 영역에서는 주거위기계층인 홈리스 수, 비닐하우스 거주가구수, 쪽방거주 인구수, 강제퇴거 가구수, 비자발적 이주 가구수 등 5개 지표를 설정하였다. 마지막으로 주거권 실현과정 영역에서는 개발 사업으로 인해 영향을 받는 주민에 대한 주거권 보장 여부, 지자체 주택분쟁조정위원회 설치비율,

3) 해비타트 지표에서는 주거권 부정 및 침해영역으로 구분하였는데, 다른 영역들 역시 일정 수준 이상 이르지 못한 경우 주거권 침해에 해당되기 때문에 여기서는 점유의 안정성 영역으로 분류하였다.

그리고 개인이 주거권 침해를 당한 경우 정보 및 자문을 받을 수 있는 제도 여부 등의 3개 지표로 구성하였다(〈표 4-7〉 참조).

(1) 주택의 적정성

① 최저주거기준 미달가구: 최저주거기준은 정부가 국민의 주거생활을 위해 설정한 최소한의 주거수준으로, 주택의 물리적 적정성을 파악할 수 있는 핵심지표이자 대표적인 주거권 지표라 하겠다. 현재 최저주거기준은 면적 및 방수기준, 시설기준, 구조 · 성능 · 환경 기준으로 구성되어 있는데, 이 중 구조 · 성능 · 환경 기준은 기준 자체가 구체화되어 있지 않고 모호하여 아직 제대로 활용되지 못하고 있어 구조 · 성능 · 환경 기준 미달 가구수는 파악하지 못하고 있는 실정이다.[4] 따라서 여기서는 면적 및 방수기준과 시설기준 미달가구를 중심으로 최저주거기준 미달가구수를 산출한다.

② 주거비 부담 정도: 소득에 비해 과도하게 많은 주거비는 일상생활을 위협하는 요인이 된다. 주거비 부담 정도는 경제적 측면에서 주거적정성을 나타내는 지표로, 여기서는 중위소득 가구의 월 소득대비 주거비 지출 비율로 산출한다. 주거비는 임대료와 광열비, 수도료, 가스비 등에 해당하는 비용을 모두 합한 금액으로 계산하는데, 임대료 산출시 전세금과 보증금에 대해서는 월세이율을 적용하여 월세로 전환한 금액으로 계산한다. 일반적으로 월 소득 대비 주거비 비중이 25~30%를 초과할 경우, 가구는 경제적 부담으로 인한 주거빈곤가구로 규정하고 있다.

---

4) 구조 · 성능 · 환경기준 미달가구를 파악하기 위해서는 구조, 성능, 환경 각각의 항목별 기준을 설정함. 이와 함께 주택에 대한 전수조사를 실시하여 주택 데이터베이스를 구축해야 한다.

그런데 자가가구의 경우 주택구입을 위한 대출 상환, 주택의 개보수 등에 소요되는 비용 등을 포함한 주거비가 고려될 수 있다. 하지만 자가가구는 상대적으로 주거위기가 심각하지 않으며, 모기지를 통해서 주택구입자금을 조달하는 것이 아직 일반화되지 않았다. 모기지 금융이 발달한 나라의 경우 이를 활용한 자가주택 시장이 지배적이며, 이런 경우 실직이나 이자율 상승 등으로 인해 모기지를 상환하지 못할 때 곧바로 심각한 주거위기에 처하는 경우가 흔하다. 하지만 우리나라의 상황은 이와 다르며, 자가를 가지고 있는 가구가 곧바로 심각한 주거위기에 처하는 경우는 예외적이고, 전반적인 시장 상황의 변화가 주거위기에 주는 영향을 판단하기 위해서는 고려되지 않아도 될 것이다. 따라서 주거안정과 관련해서 자가가구의 주거비 부담은 고려하지 않기로 한다.

③ 공공임대주택 거주가구 비율: 전체 가구 대비 공공임대주택 거주가구 비율로, 여기서 공공임대주택은 공공이 소유하고 임대기간 10년 이상인 임대주택으로 한다. 공공임대주택은 주택시장에서 적절한 거처를 마련하지 못하는 저소득가구의 주거안정을 위한 정부의 직접적 주거대책이다. 그런데 공공임대주택 비율은 전체 주택재고 대비 공공임대 주택수를 이용하여 산출하는 것이 일반적이나, 지난 2004년부터 공공이 한 주택에 여러 가구가 거주할 수 있는 다가구주택을 매입 내지는 임대하여 공공임대주택으로 활용하고 있기 때문에 주택 수보다는 가구 수를 기준으로 공공임대주택 거주가구비율을 산출하는 것이 더 적절하다고 하겠다.

④ 노인 및 장애인 편의시설 설치가구 비율: 시간이 지나면 사람은 누구나 노인이 된다. 더구나 우리 사회는 고령화가 급속하게 진행되고 있어 조만간 주택 내 노인 및 장애인을 위한 편의시설 설치는 모든 가구에 해당될 것이다. 이런 측면에서 일반가구 중 노인

내지는 장애인을 위한 편의시설 설치가구 비율은 주택의 적정성을 보여주는 중요 지표가 된다.

(2) 주거권 부정 및 침해

① 홈리스 수: 사실 당장 거주할 곳을 상실한 홈리스에게 거처를 마련하는 것은 무엇보다 시급한 문제이며 노숙의 문제를 해결하기 위해서는 안정적 거처의 확보가 우선 이루어져야 한다. 일반적으로 홈리스(homeless)는 거리노숙에서부터 강제퇴거의 위험에 몰려 주거불안상태에 놓인 계층을 아우르는 포괄적 개념이다. 그런데 여기서는 대상을 구체화하기 위해 홈리스를 거리노숙과 그에 준하는 정도의 생활을 영위하는 사람으로 한정하는데, 이 기준에 따르면 우리나라에서 홈리스는 거주할 곳을 상실하여 거리에서 생활하는 거리 노숙인과 응급구호차원에서 임시거처로 제공된 노숙인 쉼터에서 생활하는 노숙인들이 해당된다.

② 비닐하우스 거주가구수: 비닐하우스는 농업용 비닐하우스를 개조하여 그 내부를 얇은 판자로 쪼개서 여러 가구가 거주할 수 있도록 만들거나 처음부터 판자나 천막, 비닐 등을 이용하여 주거용으로 만든 무허가 주택으로 정확하게 말하면 무허가 건축물대장에 등재되지 않은 '신발생 무허가 주택'을 말한다. 우리나라의 독특한 무허가 불량주택인 비닐하우스 거주가구는 불법 점유에 의한 점유의 불안정 문제와 열악한 주거환경의 문제를 함께 안고 있는 대표적 주거빈곤계층이다.

③ 쪽방 거주인구: 빈곤가구의 마지막 잠자리로 알려진 쪽방은, 노숙의 위기에 처한 최빈곤층의 불안정한 거처로, 쪽방 거주인구는 점유의 안정성을 파악할 수 있는 지표에 해당한다. 여기서는 쪽방

거주인구수를 기준으로 하는데, 그런데 문제는 쪽방을 어떻게 정의하고 그 규모를 파악하느냐이다. 현재 쪽방은 물리적 특성이나 거주민의 특성, 그리고 주체[5]에 따라 다양하게 정의되고 있는데, 이를 종합해보면 대체로 쪽방은 '주거용도로 사용되는 주택 이외의 거처로서 임대차계약에 의하지 아니한 무보증월세 또는 일세로 운영되는 시설'로 정의할 수 있다.

④ 강제퇴거 가구수: 강제퇴거 가구수는 1,000가구당 강제퇴거를 당한 가구수로 산출한다. 그런데 강제퇴거는 자신이 거주하던 거처에서 본인의 의사에 반해 강제로 쫓겨나는 경우 가장 심각한 주거권 침해형태에 해당된다. 강제퇴거는 개발 사업에서 흔히 발생하고 있는데, 대부분 개발 자체를 반대하며 이주하지 않는 가구나 보상 문제로 인해 자진 퇴거하지 않은 가구 등을 대상으로 행정대집행이나 명도소송 형태로 이루어지고 있다. 뿐만 아니라 공공임대주택 등에서도 일정 기간 혹은 일정금액 이상 임대료나 관리비를 체납한 가구를 대상으로 명도소송에 의한 강제퇴거가 이루어지고 있다. 특히 우리나라의 경우 전국 곳곳에서 시행되고 있는 각종 개발 사업에서 강제퇴거에 따른 물리적 충돌이 종종 발생하고 있는데, 이는 강제퇴거가 발생하지 않도록 이를 예방해야 하는 것이 국가의 임무로 인식되지 않고 충분한 제도화가 되지 않은 것과 관련이 있다. 강제퇴거는 가능한 집행해서는 안 되는 조치이나 불가피한 경우에는 철저한 지원 대책들이 제공되어져야 하며, 그와 관련한 책임은 국가에 있음이 명확해져야 한다.

---

5) 쪽방관련 업무를 담당하고 있는 보건복지부에서는 쪽방을 '도심 인근이나 역 근처에 위치하여 1명이 잘 수 있는 공간을 제공하는 단신생활자용 유료숙박시설'로 정의하고 있다(보건복지부 복지지원과, 2000).

⑤ 비자발적 이주(displaced) 가구수: 여기서 비자발적 이주(displaced)가구는 자신의 의지와 상관없이 불가피하게 거처를 옮긴 가구수로 주로 개발사업 대상지역과 각종 재해발생 지역들에서 발생한다. 우리나라의 경우 각종 개발 사업으로 인해 비자발적 이주가 자주 발생하고 있는데, 이 지표는 개발 사업이 해당지역 및 지역주민의 생활에 미치는 영향을 일정 정도 보여줄 수 있다. 이 지표는 지난 1년간 인가된 각종 개발사업 대상지역 거주 가구와 각종 재해로 인해 거처를 상실한 가구 수를 합하여 산출한다.

(3) 주거권 실현과정

① 개발 사업으로 인해 영향을 받는 주민에 대한 주거권 보장 여부: 개발 사업에서의 주거권 보장은 주거권 실현의지를 파악할 수 있는 중요한 지표이다. 사실 우리나라에서 주거권 침해가 가장 심각하게 발생하는 곳이 바로 각종 개발사업 지역들이다. 모든 개발사업은 어떤 형태로든 해당지역 주민의 주거권을 위협하는 요인으로 작용하고 있다. 따라서 개발 사업으로 인한 주민 피해를 최소화하고 주거권 침해를 방지하기 위해서는 주거권을 보장하는 각종 제도적 장치들이 마련되어야 한다. 그런데 주거권을 보장하는 제도는 가옥주와 세입자 모두를 대상으로 하되, 주거취약계층인 세입자에 대한 주거대책 여부가 특히 중요한 의미를 지닌다.

② 지자체별 주택분쟁조정위원회 설치비율: 현재 법에서는 주택을 둘러싼 주체들 간의 각종 분쟁을 조정하기 위해 분쟁조정위원회를 구성·운영할 수 있도록 규정하고 있다. 공동주택의 경우 주택법에서 공동주택의 입주자, 사용자, 관리주체 간의 각종 분쟁을 조정하기 위해 공동주택분쟁조정위원회 설치를 명시하고 있고, 임대주택의 경우도 임대주택법에서 임대사업자와 임차인 간의 분

쟁조정을 위해 임대주택분쟁조정위원회 설치를 명시하고 있다. 그런데 현재 분쟁조정위원회가 설치된 지자체는 일부에 불과하며, 설치되었다 하더라도 제대로 운영되고 않은 채 유명무실한 상태이다. 개별 지자체에서 각종 주거분쟁을 논의하고 조정하는 역할을 담당하는 기구의 존재는 그 자체가 주거권 실현의지를 반영하고 있다고 하겠다. 따라서 개별 지자체의 공동주택 및 임대주택분쟁조정위원회 설치율은 주거권 실현에 대한 제도 구조를 파악하는 지표로 의미를 갖는다.

③ 개인이 주거권 침해를 당한 경우 정보 및 자문을 받을 수 있는 제도 여부: 주거권 침해의 위기에 처했거나 주거권 침해를 당한 개인이 자신의 사정을 설명하고 그 대책을 강구할 수 있게 돕는 제도적 장치나 공공기관의 존재여부는 주거권 침해 예방과 주거권 실현을 위한 전제조건이라고 할 수 있다. 주거권 침해는 흔히 국가를 비롯한 큰 규모의 조직과 개인 혹은 가옥주와 임차인 사이에서 나타나고 주거권 침해를 당하는 이는 상대적으로 약자의 지위에 있다. 따라서 주거권 침해를 받고 있다고 생각하는 이들이 자신의 권리를 실현하기 위해 관련 정보 및 자문을 받을 수 있는 제도적 장치가 마련되어 있어야 한다. 주거권 침해에 대한 제도적 지원수단의 존재여부는 주거권 실현을 위해 중요하게 고려되어야 할 사항이며, 주거권 실현의지를 파악할 수 있는 지표이다.

〈표 4-7〉 주거권 지표 구성안

영역	지표	세부항목	수준
주택의 적정성	최저주거기준 미달 가구수	・면적 및 방수기준 미달 가구수 ・시설미달 가구수 ・구조・성능・환경미달 가구수	제1수준
	주거비 부담 정도	・중위소득가구의 월 소득 대비 주거비 비중	제1수준
	공공임대주택 거주가구 비율	・일반 가구수 대비 공공임대주택 거주가구 비율	제2수준
	노인 및 장애인 편의시설 설치가구 비율	・일반 가구수 대비 노인・장애인 편의시설 설치가구 비율	제3수준
주거권 침해 및 부정	홈리스 수	・거리노숙인과 쉼터 노숙인의 수	제1수준
	비닐하우스 거주 가구수	・비닐하우스 거주 가구수	제2수준
	쪽방거주 인구수	・쪽방거주 인구수	제2수준
	강제퇴거 가구수	・강제퇴거 가구수	제1수준
	비자발적 이주 가구수	・개발사업 대상지역주민, 재해지역 주민수 등을 합한 수	제3수준
주거권 실현과정	개발 사업으로 인해 영향을 받는 주민에 대한 주거권 보장 여부	・주거권을 보장한 법, 규정 여부	제1수준
	지자체 주택분쟁조정위원회 설치 비율	・공동주택분쟁조정위원회 설치 비율 ・임대주택분쟁조정위원회 설치 비율	제3수준
	개인이 주거권 침해를 당한 경우 정보 및 자문을 받을 수 있는 제도 여부	・주거권 침해에 대한 정보 및 자문을 제공하는 제도 여부	제2수준

5. 노동권 지표

1) 노동권 지표구성의 원칙

노동권 지표 구성의 원칙은 다음과 같다.

첫째, 영역(차원)의 구성이다. 노동시장 및 노사관계 영역에서의 노동관행이 가진 문제, 특히 한국의 독특한 사회적 위험과 사회적 배제 문제를 정확하게 특정하는 것에 주목한다. 따라서 유럽의 사회적 배제 지표에서 '고용'으로 제한된 영역을 노사관계로까지 확장하되 국제수준의 비교가 가능하도록 가급적 공통항목을 개발하는 것에 유의한다.

둘째, 서술적 방식과 정량적 방식이다. 현재는 표준적인 해석이 가능하며 통계적으로 신뢰성이 확보된 전국적 수준의 지표를 개발하는 정량적 방식을 채택한다. 하지만 이 경우 제도나 규범, 운영방식 유무, 작동방식 등을 확인하기 어렵다는 문제가 있기 때문에 향후 두 개의 수준 즉 서술적 접근과 정량적 접근, 제도 및 규범의 수준과 그 결과의 수준으로 나누어 지표를 만드는 것을 고민할 필요가 있다. 특히 ISO26000은 국제적인 노동관행에 대한 기준을 포괄하며 정량적일 뿐만 아니라 서술적인 방식이고 기업뿐만 아니라 정부, 노조, 시민사회단체 등의 사회적 책임을 제기하고 있다는 점에서 주목해야 할 것이다.

셋째, 정책적 효과성의 반영이다. 정량적 방식이라 하더라도 노동시장이나 노사관계에서의 노동관행 전반을 포괄하며 국가의 정책개입에 민감하게 반응할 뿐만 아니라 그것의 효과성을 살펴볼 수 있는 지표여야 한다. 즉 비록 제도나 규범, 운영방식 그 자체에 대한 지표가 아니라 하더라도 그것의 결과를 확인할 수 있는 지표를 개발하는 것이 중요하다.

넷째, 보편성과 특수성이다. UN이나 OECD, ILO, 기타 기업의 사회적 책임에서의 노동관행 등에서 사용되는 표준에 근거할 뿐만 아니라 국제적으로 비교 가능한 지표여야 한다. 노동시장과 노사관계 영역에서 사용되는 지표는 국가별로 집계방법, 집계대상 등에서 상당한 차이가 있다. 따라서 국제기관에서 국제 비교로 이미 사용하고 있는 지표일 경우에만 비교가 가능하다. 하지만 국가별 비교에만 주목할 경우 한국의 특수성을 파악하기 어려운 한계가 있다. 특히 노동권 지표가 국제적 비교뿐만 아니라 국내의 사회적 배제 현황을 일목요연하게 살펴보고 그것을 개선하는 근거기준으로 제시되는 것이 중요하다는 점에서 보편성과 특수성을 함께 고려하기 위한 노력이 경주되어야 한다. 따라서 최근 가장 심각한 문제로 부각되고 있는 비정규고용 및 사회적 취약계층의 현황을 드러낼 수 있는 지표의 개발에 초점을 맞추되 그것을 국제적으로 비교할 수 있는 근거를 마련해야 할 것이다.

다섯째, 절대성과 상대성이다. 절대적 기준보다는 상대적 기준을 중심으로 놓되 최소한 연 단위의 변화를 파악할 수 있는 지표여야 한다. 그런 점에서 절대적 수치가 아닌 비중을 중심으로 시기별 변화를 볼 수 있는 지표일 필요가 있다. 또한 가급적 연 단위 조사를 원칙으로 하되 연 단위 조사가 안 되는 경우는 격년으로 살펴보는 방식을 택한다.

여섯째, 주관성과 객관성이다. 유럽의 사회적 배제지표는 객관성에 초점을 두고 있는 반면 ISO26000 등은 주관적인 서술방식을 채택하고 있다는 점에서 상당한 차이가 있다. 또한 조사(Survey) 방식 등에 의한 주관적 지표는 이미 세계적으로 활용되고 있다는 점에서 현재는 객관적 지표를 중심으로 하되 주관적 지표를 향후 적극적으로 포괄하려는 노력을 해야 한다.

일곱째, 수월성과 구체성이다. 노동권 지표는 간략하고 수월하게 노동권 현황을 살펴보는 지표여야 한다는 점에서 지표의 수를 줄이고 그 근거를 분명히 하되 구체성을 담보해야 한다는 사실을 고려하여 차원을 구분한다. 이와 같은 구성 원칙에 입각하여 노동시장과 노사관계 영역에서의 노동관행과 관련된 다양한 지표를 개발하되 개별 지표의 중요성 수준을 구분하여 차등 적용하며 다양한 수준에서의 활용이 가능하도록 한다. 이를 위해 ① 여러 지표를 합산하여 지수화(indexing)할 때 지표의 선정 및 가중치 부여의 근거를 분명히 하고, ② 가장 핵심적인 지표는 제1수준으로(primary indicator), 2차적 중요성을 갖는 지표는 제2수준으로(secondary indicators), 전통적인 사회지표에 포함되지 않거나 위의 두 수준을 보다 보완하는 성격을 갖는 지표는 제3수준으로(experimental indicators) 구분한다.

여덟째, 최소선과 표준선이다. 마지막으로 지표가 사회적 배제가 이루어지지 않도록 하는 최소선을 의미하는 것인지 아니면 표준적인 기준의 확립에 목표를 두는지에 따라 지표의 성격이 달라진다. 일단 여기서는 사회적 배제를 완화하거나 없앨 수 있는 최소한의 기준에 보다 중점이 있으며 표준적인 기준이나 규범의 확립은 향후 목표로 할 것이다.

2) 노동권 지표의 개발

(1) 노동시장

노동시장 관련 지표에 있어 연령범위와 조사대상 범위가 각 나라별로 상이하다. 조사대상 연령층은 15세 이상 64세 이하(한국 · 호주 · 일본 · 독일), 16세 이상(중국 · 미국 · 영국), 16세 이상 64세 이하(스웨덴) 등으로 나뉜다.

다음으로 고용기준은 군인의 포함여부에 따라 전체(Total) 및 민간인(Civilian) 기준으로 양분된다. 이러한 차이는 징병제 채택여부에 따라 다른데 일반적으로 징병제를 채택하고 있는 국가는 민간인 기준, 그렇지 않은 국가는 전체 기준을 고용기준으로 삼고 있다. 총노동력 기준인 경우는 스웨덴 · 영국 · 일본 · 프랑스 등이며 민간노동력 기준은 한국 · 독일 · 미국 · 호주 · 대만 · 중국 등이다.

① 고용률, 비경제활동인구 비율, 여성고용률

· **제1지표**: 고용율은 '취업자/생산가능인구[6] × 100'이며 제1지표로 활용한다.

· **제2지표**: 비경제활동 인구비율은 '(전체생산가능인구−전체경제활동인구)/전체 생산가능인구× 100'이다. 한국의 경우는 취업자가 실업으로 전락하기보다는 비경제활동인구로 노동시장에서퇴장할 가능성이 높기 때문에 비경제활동인구 비율을 제2지표로 활용한다.

· **제3지표**: 여성의 고용률, 여성 25세~54세 고용률, 여성의 비경제활동인구비율, 여성 25세~54세 비경제활동인구비율, 결혼과 임신 그리고 출산을 전후한 탈락률은 제3지표로 활용한다. 여성의 경우 최근 10년간 경제활동참가 및 고용률이 남성에 비해 빠른 속도로 증가하고 있으나 여성의 경력단절 현상이 여전히 나타나 이것이 여성의 고용률 및 특정연령대의 고용률을 낮추고 여성의 비경제활동인구비율을 높인다.

② 실업률, 취업률, 비임금근로자 비중 등

· **제1지표**: 실업률은 '전체 경제활동인구[7]−취업자[8]/전체경제활동인구×100'이며 제1지표로 활용하고 취업률 역시 제1지표로 이용한다.
국제비교에서 가장 현격한 차이를 보이는 것이 실업률인데 이는 실업 집계방식의 차이 그리고 실업률 정의에서의 차이 등에 기인한다. 실업자 조사방법은 경제활동인구 조사방식(labor force survey)과 직업안정기관 통계방식(employment office statistics)으로 구분되는데 전자는 국제노동기구(ILO) 권고방식으로 가계조

6) 전체 생산가능인구=15세에서 64세 인구에서 '전체경제활동인구 + 비경제활동인구.'
7) 전체 경제활동인구=취업자 + 실업자.
8) 취업자=임금근로자 +비임금근로자(자영업주와 무급가족 종사자).

사(한국 · 미국 · 호주 · 일본 · 스웨덴)를 의미하며, 후자는 직업안정기관에서 실업자로 등록된 자료에 의하여 실업자를 집계(영국 · 독일 · 프랑스 등)하는 방식을 의미한다. 또한 구직활동 기간의 경우, OECD 국가 중 상당수가 4주로 하고 있기 때문에 한국도 2000년부터 1주, 4주를 함께 공표한다. 또한 장기실직자 비중은 한국에서 거의 의미가 없기 때문에 노동권 지표에서는 생략하는 것으로 한다.

· **제2지표**: 취업률의 하위 지표인 비임금 근로자 비중은 '(자영업주 + 가족종사자)/취업자 × 100'이며 제2지표로 활용한다. 대체적으로 비임금 근로자 비중은 ILO 기준에 입각하여 보고되고 있기 때문에 지표로의 활용이 가능하다. 또한 한국에서 자영업주 및 무급 가족종사자의 비율이 매우 높고 이들이 저임금 노동시장을 형성하는 정도가 상대적으로 높아 비 임금 근로자 비중을 낮추고 고용률을 높이는 정책적인 설계가 필요하다는 점에서 지표로 산입한다.
또한 실업률의 하위 지표로서 15~24세의 청년층 실업률과 20~29세 청년층 실업률을 지표화한다. 전자는 국제비교를 위한 것이며 후자는 한국의 특수성을 반영하기 위한 지표이다. 여기에는 전체 실업률뿐만 아니라 성별 실업률을 함께 제시한다.

· **제3지표**: 자영업자와 무급가족 종사자 비중을 제3지표로 한다. 자영업주는 고용주와 자영업자로 구분되며 자영업자의 저임금근로시장으로의 편입 비중이 매우 높기 때문에 고용주와 구분하여 별도로 지표화하며 무급가족 종사자는 100% 저임금 근로자인 것으로 확인된다는 점에서 역시 지표화한다.

③ 한시근로자(temporary work) 비율, 전체 비정규직 비율, 저임금근로자 비율, 임시직 비율, 일용직 비율 등 불안정 고용 관련 지표

· **제1지표**: 비정규직 비율 중 국제비교가 가능하며 한국에서도 유의미한 수치는 OECD에서 매년 발표하는 한시근로자 비율이고 이것을 제1지표로 한다. '한시근로자'는 나라마다 기준이 다르기 때문에 OECD에 보고되는 한시근로자 비율로 하고 한국의 경우는 매년 8월 경제활동인구부가조사에 의해 발표되는 수치로 한다.
반면 유럽에서 많이 사용되는 시간제 임금근로자 지표는 한국에서 중요한 기준이 아니기 때문에 제3지표로 포함시킨다.
또한 비정규직 개념 및 정의에 대한 논란이 존재하나 국제비교를 위해 2002년 노사정위원회 합의 결과에 따른 비정규정의(협의의 정의)를 사용하는 것으로 한다.

· **제2지표**: 전체 비정규직 비율은 국제비교가 불가능하기는 하지만 한국의 사회적 배제 현상을 단적으로 드러낸다는 점에서 제2지표로 활용하며 그 구체적인 측정치는 통계청에서 매년 8월 발표하는 경제활동인구 부가조사에서의 비정규직 비율을 사용한다.
또한 중위임금 2/3에 못 미치는 저임금 근로자의 비율 역시 국제비교가 가능하며 비정규직 비율과 유사하게 사회적 배제의 현상을 드러내기 때문에 제2지표로 산입한다.

· **제3지표**: 비정규직 비율의 하위 지표들을 활용하되 경제활동인구조사와 경제활동인구 부가조사 자료를 동시에 사용한다. 하위지표들은 임시직, 일용직, 호출근로, 시간제 근로, 파견, 용역 및 사내하청 등이며 여기에는 반드시 성별을 나누어 살펴보는 것으로 한다. 또한 사내하청 근로 비율은 현재 통계가 존재하지 않는다는 점에서 향후 통계적인 보완을 요구한다.

〈표 4-8〉 노동권 지표

차원	지표	수준	조작적 정의
노동 시장	전체 고용	1수준	고용률: '취업자/생산가능인구[9] × 100'
		2수준	비경제활동 인구비율: '(전체생산가능인구-전체경제활동인구)/전체 생산가능인구× 100'
		3수준	여성의 고용률, 여성 25세~54세 고용률, 여성의 비경제활동인구비율, 여성 25세~54세 비경제활동인구비율, 결혼과 임신 그리고 출산을 전후한 여성 탈락률
	경제 활동 인구	1수준	실업률: '전체 경제활동인구–취업자/전체경제활동인구 × 100' 취업률: '전체 경제활동인구–실업자/전체경제활동인구 × 100'
		2수준	비임금 근로자 비중: '(자영업주+가족종사자)/취업자 × 100' 성별 명기된 청년층 실업률(15~24세, 20~29세)
		3수준	자영업자와 무급가족종사자 비중
	비정규 인구	1수준	한시적 근로자 비율(경제활동인구부가조사 자료)
		2수준	전체 비정규직 비율, 저임금 근로자 비율
		3수준	임시직, 일용직, 호출근로, 시간제 근로, 파견, 용역, 사내하청 (성별 명기 및 통계조사보완)
노사 관계	조직과 단협	1수준	전체 조직률: '조합원수/(임금근로자–공무원(철도, 체신 등 기능직 공무원과 체신 등 현업직공무원과 초 · 중등교원 제외) × 100'
		2수준	고용형태별(정규, 비정규)조직률(경제활동인구부가조사 자료) 단협적용률, 고용형태별 단협적용률(통계조사 보완)
		3수준	단협적용률, 고용형태별 단협적용률(통계조사 보완)

9) 전체 생산가능인구 = 전체경제활동인구 + 비경제활동인구.

(2) 노사관계

노사관계 지표 중 가장 중요한 것은 노동조합 조합원 수 및 노조조직률이다. 노사관계 지표 중 특히 노조조직률이 중요한 이유는 노동조합에의 가입이 사회적으로 배제되는 개인 혹은 집단을 보호하고 통합시키는 효과가 있기 때문이다.

또한 각국의 노동조합원수에 대한 집계방법은 ① 가구조사, ② 노동조합 자체 조사를 노동부의 행정집계화하는 두 가지 방식이 있다. 1980년대부터 기존의 노동조합 자체 조사에 따른 통계적 자의성을 제거하기 위하여 가구조사를 병행하거나 가구조사로만 추정하는 국가들이 점차 증가하고 있으며 한국 역시 2002년부터 경제활동 부가조사를 통해 개별 근로자의 노동조합 가입여부를 조사하고 있다. 또한 노동조합 자체 자료는 예를 들어 임금근로자가 아닌 실업자, 자영업자 그리고 비경제활동인구인 퇴직자들을 포함하거나 제외하는 경우가 있어 각국별로 편차가 크다는 점에서 가구조사와 병행하는 것이 지속적으로 필요하다.

한국에서는 노동조합 자체 조사를 노동부가 행정집계화한 것을 사용하고 부가적으로 경제활동인구 부가조사의 측정치를 보완하여 이용한다.

- **제1지표**: 노조조직률은 기본적으로 노동부 집계방식을 따른다. 이에 따르면 1987년 이전은 '조합원수/(상시고-공무원-사립학교교원) × 100'이며 1988년~1998년은 '조합원수/(임금근로자-공무원-사립학교교원) × 100'이다. 1999년 이후 2006년까지는 '조합원수/(임금근로자-공무원-철도, 체신 등 기능직 공무원과 체신 등 현업직공무원과 초 · 중등교원 제외)× 100'이다.

- **제2지표**: 경제활동인구 부가조사에 따른 정규근로와 비정규 근로 별 조직률을 제2지표로 산입한다.

· **제3지표**: 임단협에 의해 포괄되는 조합원 비율, 즉 단체협약 적용률을 제3지표로 산입한다. 문제는 단체협약 적용률에 대한 정확한 통계가 존재하지 않는다는 사실인데 이에 대한 통계 보완을 요구하는 것으로 한다.

6. 교육권 지표

1) 교육권 지표구성의 원칙

교육권 지표 구성의 원칙은 다음과 같다.

첫째, 영역(차원)의 구성: 교육과 관련된 법제도 및 관행이 가진 문제, 특히 교육 영역에서 한국의 독특한 사회적 위험과 사회적 배제 문제를 정확하게 특정하는 것에 주목한다. 이를 위해 유럽의 사회적 배제지표에서 '교육'으로 규정된 영역과 ISO2006 등 국제기준에서 인권, 소비자로서의 권리 공동체와 사회에의 참여 등으로 제안된 영역을 포괄하여 국제수준의 비교가 가능하도록 가급적 공통항목을 개발하는 것에 유의한다.

둘째, 서술적 방식과 정량적 방식: 이번 지표에서는 표준적인 해석이 가능하며 통계적으로 신뢰성이 확보된 전국적 수준의 지표를 개발하는 정량적 방식을 채택한다. 하지만 이미 노동권 지표에서도 밝혔듯이 정량적 방식은 제도나 규범, 운영방식 유무, 작동방식 등을 확인하기 어려운 한계가 존재한다. 때문에 향후 두 개의 수준 즉 서술적 접근과 정량적 접근, 제도 및 규범의 수준과 그 결과의 수준으로 나누어 지표를 만드는 것을 고민할 필요가 있다.

셋째, 정책적 효과성의 반영: 정량적 방식이라 하더라도 교육영역 전반을 포괄하며 특히 사회권으로서의 교육권의 확립을 위해서는 개인 혹은 집단뿐만 아니라 국가(정부)의 지원 역할이 매우 중요하다. 따라서 국가의 교육 정책개입에 민감하게 반응할 뿐만 아니라 그것의 효과성을 살펴볼 수 있는 지표여야 한다. 즉 비록 제도나 규범, 운영방식 그 자체에 대한 지표가 아니라 하더라도 그것의 결과를 확인할 수 있는 지표를 개발하는 것이 중요하다.

넷째, 보편성과 특수성: UN이나 OECD, UNESCO 등의 교육권과 관련하여 이미 사용되는 표준에 근거할 뿐만 아니라 국제적으로 비교 가능한 지표여야 한다. 교육에 영역에서 사용하는 지표는 국가별로 집계방법, 집계대상 등에서 약간의 차이가 있기는 하나 노동권 등과 비교해보면 그 차이가 상대적으로 작은 편이다. 따라서 보편적인 지표를 통해 한국의 특수성을 어느 정도 파악할 수 있다. 하지만 보편적 지표로만 한국의 특수성을 파악하는 것은 분명 한계가 있다. 예를 들어, 한국은 유럽의 다른 나라들에 비해 진학률이 상대적으로 높다. 따라서 이 지표를 중심으로 볼 경우 교육영역에서의 사회적 배제나 위험을 특정하기 어려운 면이 있다. 그보다는 오히려 공교육보다 사교육의 활성화, 지역 계층 간 동일 진학 결과에 따른 노동시장 효과의 차이, 평생교육의 측면에서 사회적 취약계층이 접근하는 정도가 매우 낮다는 특성을 가지고 있다는 사실에 주목하여 이와 관련된 특수한 지표를 개발하는 것에 주목할 필요가 있다.

다섯째, 절대성과 상대성: 절대적 기준보다는 상대적 기준을 중심으로 놓되 최소한 연 단위의 변화를 파악할 수 있는 지표여야 한다. 그런 점에서 절대적 수치가 아닌 비중을 중심으로 시기별 변화를 볼 수 있는 지표일 필요가 있다. 또한 가급적 년 단위 조사를 원칙으로 하되 연 단위 조사가 안 되는 경우는 격년으로 살펴보는 방식을 택한다. 또한 교육제도의 특징 등 절대적 비교가 가능한 지표들을 향후 개발하는 것을 과제로 삼는다.

여섯째, 주관성과 객관성: 유럽의 사회적 배제지표는 객관성에 초점을 두고 있는 반면 ISO26000 등은 주관적인 서술방식을 채택하고 있다는 점에서 상당한 차이가 있다. 또한 조사(Survey) 방식 등에 의한 주관적 지표는 이미 세계적으로 활용되고 있다는 점에서 현재는 객관적 지표를 중심으로 하되 주관적 지표를 향후 적극적으로 포괄하려는 노력을 해야 한다.

일곱째, 수월성과 구체성: 교육권 지표는 간략하고 수월하게 교육권 현황을 살펴보는 지표여야 한다는 점에서 지표의 수를 줄이고 그 근거를 분명히 하되 구체성을 담보해야 한다는 사실을 고려하여 차원을 구분한다. 이와 같은 구성 원칙에 입각하여 교육영역에서의 현황과 관련된 다양한 지표를 개발하되 개별 지표의 중요성 수준을 구분하여 차등 적용하며 다양한 수준에서의 활용이 가능하도록 한다. 이를 위해 ① 여러 지표를 합산하여 지수화(indexing)할 때 지표의 선정 및 가중치 부여의 근거를 분명히 하고, ② 가장 핵심적인 지표는 제1수준으로(primary indicator), 2차적 중요성을 갖는 지표는 제2수준으로(secondary indicators), 전통적인 사회지표에 포함되지 않거나 위의 두 수준을 보다 보완하는 성격을 갖는 지표는 제3수준으로(experimental indicators) 구분한다.

여덟째, 최소선과 표준선: 마지막으로 지표의 사회적 배제가 이루어지지 않도록 하는 최소선을 의미하는 것인지 아니면 표준적인 기준의 확립에 목표를 두는지에 따라 지표의 성격이 달라진다. 일단 여기서는 사회적 배제를 완화하거나 없앨 수 있는 최소한의 기준을 1차 지표로 둘 것이지만 동시에 표준적인 기준이나 규범의 확립을 위한 지표들을 실험적으로 3차 지표로 포함할 것이다. 특히 아동의 경우 교육수준 및 정도가 평생의 기회나 생활수준, 시민으로서의 권리를 좌우한다는 점에서 최소선뿐만 아니라 표준적 기준의 확립은 사회통합을 위해 무조건적으로 필요하다.

2) 교육권 지표의 개발

(1) 교육권 지표

교육권 지표는 일반적인 교육수준과 평생교육 참여수준, 그리고 교육을 위해 동원하는 자원의 정도 등을 중심으로 측정한다. 특히 대학진학율이 83%인 한국은 중등교육 여부보다는 얼마나 좋은 학교에 지원할 수 있는지 그것을 위한 자원동원 정도가 공평성이 유용하다 하겠다. 또한 평생 교육이 상당히 중요한 지표라는 점에서 직업훈련의 기회를 지표로 산입한다.

① 중등교육 수준 및 자원동원 정도

· **제1지표**: 교육 · 훈련을 받지 않은 탈락자 비율
- 18~24세에 속한 사람 중 중학교 교육 또는 그 이하의 교육을 받거나 그와 유사한 자격증을 확보하고 있지 못한 사람이 차지하는 비율
- 18~24세에 속한 사람 중 고등학교 교육 또는 그 이하의 교육을 받거나 그와 유사한 자격증을 확보하고 있지 못한 사람이 차지하는 비율

※국제비교를 위하여 중학교 혹은 그 이하의 학력수준을 가진 인구 비율을 우선적으로 측정한다.

· **제2지표**: 연령구간별 중등교육 이하 교육성취자 비율
- 연령집단(25~34, 35~44, 45~54, 55~64)별 중등교육 이하 수준의 교육성취자 비율
- 연령집단(25~34, 35~44, 45~54, 55~64)별 고등교육 이하 수준의 교육성취자 비율

※중학교 교육과 더불어 고등학교 교육까지도 구분하여 연령구간별 인구비율을 측정한다. 한국은 대학진학률이 매우 높고 중학 이하 학력 수준을 가진 사람들의 비율이 급속하게 줄어들고 있기 때문에 고등학교 수준까지 함께 측정할 필요가 있다.

· **제3지표**: 계층별 사교육비 비중(소득수준별 연간 사교육비), 지방과 수도권 간 사교육비 비중

② 직업훈련 등 평생교육 수준

· **제1지표**: 20~64세 연령 집단 중 직업훈련 등 평생학습 참여자의 비율(고용보험 DB, 교육훈련경비 지급률 등을 활용)

· **제2지표**: 20~64세 연령 집단 중 직업훈련 등 평생학습에의 저소득층의 참여율(여기서 저소득층은 중위임금 2/3 미만의 소득계층을 의미)

· **제3지표**: 20~64세 연령 집단 중 직업훈련 등 평생학습 참여자의 고용 형태별 비율, 20~64세 연령 구간별 평생학습 참여자의 성별 비율
※ 이 지표는 성별 격차 및 고용형태별 격차에 대한 측정을 목적으로 한다.

③ 교육과 소득격차

교육과 소득격차는 제도 운용의 결과를 확인하기 위한 지표로서 별도로 넣으며 성별, 고용형태별, 지역별로 학력에 따른 격차를 측정하는 것을 목적으로 한다.

· **제1지표**: 15~64세 경제활동 인구 중 연령집단별 학력별 소득격차

· **제2지표**: 15~64세 경제활동 인구 중 수도권 대학과 지방대학 졸업자 간 소득격차

· **제3지표**: 15~64세 경제활동 인구 중 성별 고용형태별 학력별 소득격차

〈표 4-9〉 교육권 지표

지표	수준	조작적 정의
중등교육 교육자원	1수준	교육 · 훈련을 받지 않은 탈락자 비율 * 18~24세 중 중학교 교육 또는 그 이하의 교육을 받거나 그와 유사한 자격증을 확보하고 있지 못한 사람이 차지하는 비율 * 18~24세 중 고등학교 교육 또는 그 이하의 교육을 받거나 그와 유사한 자격증을 확보하고 있지 못한 사람이 차지하는 비율
	2수준	연령구간별 중등교육 이하 교육성취자 비율, 연령구간별 고등교육 이하 교육성취자 비율
	3수준	계층별 사교육비 비중(소득수준별 연간 사교육비), 지방과 수도권 간 사교육비 비중
평생교육	1수준	20~64세 연령 집단 중 직업훈련 등 평생학습 참여자의 비율
	2수준	20~64세 연령 집단 중 직업훈련 등 평생학습에의 저소득층의 참여율
	3수준	20~64세 연령 집단 중 직업훈련 등 평생학습 참여자의 고용형태별 비율, 20~64세 연령 구간별 평생학습 참여자의 성별 비율
소득격차	1수준	15~64세 경제활동 인구 중 연령집단별 학력별 소득격차
	2수준	15~64세 경제활동 인구 중 수도권 대학과 지방대학 졸업자 간 소득격차
	3수준	15~64세 경제활동 인구 중 성별 고용형태별 학력별 소득격차

Ⅳ. 결론: 사회권 지표개발의 의의, 한계 및 추후 과제

한 사회의 사회적 권리 보장수준을 측정할 수 있는 지표를 개발하겠다는 것은 학문적으로 보았을 때 상당히 야심찬 작업이라고 할 수 있다. 그 이유는 무엇보다도 자유권적 기본권과는 달리, 사회권 자체가 매우 모호한 개념이기 때문이다. 사회권적 기본권이 무엇인지에 관한 명확한 합의나 기준이 없다면, 무엇이 사회권적 기본권을 구성하는가에 관한 지표개발의 과정은 끊임없는 난관에 봉착한다. 유럽의 사회지표나 사회적 배제지표의 개발과정을 살펴보면 이러한 한계가 고스란히 반복적으로 반영되어 왔음을 알 수 있다. 그럼에도 불구하고, 사회권적 기본권이 인간의 권리를 구성하는 중요한 요소임을 부정할 수 없다면, 그 사회권을 보장하기 위한 국가의 노력을 평가하기 위한 지표를 개발하여야 한다는 실천적 중요성은 여전히 효력을 발휘하게 될 것이다.

사회권의 개념이나 범위가 그러하듯 사회권 지표의 구성은 항상 가변적이며, 완벽한 지표의 구성은 불가능할 것이라는 것을 받아들일 필요가 있다. 끊임없는 수정과 보완을 통해 사회권 지표의 현실적합도를 높이는 것이 중요하다. 이렇게 본다면 본 연구는 사회권 지표에 관한 논의의 화두를 던지고 있다는 점에서 의의를 가진다. 본 연구가 개발한 지표의 구성은 불완전하고 많은 단점을 가지고 있다. 많은 비판이 예견됨에도 불구하고, 사회권 지표를 개발하기 위한 지속적인 논의의 출발점이 되었으면 하는 희망을 가지고 있다. 그러나 본 연구가 가진 한계를 밝히고, 이를 보완할 수 있는 추후과제를 설정하는 것 역시 건설적인 토론과 더욱 타당한 사회권 지표의 개발을 위한 필수적인 과정이다.

첫째, 사회권적 기본권에 대한 근본적인 개념화의 작업에 천착할 필요가 있다. 시간의 제약으로 인해 본 연구는 사회권에 대한 이론적 논의를 사회권의 개념화로 발전시키지 못하였다. 사회권 쟁점에 대한 이론적 논의 그 자체도 중요하지만, 사회권 지표로 표현될 수 있는 사회권이란 무엇이며, 특히 한국에서의 사회권은 어떻게 개념화될 수 있는지에 대한 좀 더 근본적인 고민이 구체적인 지표의 개발에 앞서 깊이 있게 다루어지는 것이 바람직하다.

둘째, 영역별 작업으로 인한 영역 간 연계와 소통의 부족이다. 본 연구의 사회권 지표개발은 각 영역별로 따로 진행되었기 때문에, 전반적인 사회권의 맥락에서 구체적인 지표가 어떠한 의미를 갖는지, 또 각 영역의 상대적 비중(지표의 개수 등)이 어떻게 배분되어야 할지에 대한 논의가 부족하였다. 각 영역별 작업과 영역 간을 조정하는 작업이 종합적으로 수행되는 것이 바람직하다. 이를 위해서는 충분한 시간과 지원이 필요함은 물론이다.

셋째, 영역별 충분한 자문과 토론을 통한 지표의 산출이 필요하다. 사회권을 구성하는 지표는 각 영역별로도 수없이 많은 지표를 생산할 수 있으나, 지표의 효율성을 위하여 지표의 수는 제한되기 마련이다. 어떠한 지표가 포함되고 어떠한 지표는 포함되지 않을 것인가 하는 논점에는 다양한 이해관계가 개입될 수 있다. 특히, 사회권 보장을 위한 정책수단을 촉구한다는 점에서, 개별적인 사회권 지표 하나하나는 대단히 중요한 의미를 갖는다.

넷째, 한국 상황과 국제비교 간의 절충에 관한 문제이다. 자유권적 기본권은 시공간을 초월한 비교적 절대적 기준으로 인정받고 있지만, 사회권적 기본권은 그것을 보장할 수 있는 제도와 이를 뒷받침할 재정이 수반되어야 하므로, 사회권의 논의와 실제적 보장수준 간에는 상당한 괴리가 발생될 수 있다. 무엇보다 사회권을 구성하는 구체적 지표가 국가별로 또 시기별로 상이할 수 있다. 한국의 상황을 우선적으로 고려할 것인지, 아니면 국제적인 비교가 가능한 효율성에 좀 더 초점을 두어야 할지는 고민이 아닐 수 없다.

다섯째, 대상집단별로 세분화된 사회권 지표개발의 필요성이다. 아동, 장애인, 노인 등 전통적인 사회복지 대상자는 물론, 성적소수자, 결혼이주민, 이주노동자 등의 집단에 대한 세분화된 사회권 지표개발의 필요성 및 그 가능성에 대한 추가적 검토 역시 요구된다.

참고문헌

심창학. 2001. "사회적 배제 개념의 의미와 정책적 함의." 『한국사회복지학』, 44: 178-208.

윤찬영. 2007. 『사회복지법제론』. 나남출판.

홍성방. 2008. "사회적 기본권." 사회권 지표개발을 위한 기초연구 워크숍 자료.

Abrahamson, P. 2003. "Researching Poverty and Social Exclusion in Europe." *Journal of European Social Policy.* 13(3): 281-285.

Atkinson, T. 1998. "Social Exclusion, Poverty and Unemployment." In *Exclusion, Employment and Opportunity.* Edited by T. Atkinson & J. Hills. CASE paper no. 4. London: Centre for Analysis of Social Exclusion.

Atkinson, T., B. Cantillon, E. Marlier & B. Nolan. 2002. *Social Indicators—The EU and Social Inclusion.* Oxford: Oxford University Press.

Begg, I. & J. Berghman. 2002. "Introduction: EU social(exclusion) policy revisited?" *Journal of European Social Policy* 12(3): 179-194.

Berghman, J. 1995. "Social Exclusion in Europe: Policy Context and Analytical Framework." In *Beyond the Threshold: the Measurement and Analysis of Social Exclusion.* Edited by G. Room. Bristol: Policy Press. pp. 10-28.

Bradshaw et al. 2000. *"The Relationship between Poverty and Social Exclusion in Britain." Paper Presented for the 26th General Conference of the International Association for Research in Income and Wealth.* Poland.

Burchardt et al. 1999. "Social Exclusion in Britain 1991-1995." *Social Policy and Administration* 33(3).

Castles, R. 1990. "Extreme Cases of Marginalisation: from Vulnerability to Deaffiliation." *Paper presented to a conference Poverty,*

Marginalisation and Social Exclusion in the Europe of the 1990s.' organised under the auspices of the European Commission, Alghero, Sardinia.

EC Commission. 2003. *Joint Report on Social Inclusion.* SEC(2003)1425. Brussel.

ECHP 1999. *Health Impact Assessment: Main Consepts and Suggested Approach.* Brussels: ECHP(European Center for Health Policy).

Esping-Andersen, G. 1989. "The Three Political Economies of the Welfare State." *Canadian Review of Sociology and Anthropology.* 26(1): 10-36.

______. 1990. *The Three Worlds of Welfare Capitalism.* Cambridge: Polity.

Evans, Tony (ed.). 1998. *Human Rights Fifty Years on: A Reappraisal.* Manchester: Manchester University Press.

Freeman, M. 1994. "The Philosophical Foundations of Human Rights." *Human Rights Quarterly.* 16: 491-514.

Ishay, M. 2004. *The History of Human Rights: From Ancient Times to the Globalization Era.* Berkley: University of California Press.

Landman, T. 2006. *Studying Human Rights.* London: Routledge.

Marshall, T. H 1964. *Class, Citizenship and Social Development.* Garden City, NY: Doubleday.

Marshall, T. H., and T. Bottomore 1992. *Citizenship and Social Class.* London: Pluto.

Pierson, C. 1991. *Beyond the Welfare State?* Cambridge: Polity.

Richardson, L. & J. Le Grand. 2002. "Outsider and Insider Expertise: The Response of Residents of Deprived Neighbourhoods to an Academic Definition of Social Exclusion." *Social Policy and Administration,* 36(5): 496-515.

Robertson, A. H. & J. G. Merrills, 1996. *Human Rights in the World*(4th ed.). Manchester: Manchester University Press.

Robinson, P & C. Oppenheim. 1998. *Social Exclusion Indicators: A Submission to the Social Exclusion Unit.* London: Institute for Public Policy Research.

Room, G. 1995. "Poverty and Social Exclusion: the New European Agenda for Policy and Research." In *Beyond the Threshold : the Measurement and Analysis of Social Exclusion.* Edited by G. Room. Bristol: Policy Press. pp. 10-28.

Sen, A. 2002. "Why health equity?" *Health Economics,* 11(8): 659-66.

Silver, H. 1994. "Social Exclusion and Social Solidarity: Three Paradigms." *International Labor Review,* 133(5-6): 531-578.

UN. 2000. *General Comments-the right to the highest attainable standard of health.*

Walker, R. 1995. "The dynamics of poverty and social exclusion." In *Beyond the Threshold: the Measurement and Analysis of Social Exclusion.* Edited by G. Room (ed.). Bristol: Policy Press. pp. 102-128.

제2부

사회정책의 영역과 인권

제5장

인권과 주거권 및 주거정책

김대군

I. 서론

인간에게 있어서 집은 삶의 기반이 된다. 집에서 사는 것은 인간의 본질적인 존재방식이다. 그래서 살아가면서 가장 큰 관심사는 내 집을 갖는 것이다. 주거공간이 확보될 때 나다움을 실현할 수 있고, 나의 가족을 구성해서 살 수 있기 때문에 "집 없음은 주거공간으로서의 고향상실(강학순, 2009)"이라고 할 수 있을 정도다.

그런데도 우리사회에서 주거하는 것에 대한 본질적인 논의는 거의 이루어지지 않고 있다. 주택정책이나 주거지 정비사업과 같은 정책적 측면에 대한 논란은 많지만, 주거권에 대한 논의로 확장되지 못한 측면이 있다. 내 집을 갖고 못 갖고의 문제를 개인적 차원의 능력의 문제로 보거나 주택정책의 실패에 따른 사회문제로 보더라도 인권적 문제로 접근하는 경우는 드물었다.

이 글에서는 주거정책에 대한 인식이 인권을 기반으로 해야 한다는 시각에서 주거권에 대해 논하고자 한다. 주거권이 인권이 될 수 있는지를 인간과 다른 생물들의 삶을 비교해서 찾아보고, 인권으로서 주거권이 어떻게 현실화되고 있는지 살펴볼 것이다. 주거권의 현실화는 국제적 측면에서 선언형식으로 제시되고, 개별국가에서 주거권을 실현하기 위한 제도적 노력을 함으로써 구체화된다.

주거권은 빈곤층들이 사회에 대한 저항권으로서 주장하는 것이 전부가 아니다. 인간다움을 실현하기 위해 모든 사람들에게 보장되어야 하는 보편적 인권에 바탕하고 있는 도덕적 권리이자 각 사회에서 구체화하고 있는 사회적 권리라고 볼 수 있다. 아직까진 모든 국가에서 법조항으로 주거권을 표현하고 있는 단계는 아니지만, 앞으로 주거정책은 주거권에 기반하고 있는 정책이 되어야 함이 마땅하다. 이에 이 글에서는 주거권의 정당화가 단지 국제적 선언에 의존하는 것에 불과한 것이 아니라 인간의 본질 면에서 도덕적 권리로서 보편성을 확보하고 있는 구체적 권리라는 점을 정당화함으로써 주거정책이 인권에 기반하는 방향으로 나아가야 한다는 논지를 지지하고자 한다.

Ⅱ. 인권으로서의 주거권

인권의 근거는 권리의 주체가 사람 아닌 다른 것(신이나 동물 등)이 아니라 바로 사람이 어떤 권리의 주체라는 관점과 인간 사회 속에서 정당화된 권리라는 관점에서 찾아볼 수 있다. 이러한 인권의 자연적 근거와 사회적 근거를 바탕으로 해서 이 장에서는 주거권(住居權, housing rights)이 인권을 토대로 하고 있다는 점을 살펴보고자 한다.

1. 주거권의 사회적 의미

주거권이란 말은 1948년의 세계인권 선언에 그 유래를 찾아볼 수 있을 정도로 생긴 지는 오래되지 않았다(Michael Freeman, 2006). 주거권은 말 그대로 인간다운 주생활을 누릴 수 있는 인간의 권리를 말한다. 현실 상황에서 주거권은 경제적, 사회적, 문화적 권리로서 볼 수 있는 기본권 중의 하나이다. 모든 인간들은 자신의 경제적 능력, 종교, 민족, 성, 연령 등에 얽매이지 않고 적절한 주거를 향유할 수 있는 권리가 있다는 것이다. 이것이 특정사회에서 받아들여질 때 법적 권리로 보장되도록 제도화된다.

현실의 주거권의 내용은 UN에서 제시한 적절한 거처에서 생활할 권리를 통해 구체적으로 이해해볼 수 있다. 유엔에서는 주거 권리로서 일곱 가지를 제시하고 있다(UN Commitee on Economic, 1991).

1) 점유자의 법적 보호(Legal security of tenure): 점유형태에 상관없이 모든 사람은 강제퇴거의 위협, 괴롭힘 등으로부터 임차기간을 보호받을 수 있어야 한다.
2) 서비스, 공공재, 지역기반시설 이용(Availability of services, materials, facilities and infrastructure): 적절한 주거는 깨끗한 물, 전기, 빛, 도로, 에너지 사용 등에 필요한 시설이 갖추어져야 한다.
3) 경제적 적절성(Affordability): 각자의 경제적 처지에서 적절한 주거를 구할 수 있어야 한다. 집의 가격이 높아서 다른 기본 욕구를 충족할 수 없을 정도가 되어서는 안 된다.
4) 주거가능성(habitability): 주거공간이 너무 좁아서는 안 되며, 추위, 습기, 더위, 바람 등을 막을 수 있는 수준이 되어야 한다.
5) 접근가능성(Accessiblity): 노인, 장애인, 어린이, 환자 등의 조건에 상관없이 접근이 용이해야 한다. 사회적 약자들에게도 주거가 보장되어야 한다.

6) 위치성(Location): 생산활동 기반과 사회시설로부터 인접한 곳에 위치해야 한다.
7) 문화적 적당성(Cultural adequacy): 주택의 건설방식에 있어서 그 재료나 형태 등이 문화적 다양성을 인정해야 한다. 현대적인 건축 기술이나 개발이 문화적 특정을 희생시켜서는 안 된다.

이렇게 제시되고 있는 주거기준에는 물리적 거처로서 집(주택)에 관한 것과 문화적 의미로서 '주거'의 개념을 포괄하고 있다. 이런 측면에서 보면 주거권은 물리적 집을 가질 권리와 집안에서 적절한 인간다움을 실현하며 머물 수 있는 권리를 가리키고 있다. 위와 같은 유엔에서 제시한 주거권의 구성요소는 현실의 적절한 주거의 근거가 되고, 주거 정책실현의 기준으로 준수되어져야 된다는 점에서 의의가 크다.

다만, 실현되는 데는 구성 요소들 간의 모순으로 인해서 이상에 머무를 수 있다. 위의 일곱 가지 구성요소를 통합적으로 갖춘 주거가 현실에서 가능하지 않다. 일례로 둘째 항목의 시설의 확보가 제대로 되어 있다면 세 번째 항의 적당한 가격조건과 조화를 이루기 어려울 것이다. 어떤 사람의 형편에 적당한 가격조건이라 하더라도 쾌적성이 그 사람의 형편에 맞아 떨어지는 경우는 많지 않을 것이다. 현실 주거에 있어서 계층 간의 간격을 줄일 수 있을지 의문이 남는다.

유엔에서 제시하고 있는 적절한 주거권의 구성 요소들 간에 대립되는 점이 있다고 하더라도 국제사회 차원에서 주거권에 대한 원칙들을 찾아보는 것은 의미가 크다 하겠다. 앤조리나(Anzorena) 등은 주거권 확보를 위해 지켜져야 할 다섯 가지 원칙을 제시하고 있다(Anzorena, 1993; Murphy, 1990; Leckie, 1994).

첫째 주거권에는 차별성 배제의 원칙이 적용된다는 점이다. 적절한 주택은 모든 사람들, 즉 어린이, 여성, 남성, 그리고 인종, 종교, 문화, 소득, 연령, 고용상태 등 어떤 것으로부터도 차별 받아서는 안 된다는 것이다.

둘째, 주거권에는 접근, 이용가능성의 원칙이 적용된다. 모든 사람들은 적절한 주택에서 살 권리를 지니고 있다. 적절한 주택이란 모든 사람들이 접근가능하며, 이용가능하며, 안전해야 하며, 그리고 평화롭게 살아갈 수 있어야 하는 거처를 말한다.

셋째, 주거권에는 무주택자 우선의 원칙이 적용된다. 무주택자(homeless)는 국가로부터 특별한 보호를 받으며 이들을 위해 국가는 임시거처를 마련하는 노력을 기울여야 한다.

넷째, 주거권에는 세입자 보호원칙(security of tenure)이 적용된다. 모든 세입자는 정당한 사유 없이 세입자의 의사에 반하여 강제퇴거당하거나 철거당하는 일이 있어서는 안 된다는 것이다. 세입자가 폭력, 부동산 투기, 철거 등에 의해 주거가 불안정하지 않도록 정부는 법적으로 세입자를 보호해야 한다.

다섯째, 주거권에는 주거 서비스를 보장받을 원칙이 적용된다. 모든 사람들은 안전한 물, 전기, 햇볕, 상하수도, 도로 등 공공서비스와 지역사회 시설과 서비스를 이용할 권리를 가진다는 것이다.

이러한 주거권의 원칙들도 UN의 세계인권선언[1]에 전적으로 의존하고 있다고 보여진다. 이러한 선언 중심의 의미는 현실적이기는 하나 개별상황이 고려된 바가 아니기 때문에 과연 정책의 추진과정에서 얼마나 실현가능할지 의문시된다. 주거취약계층이나 당사자들의 특수성에 따라서 이러한 원칙들은 그냥 원칙으로 남을 수 있다. 경우에 따라서는 취약층을 위해 주거환경을 개선하는 정책실행에서 오히려 주거 자체를 위협당하는 결과가 나타날 수도 있다. 그렇지만 이러한 주거권에 대한 원칙과 선언들이 의미 있는 일이라면 무엇보다도 어떤 근거로 이런 원칙들이 제시될 수 있는가를 찾아봐야 할 것이다. 다음 절에서는 주거

---

1) 세계인권선언 제25조 1항의 일부, "모든 사람은 자신과 가족의 건강과 안위에 적합한 생활수준을 누릴 권리를 가진다. 이러한 권리에는 먹을거리, 입을 옷, 주거, 의료, 그리고 생활에 필요한 사회서비스 등을 누릴 권리가 포함된다"(조효제, 2007: 349).

권의 사회적 의미 연역의 바탕이 될 수 있다고 생각되는 자연적 근거에 대해 살펴볼 것이다.

2. 주거권의 자연적 근거

주거권의 사회적 의미를 실현하고자 하는 국제적 노력을 찾는다 하더라도 주거권이 정당화되는 것은 아니다. 사회권을 말하는 것이 인간이 주거권을 갖는 근거를 찾는 노력일 수는 있으나 근본적인 근거를 제시하는 것은 아니기 때문이다.

이번 절에서는 주거권이 사회적 인권으로 자리 잡기 이전의 측면들을 통해 주거권이 인간중심적이나마 주장될 수 있는 근거를 찾아보고자 한다. 물론 사회권적 측면의 주거권의 발전과정도 자연적 인권의 맥을 이은 것이다. 그렇더라도 자연적 측면에서 주거의 의미 찾기는 더 근본적인 주거권 확보에 대한 통찰이라 생각된다.

자연적 측면에서 주거권은 하늘이 사람에게 내려준 타고난 권리의 하나로 볼 수 있다. 물론 하늘(자연)은 인간에게만 주거권을 내려준 것이 아니라 살아 있는 모든 것들에게 집이 필요한 경우 집을 가질 수 있는 능력을 부여하고 있다. 그러나 인간 외의 생물들은 자신의 집을 본능적으로 가질 수 있게 되어 있기 때문에 인간의 주거와는 차별화된다. 인간이 자신의 집을 갖는 것은 본능에 의해 실현될 수 있는 것이 아니다. 사회 속의 여러 조건들에 의해 제약을 받고, 여건에 따라 집을 갖지 못할 수도 있다. 다른 생물들이 종별로 모두 같은 집을 가질 수 있도록 결정되어 있는 반면에 인간은 그렇지 않기 때문에 모두 같은 집을 소유한다는 것은 불가능한 일이다.

다른 생물들의 집과 달리 인간의 집은 물리적 공간으로서 의미뿐만 아니라 심리적 공간으로서 더 큰 의미를 지닌다고 볼 수 있다. 또한 집은 공간일 뿐만 아니라 시간(과거의 추억과 현재와 미래의 꿈이 함께 존재하는)이기도 하다. 바슐라르(G. Bachelard)에 의하면 "인간의 집은 '적대적인 힘들로부터 보호된 공간들' 이상으로 '영혼의 안식처' 역할"을 한다. 인간의 삶은 "집의 품속에 포근하게 숨겨지고 보호되어 시작된다(Gaston, 2003)." 다른 생물들이 얼마나 주거의 행복을 누리는지 알 길이 없지만, 인간은 분명히 집을 통하여 가장 안락한 삶을 누리게 된다. 집은 친밀성과 관계와 문화가 깃들여진 곳으로 쉽게 떠나지 않고 거주(dwell ; 머물러 있다)하는 곳이다. 인간은 집안에서 문화생활을 하는 것이다.

인간이 다른 생물들과 달리 집을 통하여 문화적 생활을 한다는 점은 인간의 주택건설이 인간의 존엄성 보호와 연관된다는 근거로 삼을 수 있다. 집 없음으로 인해서 단지 인간의 육체가 초라해지는 문제만 있는 것이 아니라 인간의 존엄성에 대한 손상이 온다는 데 더 큰 문제가 있다(강인호 · 한필원, 2001). 하이데거(M. Heidegger)의 표현에 의하면 인간은 세상에 '내던져진 존재(Geworfenheit)'로 인간에게 집은 단순한 보호 이상의 다양한 의미를 지니고 있다(F.짐머만, 1989). 정신적, 물리적 공간이며, 정서, 가치, 감정을 전달하는 비언어적 의사 전달체이며, 자아를 의식적 · 무의식적으로 드러내는 표상이다. 집은 땅에 뿌리를 내리고 인간의 생각과 감정을 공간으로 드러낸 것이라고 볼 수 있다. 여기에 주거함으로써 인간은 문화생활을 하는 것이다(김대군, 2006).

인간이 주거한다는 것은 실존의 존엄성을 보존하는 것으로 인간의 주택건설에 대한 관심이 인간의 존엄과 존재 방식으로 모아지게 한다(Barry Wasserman, 2000). 주거하는 일을 배움으로써 인간은 새로운 안식처를 얻어 참된 인간존재에 도달할 수 있는 것이다. 따라서 인간의 주거는 다른 생물들과 같이 본래적으로 주어진 자연법적 속성을 가지면서 인간의 존엄성을 실현하는 도덕적 권리 의미를 동시에 지니게 된다. 이런 측면에서 보면 인간의 주거권은 사회적 시민권에 앞서 인간의 본질적 속성에서 연역할 수 있고, 자연스럽게 정당화될 수 있는 도덕적 권리인 것이다.

인간의 주거행위는 단순한 생물적 서식행위가 아니라 사회적 · 경제적 · 문화적 조건과 관련된다는 측면에서 자연적 주거권은 사회적 주거권으로 현실정책화되어간다. 즉 도덕적 권리에서 법적 권리로 구체화되어 간다. 그렇지만 주거권의 이해를 유엔의 선언이나 국제법이나 국내법에서 찾는 것은 한계가 있다. 주거권의 정당화를 위해서는 인간의 본질적 측면에서 논의를 시작하는 것이 보편성을 확보하기 위해 간과되어서는 안 될 것이다.

요컨대 인간 주거권의 보편성은 인간의 주거가 기본 욕구 중의 하나로서 다른 생물들과 마찬가지로 자기공간의 확보 본능에서 찾아질 수 있다. 그러나 인간의 집은 다른 생물들과 달리 심리적 안식처로서 인간의 존엄성 보호와 관련된다는 점에서 인간만의 보편성을 갖게 된다. 인간만의 보편성은 도덕적 권리의 근거가 될 수 있다. 다만 인간이 내 집을 갖는다는 것은 생물들이 자기공간을 확보하는 것과는 달리 사회제도와 관련되어 있기 때문에 사회적 인권 개념과 관계를 도외시할 수 없다.

Ⅲ. 주거권의 국제적 선언과 국내적 반영

앞 절에서 살펴보았듯이 인간의 주거권은 다른 생물들의 서식지 확보와는 달리 인간의 존엄성보호와 관련된다. 따라서 주거권의 보장은 인권을 기반으로 해서 추구해야 될 사안이다. 특히 생활에 필요한 기본적인 사항들에 대한 보장은 사회, 국가에 의해 이루어져야 하는데 이 권리는 바로 생활권으로서 인권이다. 인간으로서 존엄성을 유지하며 살아갈 수 있는 기본적인 권리로서 주거권의 실현을 위한 노력이 어떻게 이루어지고 있는지 국제적인 측면과 국내적인 측면으로 나누어 살펴보기로 한다.

1. 국제적 주거권 보호 선언

국제적 노력은 주거안정과 최저 주거조건을 갖추지 못한 사람들에 대한 국가의 역할을 명시하고자 한 것이다. 인간은 누구나 건강하고 쾌적한 환경에서 생활할 권리를 갖는다는 관점에서 주거권 보장을 위한 노력은 세계적 차원에서 이루어야 한다고 본 것이다.

제1차 유엔주거회의(HABITAT Ⅰ)에서 채택한 '인간정주 벤쿠버 선언과 행동방침(The Vancouver Declaration on Human Settlements and Plan of Action, 1976)'의 주요 내용은 다음과 같다.[2)]

- 인간의 존엄성과 선택의 자유라는 관점에 따라 전반적인 공공복지는 인간의 기본권리이며 이는 모든 국가, 모든 사회에 보장되어야 한다(para 4).
- 해당 영토 내 이주의 자유와 주거지 선택의 자유는 국가가 보장해야 한다(para 6).
- 모든 사람들은 그들의 정주에 관련된(주택, 도시계획 등) 정책과 프로그램에 개인적 혹은 집단적으로 참여하는 것은 권리이자 의무이다(para 13).
- 자연적 혹은 인위적 재난을 통해 집을 잃을 경우 재정착이 가능하도록 모든 노력을 경주하는 것을 가장 높은 우선순위에 둔다(para 15).

2) "인간정주 벤쿠버 선언과 행동방침," http://habitat.igc.org/vancouver/van-decl.htm(검색일: 2010. 7. 29).

- 적정한 수준의 주택과 서비스의 확보는 인간의 기본적 권리(a basic human rights)로 규정하며 국민 주거안정을 위해 정부는 책임을 진다(para).

'2000년 주거를 위한 지구 전략(the Global Strategy for Shelter the Year 2000)'에서는 주거권과 관련되는 다음 내용을 천명한다.

> … 모든 사람들에게 적절한 주택의 확보는 국제적으로 인식을 같이 하고, 이를 위해 모든 국가는 주택부문에 의무와 책임이 있음을 확인한다. … 모든 국가의 국민이 그들 국가에 대해 그들의 주거안정을 위한 요구는 하나의 권리이며 정부는 가난한 사람들이 주거하는 주택의 철거를 통한 주거불안정을 가속시켜서는 안 되며 그들의 주택을 개량, 보호해야 함을 천명한다.[3]

다음으로 주거권에 대한 국제협약초안(Draft International Convention on Housing Rights)[4]을 살펴보자.

첫째, 적절한 주택(adequate housing)은 인간의 자유, 존엄성, 평등 그리고 안전에 필수적임을 자각해야 한다. 둘째, 적절한 주택을 인권으로 인식하는 것은 국제인권협약에 따라 확인되며 이는 세계인권선언(the Universal Declaration on Human Rights) 및 기타 국제협약, 결의안 등에 포함되어 있다. 셋째, 모든 정부는 법적으로 주거에 대한 권리를 확보해야 한다. 넷째, 전 세계 대부분의 국가에 나타나는 현상으로 주거권이 확보되지 못하고 있다는 점을 들어 어느 한 국가만의 문제가 아

---

3) "주거권에 대한 국제협약초안," http://www.un.org/documents/ga/res/46/a46r163.htm(검색일: 2010.7.29).

4) UN Special Rapporteur on Housing Rights, August 1994 참조.

님을 인식하고 주거권을 위한 범국가적 노력을 기울여야 한다.

주거권에 대한 논의는 더욱 발전하여 2002년 4월에는 유엔 주거권프로그램(United Nations Housing Rights Programme, UNHRP)이 UN-HABITAT와 유엔 인권고등판무관실(Office of the United Nations High Commissioner for Human Rights, OHCHR)에 의해 공동으로 출범했다.

이상에서 주거권과 관련된 국제적 노력들과 그 내용을 살펴보았다. 주거권에 대한 국제적 준거가 제시되지 않는다면, 국가마다 상황이 다르기 때문에 주거권이 다른 사안들에 밀려 정책적으로 더욱더 소외될 가능성이 있다. 비록 법적인 효력이 없는 선언적 의미로서 기능한다 할지라도 국제적 선언은 주거권에 대해 개별국가가 인식해서 더욱더 인권 친화적 정책을 수립할 수 있도록 권장하고, 상황에 따라서는 국제적으로 공동 노력을 하는 데 기여를 할 것으로 여겨진다.

이와 같이 국제적인 주거관련 선언들은 현실 정책적 요소에 국한되지 않고, 인간의 존엄성에 대한 가치를 배려하고 있다는 점을 찾아볼 수 있다. 다만 이러한 국제적 노력에도 불구하고 개별국가에 실권을 행사할 수 없기 때문에 주거권확보를 위한 다양한 시민단체들과 정부의 대결이 문제가 될 수 있다. 주거권의 주장을 집단이기주의나 소수자의 사회저항으로 여김으로써 인권의 본래의미를 왜곡시키는 현상도 나타난다는 점을 염두에 둘 필요가 있다. 따라서 국내의 주거권 보장을 위한 법제화가 필요하다.

2. 국내의 주거권 보장제도

국내에서 주거권과 관련되는 법적인 근거는 헌법, 주택건설촉진법, 주택법, 임대주택법 등에서 찾아볼 수 있다.

헌법 제10조, 제34조, 제35조의 '행복을 추구할 권리', '쾌적한 환경에서 생활할 권리', '인간다운 생활을 할 권리' 등이 있는데, 이런 조항들이 주거권과 관련된다고 할 수 있다.

헌법 제35조 3항에는 "국가는 주택개발정책을 통해 모든 국민이 쾌적한 주거생활을 할 수 있도록 노력하여야 한다."라는 규정이 있다.

헌법 제122조에는 "국가는 국민 모두의 생산 및 생활의 기반이 되는 국토의 효율적이고 균형 있는 이용 · 개발과 보전을 위하여 법률이 정하는 바에 의하여 그에 관한 필요한 제한과 의무를 과할 수 있다."라고 되어 있다.

주택건설촉진법 제2조에는 "국가는 국민의 주거생활의 안정과 향상을 보장하기 위하여 필요한 시책을 종합적으로 계획 · 실시하여야 한다."고 명시되어 있다.

주택법 제3조(국가 등의 의무)에서는 국가 및 지방자치단체는 주택정책을 수립 · 시행할 때에는 다음 각 호의 사항을 위하여 노력하여야 한다고 되어 있다. ① 국민이 쾌적하고 살기 좋은 주거생활을 할 수 있도록 할 것, ② 주택시장의 원활한 기능 발휘와 주택산업의 건전한 발전을 꾀할 수 있도록 할 것, ③ 주택이 공평하고 효율적으로 공급되며 쾌적하고 안전하게 관리될 수 있도록 할 것, ④ 국민주택규모의 주택이 저소득자 · 무주택자 등 주거복지 차원에서 지원이 필요한 계층에게 우선적으로 공급될 수 있도록 할 것을 규정하고 있다. [전문개정 2009.2.3] [[시행일 2009.5.4.]]

주택법 제5조의2(최저주거기준의 설정 등) ③ 항에는 최저주거기준에는 주거면적, 용도별 방의 개수, 주택의 구조 · 설비 · 성능 및 환경요소 등 대통령령으로 정하는 사항이 포함되어야 하며, 사회적 · 경제적인 여건의 변화에 따라 그 적정성이 유지되어야 한다.[전문개정 2009.2.3] [[시행일 2009.5.4]]

제5조의3(최저주거기준 미달가구에 대한 우선 지원 등)에는 ① 국가 또는 지방자치단체는 최저주거기준에 미달되는 가구에 대하여 우선적으로 주택을 공급하거나 국민주택기금을 지원하는 등 혜택을 줄 수 있

다. ② 국가 또는 지방자치단체가 주택정책을 수립 · 시행하거나 사업주체가 주택건설사업을 시행하는 경우에는 최저주거기준에 미달되는 가구를 줄이기 위하여 노력하여야 한다. ③ 국토해양부장관 또는 지방자치단체의 장은 주택의 건설과 관련된 인가 · 허가 등을 할 때 그 건설사업의 내용이 최저주거기준에 미달되는 경우에는 그 기준에 맞게 사업계획승인신청서를 보완할 것을 지시하는 등 필요한 조치를 하여야 한다. 다만, 도시형 생활주택 중 대통령령으로 정하는 주택에 대하여는 그러하지 아니한다. [개정 2010.4.5] [[시행일 2010.10.6.]] ④ 국토해양부장관 또는 지방자치단체의 장은 최저주거기준에 미달되는 가구가 밀집한 지역에 대하여는 우선적으로 임대주택을 건설하거나「도시 및 주거환경정비법」에서 정하는 바에 따라 우선적으로 주거환경정비사업을 시행할 수 있도록 하기 위하여 필요한 조치를 할 수 있다.[전문개정 2009.2.3] [[시행일 2009.5.4.]]

임대주택법 제4조(임대주택의 우선 건설)에 의하면 ① 국토해양부장관은「주택법」제7조에 따른 주택종합계획을 수립할 때에는 임대주택의 건설에 관한 사항을 포함시켜야 한다.

이상의 여러 법조항에서 알 수 있는 바와 같이 주거관련법들이 새롭게 제정되면서 발전하고 있다. 특히 2009년 개정된 주택법은 발전된 형태를 보이고 있다. 우리나라의 헌법에는 '주거권'이라는 명시적 표현은 없다(국가인권위원회, 2005). 다만 헌법에서 명시적으로 주거권을 제시한 것은 아니지만 경제적 · 사회적 · 문화적 권리에 관한 국제규약 제11조 제1항에 따라 주거 권리의 실현을 위한 적절한 조치를 취하며 이를 국제적 협력으로 규정하고 있다.[5] 우리나라는 이 규약을 비준함

5) 유엔 경제적 · 사회적 · 문화적 권리위원회(UN Committee on Economic, Social and Cultural Rights, 이하 사회권위원회)는 2009년 11월 10~11일 스위스 제네바에서 우리나라 정부의 경제 · 사회 · 문화적 권리에 관한 국제규약(International Covenant on Economic, Social and Cultural Right)의 이행여부에 대해 심의를 진행한 바 있다. 최종견해(Concluding Observations)에서 사회권위원회는 국민기

으로써 "헌법에 의하여 체결·공포된 조약과 일반적으로 승인된 국제법규는 국내법과 같은 효력을 가진다."는 우리나라 헌법 제6조 제1항의 규정에 따라 주거권을 국민의 기본권의 하나로 인정하게 된다. 그렇더라도 주거권에 대한 직접적인 명시가 없다는 점에서 주거정책의 방향이 소수자 인권을 간과할 수 있는 여지가 남게 된다.

소수자들에게 주거권은 부에 대한 평등한 분배를 요구하고 복지에 대한 권리까지 요구할 수 있는 '적극적 권리'로 받아들여진다. 그러나 주거권은 현실적인 측면에서 보면 고유하고 신이 부여한 권리라기보다는 인간의 일상생활에서 사람들이 스스로 부여하고 정책과 제도로 강제되는 권리로 여기기 쉽다. 따라서 적극적 권리임에도 불구하고 사회의 최소 수혜자들의 주거권은 현실에서 오히려 소홀히 다루어지는 측면이 있다.

아직도 우리나라에서 주거권 논의는 인권에 기반한 철학적 접근이나 국제적 연계정책이라기보다는 소수 당사자 중심의 운동에 머물러 있고, 주거문제가 어느 정도 해결된 사람들은 남의 문제로 인식하거나 자기 이익관점에서 공간을 인식하기 때문에 사회 전체의 문제로 자리 잡지 못하고 있다. 개발과 내 집 갖기에 대한 관심이 크지만 주거권을 주택정책의 대상으로 인식할 뿐, 주거권이 기본 인권의 문제라는 인식을 하지 못하고 있다. 국제적 주거보호 선언들과 비교해볼 때 주거권이 인간 존엄성의 실현이라는 인간의 실존에 대한 인식이 부족하다 하겠다.

초생활보장제도의 부양의무자 및 재산기준의 개선을 신속히 검토하고 홈리스, 비닐하우스 주거자, 보호시설 수용자 등 최소한의 안정적인 삶조차 누릴 수 없는 사람들을 제도 내로 편입시켜야 한다고 밝혔다(http://www2.ohchr.org/english/bodies/cescr/cescrs43.htm).

Ⅳ. 주거실태로 본 주거정책의 방향

이 절에서는 우리나라의 주거실태를 통해 과연 인간의 존엄성 실현을 위한 주거정책이 시행되고 있는지를 살펴보고자 한다. 먼저 집짓기(주택건설)의 의미 찾기를 한 후 주거현황을 통한 실태, 유엔의 주거권을 기준으로 본 미비점 등을 살펴본 후 주거정책의 나아갈 방향에 대한 논지를 전개하고자 한다.

1. 집짓기의 의미와 주거실태

집짓기(주택건설)[6]의 본래의미는 주거안정에 있다. 집을 짓는 것은 집을 통한 인간의 의도, 목적, 영향력을 드러내는 행위이다. 집짓는 사람의 의도가 무엇을 계획하든지 집짓기는 사회적으로 유익하게 봉사하는 것이다. 물론 집짓는 사람의 선의지도 중요하다. 집은 물질적으로 지어지고 구체적 재료를 가지는 것이지만 집짓는 사람의 의지를 반영하게 된다. 집짓기의 관심은 결국에는 인간의 존엄과 존재 방식에 유익한가에 모아지게 되는데, 이런 측면에서 윤리적인 질문과 다르지 않다(Barry Wasserman, 2000).

실제로 집짓기는 인간다움을 실현하기 위한 것이다. 주거를 변화시키려고 하는 의도는 어떻게 살아가야 하는가 하는 질문에 하나의 답을 하는 것이다. 더 인간답게 살기 위해서 더 개선된 인간의 주거환경으로

---

6) 집짓기와 주택건설이 같은 뜻을 가진 말이지만, 쓰이는 데 있어서 차이가 생길 수 있다. 집짓기는 집의 본래 의미를 실현하기 위한 것이라면, 주택건설이라는 것은 개인적 차원에서라기보다는 국가나 기업이 여러 목적을 염두에 두고 행하는 것으로 차별화될 수 있다. 여기서는 두 용어의 의미를 확연하게 구별하지 않고 문맥에 따라 활용하고자 한다.

만들어가고자 집을 짓는다.

집짓기는 바로 인간의 삶을 풍부하게 하기 위해 땅 위에 행한 디자인의 과학이며 예술이다.[7] 집짓기는 재료의 구성과 건축 기술을 활용해서 인간의 의도를 실현하는 것이다. 집짓기는 장소와 인간주거 형태의 고려이고, 집이 지어지는 시대의 사회, 문화, 예술을 반영하는 것으로 도덕관의 물리적 선언인 것이다. 집짓기는 본질적으로 인간의 행복을 위한 선한 의도와 목적에서 이루어지는 윤리적인 작업인 것이다.

그러나 집짓기의 본래적 의미는 현실의 주거실태를 보면 이상에 머물고 있다는 것을 알 수 있다. 우리사회에서 외환위기를 겪고 난 후 근로빈곤층의 확대로 주거 빈곤의 문제도 점차 크게 부각되었다. 쪽방, 비닐하우스, 지하방, 옥탑방, 고시원 등 그 양상들로 보면 집을 짓는 것이 인간다움을 실현하기 위한 주거권의 확보인지 의문이 들 정도다.

이러한 주거문제는 현실 양태에 따라 크게 두 가지로 분류해 볼 수 있다(박원석, 2005). 주택법의 최저주거기준과 관련시켜 볼 때, 쾌적한 생활을 영위하기 위해 필요한 물리적 · 환경적 조건에 부합하지 못하는 주거문제이다. 쪽방, 비닐하우스, 지하방 같은 것이 예가 될 수 있다. 다른 하나는 임대주택 입주 가구들에서 발생하고 있는 문제처럼 최저주거기준에 부합하더라도 이를 유지하기 위한 비용이 소득에 비해 과다함으로써 발생하는 문제이다.[8]

빈곤층의 주거문제뿐만 아니라 일반 도시근로자들에게도 주거문제는 심각하다. 유엔정주권회의(UN HABITAT)는 소득대비 주택가격 비율(PIR: Price to Income Ratio)의 적정수준을 3~5배 정도로 규정하고 있

---

7) Oxford English Dictionary와 Webster's New World Dictionary에서 공통된 건축의 의미이다.

8) 미국주택도시 개발성(HUD)은 주거를 위해 가구 소득의 30% 이상 지출하는 경우를 주거비 부담수준이 과도한 것으로 보고 있으며, 통상적으로 소득대비임대료 비율이 20% 또는 30% 이상일 경우 적정 부담선을 상회하는 것으로 본다(김선미 · 최옥금 2009: 217).

다. 그런데 우리나라는 2010년 6월 현재 전국 평균 5.1배, 서울은 11.7배로 서울에서 집을 사려면 소득전액을 모을 때, 11.7년이 걸린다는 것이다.[9] 국토연구원의 '2008년 주거실태조사'에 따르면 비자발적 이동 비율은 저소득층이 8.62%로 고소득층 3.46%의 2배가 넘는다. 월소득 179만~350만 원인 중소득층도 7.12%가 자기 뜻과 상관없이 떠밀려 이사했다(국토해양부 연구보고서, 2009). 우리나라의 주택 보급률은 2002년에 100%를 넘어섰다고 하지만, 자가 가구 비율은 '2008년 현재 56.39%로 내 집을 소유하지 않거나 못하고 있는 비율이 저소득층의 경우 43.86%에 이르고 있다(국토해양부 연구보고서, 2009).

이러한 주거실태를 유엔에서 제시하고 있는 주거 권리 일곱 가지에 비추어 보자.

우리나라의 주거실태는 1) 점유자의 법적 보호(Legal security of tenure)와는 거리가 멀다. 임차기간은 법적으로 보호된다 하더라도 매년 월세가 오르기 때문에 점유의 안정성이 확보되지 않고 있다. 전월세 주거기반시설은 열악한 상태라 하더라도 전월세비는 폭등은 하되, 떨어지는 경우는 거의 없다는 것을 경험적으로 알 수 있다.

2) 서비스, 공공재, 지역기반시설 이용(Availability of services, materials, facilities and infrastructure)은 어떠한가? 깨끗한 물, 전기, 도로, 에너지 사용은 이전에 비할 바가 아닐 정도로 향상되었지만 빛이 들어오지 않거나 방음의 문제는 여전히 해결되지 않고 있다. 창문조차 없는 고시원이나 급하게 개조해서 세를 놓은 가건물이나 원룸 등은 화장실과 주방이 분리되지 않은 경우도 많다.

3) 경제적 적절성(Affordability)은 어떠한가? 각자의 경제적 처지에서 적절한 주거를 구할 수 없다는 점은 재언할 필요도 없다. 앞에서 살펴

---

9) 2009년 기준으로 서울은 9.4로 시드니(8.3), 뉴욕(7.0), 런던(6.9), 도쿄(5.8)보다 높게 나타나고 있다. "서울집값, 소득수준 비해 여전히 높다" http://finance.joins.com/article/finance/article.asp?total_id=4433704(검색일자: 2010.10.19).

봤듯이 서울에서 집을 사려면 소득전액을 모을 때, 11.7년이 걸린다는 것이다.

4) 주거가능성(habitability)은 어떠한가? 주거공간이 너무 좁아서는 안 된다는 기준인데, 가구당 주택사용면적은 69.29㎡이고 1인당 주거면적은 27.80㎡로 '06년 26.16㎡보다 1.64㎡ 증가하였다. 건교부의 최저기준[10]에 의하면 1인 가구의 구성은 방 1개와 부엌 1개가 딸린 12㎡이기 때문에 문제가 없다고 볼 수 있다. 그러나 이러한 평균치와는 달리 고시원이나 그보다 더 열악한 환경을 주거 가능한 최저기준을 확보했다고 볼 수는 없을 것이다.

5) 접근가능성(Accessiblity)은 어떠한가? 노인, 장애인, 어린이, 환자 등의 조건에 상관없이 접근이 용이해야 하지만 현재로선 충분치 않다. 수도권에 인구가 집중되어 있는 한 도시들의 접근 가능성은 약자들이 주변으로 밀리기 때문에 가능할 수가 없다.

6) 위치성(Location)은 어떠한가? 경제적 빈곤층이나 소수자들에게 생산활동기반과 사회시설로부터 인접한 곳에 집을 갖고 산다는 것은 경제적 문제로 가능하지 않다. 부유층들은 위치성으로부터 자유로우나 극빈자층일수록 원하는 곳에 살 수 없다.

7) 문화적 적당성(Cultural adequacy)은 어떠한가? 주택의 건설방식에 있어서 그 재료나 형태 등이 문화적 다양성을 인정해야 한다는 이 기준은 최소한의 주거조건과 견주어 보면 꿈과 같은 기준이다.

이상으로 집을 짓는 것의 의미와 주거실태를 연관지어 봤다. 주택건설의 본래적 의미를 실현한다는 것은 시장에 의해 주택이 분배되는 현실에서 쉽지 않다. 우리사회의 주거실태는 유엔의 주거 권리 관점에서 맞대어 봐도 집짓기의 본래 의미와 얼마나 소원한지를 선명하게 알 수 있다.

---

10) 2003년 11월에 시행된 주택법에 따라 정부가 공식적으로 제시하는 기준이다.

2. 주거정책의 방향

앞 절에서 살펴보았듯이 우리나라에도 주거권 보장을 위한 법적, 제도적 노력을 하고 있고 주거문제 해결을 위한 정책을 적극적으로 추진하고 있다. 그렇지만 인권적 시각으로 주거실태를 보면 여러 가지 문제들이 있다.

유엔 경제적 · 사회적 · 문화적 권리위원회의 제3차 대한민국 최종견해 권고항목에 따르면 최저주거기준 이하 생활자(206만 명), 공공임대주택제도, 노숙문제해결전략부재, 강제퇴거 등을 우려사항으로 제시하고 있다. 이 위원회는 '노숙문제해결전략 채택', '적정가격 주택을 제공하는 정책', 퇴거대상자들에게 임시주거를 보장함이 없이 어떠한 개발사업도 하지 말아야 한다는 점' 등 정책관련 사안들을 권고하고 있다.[11)]

국제사회의 이러한 우려사항이나 권고사안이 아니라 하더라도 우리나라의 주택정책에 대한 점검이 필요하다. 우리나라의 주택정책은 주거권을 기반으로 하지 않은 개발정책의 일환으로 이루어져 왔다. 1970년대까지는 저소득층의 주택문제에 대한 정부의 대응은 국공유지 무단점거에 대한 묵인이었다. 이후 1980년대 들어서면서 시 외곽의 무허가 정착지가 개발의 요지가 되었고, 밀어내기식 개발이 이루어지면서 달동네들이 아파트화되었다. 1980년대 후반에 들어 개발의 힘에 밀린 빈곤층의 주거문제에 대응하고자 공공임대주택을 건축하였다(김선미 · 최옥금, 2009). 그러나 주거권 개념이 도입된 것은 아니었다. 입주대상도 면밀히 파악하지 않아 공급 숫자 부족으로 대다수 도시빈곤층은 수도권의 저렴한 주거지를 찾아 지하셋방, 옥탑방, 비닐하우스촌, 쪽방 등에서 생활 하게 되었다.

---

11) 국가인권위원회, "유엔 경제적, 사회적, 문화적 권리위원회의 제3차 대한민국 최종견해 권고항목(제 6항-35항) 주제별 요약" 내부자료 참조.

주거복지정책이 사회보장제도의 분야로 인식되기 시작한 것은 1980년대 후반 영구임대주택의 건설 때부터라고 볼 수 있으나 그 당시 주거권이나 최저주거기준은 제도화되지 못하였다. 참여정부 시절인 2003년에야 건설교통부에 주거복지과가 신설되면서 주택에 복지개념이 결합되기 시작했고 주택법을 개정하는 과정에서 최저주거기준이 추가되었다. 요컨대 2000년대 이전의 우리나라 주택정책은 인권을 기반으로 한 것이 아니라 개발정책의 일환에 지나지 않았다.

2000년대 이전은 물론이고 지금도 우리나라 주택정책은 인권에 기반하고 있는 정책이라기보다는 재개발사업, 신도시사업, 경기 부양책의 경제적 측면에서 접근되고 있다. 그렇다면 앞으로의 주거정책의 방향은 어떻게 자리 잡아가야 할 것인가? 당연히 인권기반 주거정책이어야 할 것이다.

첫째, 주거권의 국제적 선언과 비교해볼 때 우리 사회에서 주거권에 대한 인식을 새롭게 할 필요가 있다. 흔히 주거권은 경제권, 사회권에 속하는 것으로 적극적 권리라고 여기고 있다. 물론 사회적 약자의 경제적 문제 차원에서 적극적 권리 찾기도 중요하지만, '유엔주거회의'와 '주거권에 대한 국제협약초안'에서 제시하고 있듯이 주거권은 '인간의 자유, 존엄성, 평등 그리고 안전에 필수적'이라는 자유권적 관점에서 접근할 필요가 있다.

둘째, 정부는 주거문제를 경제개발차원이나 경기부양, 혹은 복지구호정책의 일환으로 접근하기보다는 인간다움의 보호를 위한 인권 가치의 실현이라는 철학적 공감대를 바탕으로 정책을 펴나가야 할 것이다.

셋째, 주거권이 인권의 주요내용으로 자리 잡도록 하기 위해서는 주거권을 정부대상으로 주택정책을 마련하라는 '주거권보장'운동에 국한될 것이 아니라 주거권의 인권 담론을 확산시켜 나갈 필요가 있다(미류, 2008). 이렇게 할 때 주거정책도 개별 인간들의 도덕적 권리를 보호하는 인권에 기반을 둔 접근(RBA: Rights-based Approach)[12]으로 확장될 수 있을 것이다.

주거정책의 방향에 따라 내 집 마련을 할 수도 있고, 평생을 방랑자로서 주거정체성을 갖지 못하고 생애를 보낼 수 있다. 좋은 삶과 행복한 삶의 바탕에 공간적으로 시간적으로 거주하는 것이 있다는 점을 염두에 두고 정책입안자들은 현실정치에 매몰될 것이 아니라 다음세대까지 내다보는 주거정책을 펴나가야 할 것이다.

V. 결론

근대의 개인적 권리가 좋은 삶과 좋은 사회에 관한 윤리적 비전에 의해 뒷받침될 수 있었던 것에 비하면 오늘날 언급되는 세부 인권들은 규정이나 선언에 의해 뒷받침되는 측면이 강하다.

주거권도 당연히 좋은 삶에 대한 비전으로 윤리적 측면에서 주장되는 것보다는 현실의 시장경제적 메커니즘 속에서 법조항에 의해 뒷받침되고 있다. 경기가 나쁘면 건설부양정책을 펴고, 법조항을 바꾸어서라도 분양을 원활하게 하려고 하는 등 주택정책에 초점이 맞추어져 있다. 그러나 도덕적 권리에 의존하지 않고, 현실의 경제적 상황에 따른

12) 인권에 기반을 둔 접근은 권리의 실현과 침해, 의무의 이행과 불이행을 평가할 수 있는 관점을 제공한다. 인권에 기반을 둔 접근은 세 가지 핵심 요소를 지니고 있다. 모든 개발정책은 인권을 증진시키는 것을 목표로 해야 한다. 이를 위해서는 인권이 실현되지 못하는 구조적인 원인을 파악하는 명확한 분석이 바탕이 되어야 한다. 목표는 당연히 개발을 평가하는 기준이 된다. 둘째 인권과 관련된 기준이나 원칙들이 개발의 기획이나 추진 과정에서도 기준이 되어야 한다. 셋째, 개발은 단순히 어떤 물리적 조건을 개선하는 것을 넘어서 권리보유자가 권리를 요구할 능력을 개발하고 의무자가 의무를 수행할 능력을 개발하는 데에도 일조해야 한다는 것이다. "Human Rights: Questions & Answers"(http://www.un.org/cyberschoolbus/humanrights/qna.asp).

마련된 법적 권리에 의해 주거권을 제대로 누릴 수 있는가 하는 점은 부정적일 수밖에 없다. 정책입안자들이 주거권이 인권을 기반으로 하고 있다는 인식을 하지 못하는 한 주거정책은 경제논리에 지배될 가능성이 크다.

이 글에서는 주거정책에 있어서 인권에 토대를 두는 접근이 필요하다는 논지를 부각시키고자 했다. 신과 자연 및 인간의 관계에서 보면 인권은 인간중심적인 사상이라 볼 수 있다. 인간중심적인 시각에서 보면 인간의 주거공간은 다른 생물들의 서식지와는 달리 인간다움을 실현하는 문화적 공간이라 할 수 있다. 인간은 주거 공간 없이는 인간의 존엄성을 보호할 수 없게 된다. 동물들의 집과는 달리 인간사회 내에서 주거의 확보는 육체적 보호뿐만 아니라 정신적 안식처로서 인간에게 공간정체성을 부여한다. 주거권은 사회의 올바름을 지향하는 모든 인간에게 부여되는 인권으로 접근하는 것이 마땅하다 하겠다.

현실법적인 측면에서 유엔에서 채택된 규약에 의거하면 주거권은 경제적, 사회적, 문화적 권리로서 제도적인 측면에서 모든 인간을 보호할 수 있도록 적극적 승인과 확장을 시도하는 것으로 볼 수 있다. 이럴 경우 주거권은 현실정책의 지엽성과 관련되기 때문에 "인권 본래의 의미를 희석(thin)시킨다(고은태, 2009)."는 우려를 낳기도 한다. 이런 시각에서 보면 주거권은 오히려 인간다움을 실현할 수 있는 자유와 관련되는 것으로 유엔에서 채택된 시민적, 정치적 권리로 볼 수도 있기 때문이다. 그런데도 우리사회에서 주로 주거권을 주거정책적 측면이나 사회권의 시각에서 접근하고 있다.

주거권에 대한 국제적 선언이나 논의에 비추어 봐도 우리나라에서 주거권에 대한 접근은 인권기반접근과는 거리가 있다는 것을 알 수 있다. 앞으로는 주거권을 단지 경제적, 사회적, 문화적 권리라는 관점에서 벗어나 자유권의 관점에서 접근할 필요가 있다. 주거권이 시장경제논리에 묻히는 현실을 감안하면 시민적, 정치적 권리의 측면에서 인식되어야 한다는 것이다. 정부는 주거문제를 시장경제논리에 따라 일자리 창출이나 경기부양의 일환으로 접근하기보다는 인간다움의 보호를 위한 인권 가치의 실현이라는 철학적 공감대를 형성해야 할 것이며, 주거정책이 인권담론을 바탕으로 해서 이루어지는 것이 사회를 건강하게 하는 주거정책이 될 것이다.

참고문헌

강인호 · 한필원. 2001. 『주거의 문화적 의미』. 세진사.

강학순. 2007. "공간의 본질에 대한 하이데거의 존재 사건적 해석." 『하이데거연구』 제15집: 383.

고은태. 2009. "인권의 시각에서 본 주거권 -인권 틀의 변화." 『공간과 사회』 제32호: 247.

곽광수 역. 2003. 『공간의 시학』. Gaston Bachelard. 1957. *(La)Poetique de l'espace.* 서울: 동문선.

국가인권위원회. 2009. "유엔 경제적, 사회적, 문화적 권리위원회의 제3차 대한민국 최종견해 권고항목(제 6항-35항) 주제별 요약." 내부자료 참조.

______. 2005. 「개발지역세입자 등 주거 빈곤층 주거권 보장 개선방안을 위한 실태조사」. 국가인권위원회.

김대균. 2006. "집짓기의 윤리적 특성에 대한 고찰." 『현상 · 해석학적 교육연구』 제4권 1호: 129.

김병욱. 2009. "인권에 관한 윤리철학 및 정치철학 측면의 검토." 『윤리연구』 제73호.

김선미 · 최옥금. 2009. "근로빈곤층의 주거실태 및 주거안정에 관한 연구." 『사회복지정책』 vol. 36, No.3: 217.

김철효 역. 2006. 『인권, 이론과 실천』. Michael Freeman. 2002. *Human Rights: An Interdisciplinary Approach.* 서울: 아르케.

미 류. 2008. "'개발'이 아니라 '인권'을 기다려야 한다." 『도시와 빈곤』(통권 88호): 10.

박원석. 2005. "주거기본권 관점에서 본 저소득층의 주거문제와 정책과제." 『도시와 빈곤』.

안옥선. 2008. 『불교와 인권』. 불교시대사.

양명수. 1997. 『녹색윤리』. 서광사.

양영미 · 김신 역. 2010. 『인권을 생각하는 개발 지침서』. Bard A. Andreassen et al. 2007. *Development As a Human Right: Legal, Political, And*

Economic Dimensions. 서울: 후마니타스
이기상 역. 1990.『실존철학』. Franz Zimmermann. 1977. *Einfuhrung in die Existenzphilosophie*. 서울: 서광사.
인권법교재발간위원회 편저. 2006.『인권법』. 아카넷.
전진성 역. 2009.『인권의 발명』. Lynn Hunt. 2007. *Inventing Human Rights: a history*. 서울: 돌베개.
조효제. 2007.『인권의 문법』. 후마니타스.
최 현. 2008.『인권』. 책세상.
하성규. 2010. "헌법과 국제인권규범을 통해본 주거권과 '적절한 주거(adequate housing)' 확보방안."『한국사회정책』 제17집 제1호.

Levin, Leah. 2009. *Human Rights, Questions & Answers*. UNESCO.
Wasserman, Barry. Partrick Sullivan & Gregory Palermo. 2000. *Ethics and the Practice of Architecture*. John Willey & Sons, Inc.

Http://habitat.igc.org/vancouver/van-decl.htm(검색일: 2010. 7.29).
Http://www.un.org/documents/ga/res/46/a46r163.htm(검색일: 2010. 7.29).
Http://www.ngo-monitor.org/article/_many_rights_some_wrong_ "Human Rights: Questions & Answers"(검색일: 2010. 7.29).
Http://www.un.org/cyberschoolbus/humanrights/qna.asp(검색일: 2010. 7.29).
Http://www2.ohchr.org/english/bodies/cescr/cescrs43.htm(검색일: 2010. 7.29).
UN Commitee on Economic, Social and Cultural Right. 1991. "General Comment No.4 on Right to Adequate Housing."
UN Special Rapporteur on Housing Rights. August 1994.

제6장

인권과 노동법

김상호

Ⅰ. 서설

인권은 '인간의 권리'의 줄인 말로 매우 광범위한 개념이다. 국어사전에서는 "인간으로서 가지는 당연한 권리"로 설명되는데 이처럼 국어사전적으로 이해하면 그 한계가 그어지지 않는다. 인간이 사인(私人) 사이에서 갖게 되는 당연한 권리로서 예컨대 금전소비대차관계에서 빌려준 사람이 갖는 금전반환청구권도 인권으로 볼 수 있게 되기 때문이다. 그러나 이런 설명이나 예는 우리의 경험과 인식에 바탕을 둔 인권의 고유한 영역과는 거리가 멀다.

여기서 법률용어사전을 참고할 필요가 있는데 "인간이 인간답게 존재하기 위한 보편적인 인간의 모든 정치, 경제, 사회, 문화적 권리 및 지위와 자격을 총칭하는 개념"이라고 한다. 더 나아가 우리나라에서 인권침해를 예방하고 분쟁을 해결하고자 제정된 국가인권위원회법을 보면 인권이 개념을 "헌법 및 법률에서 보장하거나 대한민국이 가입·비준한 국제인권조약 및 국제관습법에서 인정하는 인간으로서의 존엄과 가치 및 자유와 권리"라고 정의한다(제2조 제1호). 이렇듯 법학적 관점에서 보면 인권 개념의 한계를 긋기 위해 '헌법 및 법률'이니 '보편적 인간'이니 '존엄', '가치', '자유'니 하는 구성요소를 설정하고 있는 것이다. 필자는 인권을「인간이 국가나 사회로부터 인격체로서 존중받을 권리」의 의미로 볼 때 그 핵심이 보다 분명해진다고 생각한다. 왜냐하면 인권이 침해된 경우 인권을 회복시켜야 하고 시킬 수 있는 주된 주체는 국가나 사회이기 때문이다. 따라서 여기서는 주로 인간이 국가나 이에 준하는 세력주체로부터 인격적으로 존중받아야 할 존재라는 관점에서 접근하고자 한다.

한편, 우리나라 법학, 특히 헌법학에서는 이런 인권을 대신하여 기본권이라는 용어가 주로 사용되고 있다. 그리고 기본권은 자유권적 기본권, 평등권, 청원권, 참정권, 사회권적 기본권으로 구분될 수 있는데, 이 중에서 자유권적 기본권과 사회권적 기본권을 비교한다면 전자는 국가에 의한 국민의 자유에 대한 부당한 지배와 간섭으로부터 소극적으로 해방시켜 주는 것을 핵심으로 하고, 후자는 국가의 적극적인 작용과 개입에 의한 지원으로 그 권리를 실현시키는 것을 핵심으로 한다.[1] 특히 오늘날 우리나라 헌법에서는 복지국가원리[2]가 채택되어 있기 때문에 국가는 국민의 기본권을 실현시키기 위해 적극적으로 입법, 재정 및 조

---

1) 헌재 1998. 2. 27. 94헌바13 참조.

2) 헌재 1999. 12. 23. 98헌마363: "헌법은 實質的 平等, 社會的 法治國家의 原理에 立脚하여 이들의 권익을 국가가 적극적으로 보호하여야 함을 여러 곳에서 천명하고 있다. 성별에 의한 차별을 금지하고 있는 헌법 제11조, 인간다운 생활을 할 권리를 보장하고 있는 헌법 제34조 제1항 외에도, 위에서 본 헌법 제32조 제4항, "국가는 여자의 복지와 권익의 향상을 위하여 노력하여야 한다"고 규정하고 있는 헌법 제34조 제3항, "신체장애자 및 질병·노령 기타의 사유로 생활능력이 없는 국민은 법률이 정하는 바에 의하여 국가의 보호를 받는다"고 규정하고 있는 헌법 제34조 제5항, "국가는 모성의 보호를 위하여 노력하여야 한다"고 규정하고 있는 헌법 제36조 제2항 등이 여기에 해당한다."

직을 마련해야 할 의무를 명백히 가지고 있다. 그리고 이 중에서도 이런 기본권을 실현시키기 위한 국가의 입법적 기능은 더더욱 중요하게 평가되고 있다고 본다.

그런데 오늘날 기본권은 국가와 국민뿐만 아니라 국민들 사이에서도 침해되는 사례가 늘어나고 있다. 따라서 몇몇 기본권(특히 평등권과 노동 3권)에 대해서는 대사인적 효력(對私人的 效力)이 인정되어 국민도—국민이 조직하는 법인 또는 단체까지 포함하여—기본권을 존중하여야 한다고 보고 있다. 이런 점에 있어서는 결국 어떤 기본권이 국민들에 의해서도 존중되어야 할 것인지 구체화하는 작업이 필요하다고 본다. 또한 기본권은 공공복리, 질서유지, 안전보장과 같은 공익에 의해 제한되거나 국민들 상호 간에서 양 기본권이 서로 충돌하는 경우가 존재하고 있는 바 양자의 조화를 모색하거나 양자 중에 더 우선하는 가치가 무엇인가 하는 비례성의 원칙, 비교형량 혹은 서열이론 등을 통해 정리를 해야 하는데, 바로 입법자는 이런 점에서 역할이 중요하며 이런 문제의 사후적 해결기관이라고 할 헌법재판소의 판단이 중요하게 부각되고 있는 것이다.

다음으로, 노동자(법률용어로는 근로자)와 관련된 인권사례에서는 '노동인권'이라는 용어가 사용될 수 있겠지만 노동법학계에서는 '근로자의 기본권' 내지 '노동기본권'이라는 표현을 사용하고 있다. 그리고 이런 기본권의 보장을 위해 「근로기준법」, 「최저임금법」, 「노동조합 및 노동관계조정법」, 「근로자참여 및 협력증진에 관한 법률」과 같은 다수의 법률이 제정되어 있고 그 내용에서는 보장의 내용과 기준이 정해져 있다. 예를 들어 '근로자의 실직위험으로부터의 보호'를 위해 「근로기준법」 제23조가 "사용자는 정당한 이유 없이 근로자를 해고할 수 없다"고 규정한다. 또한 근로자의 최저생계를 고려하여 최저임금법에서는 최저임금을 정하고 있는데, 2011년 최저임금은 4,320원이다. 이렇듯 노동기본권, 즉 노동인권은 법률에 의하여 구체적으로 실현된다.

필자의 사견으로, 현재 우리나라가 직면하고 있는 노동인권 의제로는 다음의 사항들을 들 수 있겠다.

- 체류자격이 없는 외국인근로자 문제
- 비정규근로자에 대한 차별 문제
- 특수근로형태종사자의 생존배려 문제
- 청년실업의 해소 및 고용확보문제
- 사무직 혹은 관리직 근로자(소위 화이트 칼라 근로자)의 직권면직 등 실직 문제
- 근로자의 건강 및 생명을 보호하는 산업안전 및 근로시간 규제의 문제
- 공공부문 근로자의 집단적 노동권행사에 대한 제약 문제
- 쟁의행위에 대한 업무방해죄로의 규제 문제
- 소수 노조의 교섭권보장 문제
- 노조전임자의 임금지급제한 문제 등이 있다.

한편, 최근에 발표된 유엔의 '경제적, 사회적, 문화적 권리위원회'의 대한민국에 대한 제3차 최종견해 중 권고항목(제6항 내지 35항)에 따르면, 노동인권의 개선 항목으로는 다음의 사항을 들 수 있겠다.

- 여성 및 청소년 실업(제14항)
- 비정규직(제15항)
- 최저임금(제16항)
- 직장내 성희롱(제17항)
- 산업재해(제18항)
- 공무원 노동 3권(제19항)
- 업무방해죄와 파업권(제20항)이 있다.

결국 필자가 제시한 문제와 유엔에서의 노동인권관련 권고사항이 기

본적으로 일치하고 있음을 알 수 있다. 이하에서는 항목별로 주요 쟁점을 소개하고자 한다.

II. 주요 쟁점별 고찰

1. 체류자격이 없는 외국인근로자 문제

2010년 8월 기준, 국내에 체류하고 있는 외국인근로자는 합법체류 49만 8천 명, 불법체류 51,544명으로 대략 55만 명에 이르는 것으로 파악된다.[3] 이 중에 인권침해의 문제는 주로 불법체류 외국인근로자와 관련하여 발생하고 있다. 먼저, 불법체류 외국인근로자를 단속하고 출국조치를 취함에 있어서 다치거나 사망하는 사고의 발생이다.[4] 법무부 출입국관리사무소 직원들은 단속 시 불법적인 구타를 하지 않는 등 철저한 준법의식이 필요하다는 지적을 받고 있다. 따라서 외국인근로자들이 도주하다가 추락사고가 나는 일이 없도록 안전하게 관리하여야 할 것이다. 또한 노동부 근로감독관의 경우도 '선구제 후출국'의 원칙을 준수하여 체불임금 등을 받아 나갈 수 있게 해주어야 한다고 지적받고 있다.[5]

---

3) 법무부 출입국외국인정책본부팀, 『출입국외국인정책 통계월보』 2010년 8월호, 20면.

4) 2007년 2월 11일 여수보호소에서의 화재발생으로 인하여 10명의 이주노동자들이 목숨을 잃고 17명이 심각하게 다친 사건을 말한다. 출처: 여수보호소 참사 3년 "부상자 15명 여전히 고통 호소," 오마이뉴스(윤성효, 2010.02.10 10:55).

5) 연합뉴스(최병길 기자), 2002-09-16, 13:46: "경남외국인노동자상담소(소장 이철승)는 지난달 도내 기업체에서 활동 중인 중국과 인도네시아 등 12개국 외국인노동자 247명을 대상으로 외국인노동자 인권실태 설문조사를 실시한 결과, 응답자

또 다른 노동법상 쟁점은 '체류자격이 없는 외국인근로자가 참여한 노조를 적법노조로 볼 것인가 불법노조로 볼 것인가' 하는 점이다. 한 사례를 들면, 다음과 같다:

"서울, 경기, 인천지역에 거주하는 외국인 노동자 91명은 2005. 4. 24. 노동조합 창립총회를 개최하여 규약을 제정하고 위원장 및 회계감사 등 임원을 선출한 다음, 같은 해 5. 3. 노동부장관에게 규약 1부와 위원장 1명의 성명 및 주소, 회계감사 2명의 각 성명 등을 첨부한 노조의 설립신고서를 제출하였다. 피고 서울지방노동청장(노동부장관으로부터 일정한 노동조합 설립신고서 수리권한을 위임받음)은 2005. 5. 9. 위 노조에게 소속 조합원들의 취업자격 유무 확인을 위한 조합원명부 제출(성명, 생년월일, 국적, 외국인등록번호 또는 여권번호 기재)을 요구하였다."

위 노조는 그 보완요구사항이 「노동조합 및 노동관계조정법」(이하 "노노법"이라 한다.)에서 필요적으로 요구하는 설립신고요건에 해당하지 않는다는 이유로 이를 보완하지 아니하였고, 서울지방노동청장은 2005년 6월 3일 위 노조가 위 보완사항에 대하여 보완하지 아니하였을 뿐만 아니라, 노조가입자격이 없는 불법체류 외국인을 주된 구성원으로 하여 노노법에서 정한 노동조합으로 볼 수 없다는 이유로 원고 노조의 설립신고서를 반려하는 처분을 하였다.

이에 대해 위 노조는 노동조합설립신고서반려처분 취소소송을 서울행정법원에 제기하였다. 서울행정법원은 이에 대해 이유가 없다고 하여 기각 판결을 내려 결국 고용노동부의 입장을 들어 주었다. 반면, 서

가운데 55.1%가 한국에서 생활하며 임금체불을 당한 경험이 있는 것으로 응답했다고 11일 밝혔다. 이들은 또 한국에서 가장 절실하게 해결돼야 할 문제로는 체불임금이 20.1%로 가장 높게 나타났으며 귀국 13.6%, 질병치료 10.2%, 회사변경 9.4%, 언어소통 9.2%, 구직 8.9% 순이다."

울고등법원(서울고법 2007. 2. 1. 선고 2006누6774) 판결의 태도는 이와 반대로 원고의 주장에 이유가 있다고 하여 1심 판결을 취소할 뿐만 아니라 위 고용노동부의 반려처분을 취소시키는 판결을 내렸다. 그 요지는 다음과 같다:

> "불법체류 외국인이라 하더라도 우리나라에서 현실적으로 근로를 제공하면서 임금·급료 기타 이에 준하는 수입에 의하여 생활하는 이상 노동조합을 설립할 수 있는 근로자에 해당한다고 보아야 할 것" 이라는 것이다.

이에 대해 고용노동부에서는 대법원에 상고하였기 때문에 머지않아 나올 대법원 판결의 귀추가 주목된다.

다음으로, 적법한 외국인근로자의 경우에도 인권침해의 문제가 한 가지 정도 제기될 수 있다고 본다. 「외국인근로자의 고용 등에 관한 법률」 제25조에서는 사용자 측의 사정이 있거나 사용자의 근로계약위반 등 귀책사유가 있는 경우에 다른 사업장으로의 변경을 허용하되 원칙적으로 근로자 임의로 사업장을 변경하는 것은 금지하고 있다. 그리고 사용자 측의 사정이 있어서 변경하는 경우에도 동조 제4항에서는 원칙적으로 3회로 제한하면서 예외적인 경우에 한해 1회 추가 변경을 허용하고 있다. 하지만 이런 근로자 의사에 따른 사업장변경을 금지하거나 제한하는 것은 외국인근로자의 정주화를 방지하는 차원에서 일부 정당성을 발견할 수 있으나 근본적으로 계약자유 중 상대방선택의 자유를 과도하게 제한한다는 비판을 받을 수 있다고 생각한다.[6]

---

6) 이 규정에 대해서는 헌법소원심판이 청구되어 있고 아직 계류 중이다(2007. 9. 21. 접수, 2007헌마1083). '외국인근로자의 고용 등에 관한 법률' 제25조 제4항 및 동법 시행령 제30조 제2항이 청구인들의 직업선택의 자유 등을 침해하였는지 여부 등이 쟁점이다.

2. 비정규근로자에 대한 차별 문제

비정규근로자는 「기간제 및 단시간근로자 보호 등에 관한 법률」(이하 "기간제법"이라 한다) 혹은 「파견근로자보호 등에 관한 법률」(이하 "파견법"이라 한다)이 적용되는 기간제근로자, 단시간근로자, 파견근로자를 의미하며 이들은 각각 기간의 정함이 없는 근로자, 전일제의 통상근로자, 직접 고용된 근로자와의 업무의 비교 속에서 불합리한 차별을 받지 않도록 차별이 금지되어 있다(기간제법 제8조 제1항 또는 제2항; 파견법 제21조). 그런데 차별의 금지는 주로 사용자에 의한 부당한 배제를 문제로 삼는다.[7)]

따라서 차별금지의 법적 효과는 단순히 금지로 끝나는 것이 아니라 법적 보호로부터 배제된 사람들을 다시 통합적으로 그 규율 속에 포함시키는 방법을 취하여야 완전한 것이다. 우리 노동법에서는 차별을 받은 근로자가 노동위원회에 차별시정신청을 통해 적절한 금전보상,[8)] 근로조건 개선을 관철할 수 있도록 되어 있다. 그러므로 현재 비정규근로자에 대한 사업주의 차별적 처우의 위험성은 상당한 정도로 제거될 수 있는 법제가 마련되어 있다고 볼 수 있다.

그러나 근로관계 중에 비정규근로자가 개별적으로 사업주를 상대로

---

7) 기간제법 및 파견법의 해설에 대해서는 김상호 · 최영진 · 유정엽 · 김기우 · 조삼제, 『비정규직법해설서』, 한국노총중앙연구원 연구총서(2007) 참조; 차별의 금지와 관련해서는 De Schutter, *Discimination et marché du travail*(2001), p.27.

8) 기간제법 제13조에 따르면 노동위원회 시정명령의 내용으로 적절한 금전보상을 명시한다. 그런데 만일에 비정규근로자가 노동위원회에 시정명령을 신청하는 절차를 밟지 않고 법원에 기간제법 제8조 제1항 또는 제2항을 근거로 금전보상을 청구할 경우에는 그 청구의 근거에 대해서 논란이 발생할 수 있다. 필자의 의견은 제8조 제1항 또는 제2항이 근거가 된다는 입장인데 다음의 견해를 소개한다(Schaub, *Arbeitsrechtshandbuch,* 9. Aufl., 2000, § 112. Rdnr. 27; Schaub, a.a.O., § 44. Rdnr. 20: "원칙적으로 사용자가 이와 같은 차별금지규범을 준수하였다면 기간제근로자에게도 행하였을 균등한 처우에 대한 의무가 사용자에게 발생한다고 해석될 수 있는 경우, 위와 같은 균등처우의 청구가 인정될 수 있다").

국가에 차별시정신청을 한다는 것은 기대하기 어렵다고 생각되며 이런 이유에서 차별시정절차의 신청이 저조한 것이라고 생각된다.[9] 노동조합이나 이에 준하는 근로자대표기구가 시정요구를 할 수 있어야만 비로소 사업장에서의 차별은 본격적으로 시정될 수 있다고 본다.

다른 한편, 기간제근로자가 무기계약근로자로 전환되었음에도 완전한 정규근로자가 아닌 소위 '중규직' 근로자로 남아 있는 경우가 많이 있는데 임금, 복리후생 등 근로조건에 있어서 정규근로자 보다 못한 처우를 그대로 방치하는 문제가 있다. 이 점은 근로자들 간 고용형태상의 이유로 인한 차별문제를 해소함에 있어서 기간제법 제8조 제1항 및 파견법 제21조 제1항의 차별적 처우의 금지 규정만으로는 부족하고, 근로기준법상의 일반적 차별금지 조항인 제6조[10]를 보완해야만 해결될 수 있음을 뜻한다. 즉, 정년이 보장된 무기계약근로자들 간에서도 직군 내지 직렬이 다르다는 이유만으로 다른 실제적인 이유 없이 불리한 처우가 초래된다면 시정제도를 통해 개선할 수 있게 해야 하는 것이다.

마지막으로 파견근로자가 아닌 하청근로자(또는 하도급근로자)가 원청회사 내에 그 직원들과 혼재하여 근무하는 경우에, 차별시정신청과 관련하여 이 하청근로자가 과연 파견법 제21조상의 파견근로자에 포섭될 수 있는지의 선결문제가 제기될 것이다. 따라서 비정규근로자의 차별문제를 전담하는 노동위원회가 이 문제 역시 함께 해결할 수 있도록 제도적 보완이 요청된다. 따라서 모든 사내하청 근로자는 아니더라도, 위장도급 및 사실상 파견근로자임을 확인받은 경우에는 파견법 제21조상의 차별시정신청을 할 수 있어야 한다.

---

9) 예컨대 경남지방노동위원회에 차별시정이 접수되는 사건 수가 매년 10건 이내이다.

10) "사용자는 근로자에 대하여 남녀의 성을 이유로 차별적 처우를 하지 못하고 국적 · 신앙 또는 사회적 신분을 이유로 근로조건에 대한 차별적 처우를 하지 못한다."

3. 특수형태 근로종사자의 생존보호 문제

레미콘 차주겸운전자,[11] 학습지상담교사, 보험모집인 등과 같은 특수형태 근로종사자들의 경우 노동법의 적용을 극히 제한적으로만 받고 있다. 이들에 대해서는 「산업재해보상보험법」 제125조에 따라 산업재해보상보험의 피보험자로 보호되는 것뿐이고, 근로조건의 보호로서 논의될 수 있는 연차휴가나 산전후휴가나 해고보호, 퇴직금 등이 주어지지 않으며, 단결권 · 단체교섭권 · 단체행동권의 노동 3권이 보장되지 않아 집단적 교섭방식에 의한 처우조건 개선의 기회 역시 보장되어 있지 않다.

그러나 특수형태 근로종사자도 엄격한 의미의 근로자와 마찬가지로 특정의 사업주에게 노무를 제공하여 생계비를 확보하는 경제적 종속상태에 있기 때문에 법정근로조건 중 산전후 휴가, 연차유급휴가(소위 바캉스 휴가), 해고 시 사용자의 예고의무 등은 근로자들과 동일하게 적용되어야 하며, 이들 항목에 대해서는 집단적 교섭방법에 의한 처우개선의 가능성도 열려 있어야 할 것이다. 이러한 문제와 관련하여 참고로, 독일의 경우 연방휴가법,[12] 가내근로법,[13] 단체협약법[14] 등에서 소위 '근로자에 유사한 자(arbeitnehmerähnliche Personen)'에게 위의 법적 보호를 제공한다.

---

11) 이에 대한 심도 있는 고찰은, 강희원 · 이상윤 · 조준모 · 김영문, 『특수고용직 종사자의 법적 지위—레미콘 운송차주를 중심으로』(2002)에서 이뤄져 있다.

12) 연방휴가법 제2조의 적용범위에서 유사근로자에 대하여도 동법을 적용한다고 명시하여 근로일 24일의 연차휴가(제3조 제1항)가 보장되도록 규정하고 있다.

13) 가내노동법은 가내근로자와 가내공업인(Hausgewerbetreibender) 및 이에 준하는 자를 대상으로 규율한다. 주된 보호내용으로는 근로시간의 보호(제10조 및 11조), 위험으로부터의 보호(제12조 내지 제16조 a), 임금 기타 급부의 보호(제17조 내지 제19조 및 제24조), 해고보호(제29조) 등이 있다.

14) 단체협약법 제12조의 a.

4. 청년실업의 해소 및 고용확보 문제

청년실업률이 6%를 넘고 전체 실업률의 두 배에 이른다는 것은 최근 몇 년간의 현상이다. 청년들이 기성세대와 달리 제대로 일자리를 확보하지 못하고 특히 양질의 일자리(decent work)를 확보하지 못한다는 것은 우리 사회의 장래가 여러 측면에서 어려운 국면에 처해진다는 것을 의미한다. 정부가 청년실업자에 대해 취업할 수 있도록 개별적으로 지원하거나 관리하는 일이 필요한데 여전히 시장논리에 맡기고 있기 때문에 특별한 변화가 나타나지 않고 있다.

다른 한편, 산업현장에서는 취업 근로자의 연간 근로시간이 2,200시간을 넘는 만큼 법정근로 외에 연장근로를 하는 것이 일반 경향이고 연차유급휴가의 경우도 실제로 사용하지 않고 대부분을 금전으로 보상받는 경향도 줄어들지 않고 있는데 바로 이런 점을 개선하여 고용창출로 연계하는 제도적 보완이 요청된다고 본다.

한 방안으로서 연장근로 시 적용되는 근로기준법상의 할증률을 50%가 아니라 25%선으로 낮추도록 제도적 변화를 꾀할 경우(이는 프랑스를 비롯하여 유럽의 일반적 수준임), 취업근로자는 연장근로 종사의 장점은 줄어들 것이므로 그만큼 사업주는 신규고용으로 나아갈 가능성은 높아진다고 본다. 다른 한편, 취업 근로자들에게는 "근로시간계좌" 제도를 통해[15] 연장근로시간을 수년간 적립할 수 있도록 하여 안식년과 같은 장기휴식의 기회도 만끽하고 자기개발의 기회를 가질 수 있도록 해 줄 필요도 있다.

이와 같이 기존 취업자의 고용기회에 대한 분배와 조정으로 청년실업자의 취업기회를 늘리는 다양한 방안이 고려될 필요가 있다고 생각한다. 비정규직이나 청년실업자의 문제는 국가의 노력만이 아니라 일

---

15) 김상호, "프랑스의 근로시간법제에 관한 비교연구," 『노동정책연구』 제8권 2호 (2008), 5면 참조.

밖 근로자나 기업의 협조가 따라야만 비로소 해결될 수 있는 문제인 만큼 노사관계가 신뢰에 기초하여 안정적이 될 때 비로소 가능할 것이라고 본다.

5. 사무직 혹은 관리직 근로자(소위 화이트칼라 근로자)의 직권면직 등 실직 문제

대기업의 사무직 혹은 관리직 근로자의 경우 회사에서 정년조항을 제대로 지키지 않고 조기에 퇴직시키는 문제가 있다. 이런 것을 빗대어 '사오정 · 오륙도'라는 말이 사용되고 이런 것을 조금이라도 개선시켜 보고자 정년보장형 임금피크제가 몇몇 기업에서 도입되고 있다. 또한 대기업의 사무직 혹은 관리직 근로자의 경우 저성과를 나타내거나 고과점수가 낮을 경우에는 후선 업무에 배치하거나 대기발령상태로 두다가 직권면직으로 처리하는 문제도 있다.

이외에도 대기업에서는 이런 근로자에게 과다한 업무를 부과함으로써 연장근로나 휴일근무로 이끌거나 휴가사용을 어렵게 하는 등의 문제도 발견된다. 여기서 회사는 근로자의 자발성에 기초한 것이라 하여 블루칼라 근로자와 달리 휴식시간을 제대로 보장하지 않는데 반드시 개선되어야 할 부분이다.

근본적으로는 소위 화이트칼라 근로자들에게도 노동조합과 같이 집단적 형태의 근로자대표기구나 보호기구가 반드시 마련될 필요가 있다. 특히 우리나라의 노사협의회는 노조와 달리 전체 근로자를 대표하는 기구이므로 직급별로 골고루 근로자의 고충을 처리하거나 이익을 대변하는 것이 원칙이며, 따라서 노사협의회가 발전된다면 화이트칼라 근로자의 인권보호 차원에서 유용한 효과를 나타낼 것으로 보인다.

6. 근로자의 건강을 보호하는 산업안전 및 근로시간규제의 문제

우리나라에는 산업안전보건법이 제정되어 있고 최근에도 근로자의 안전과 보건 등 산재예방을 위해 법제도가 계속 보강되고 있다. 그러나 여전히 요청되는 것은 한 사람의 산재사망 사고도 나지 않도록 사람을 귀하게 여기는 산업현장의 풍토 조성이 중요하다고 본다.

제도적으로는 사용자의 교육훈련실시의무가 치밀하게 규율되어야 하며, 위험성 평가 실시의무가 명시적이 되어야 한다. 위험성 평가에서는 위험에의 노출수준을 낮출 수 있는 예방대책이 함께 제시되어야 하고 그 기본방향은 위험한 요소의 사용을 대체하거나 제한하되 부득이 사용하여야 할 경우에는 그 보호책을 철저하게 강구한다는 것이 될 것이다. 위험성평가 결과는 보건안전근로조건위원회, 근로감독관 및 사회보장기관의 예방업무담당자들이 함께 파악할 수 있도록 하여 사용자의 임의에 맡겨두어서는 아니 된다고 본다.

한편, 우리나라 근로기준법 제50조에서는 법정근로시간으로 주 40시간을 보장하고 일반적으로 주5일제 형태로 시행되고 있어서 근로자 건강보호에 많은 기여를 하고 있다고 볼 수 있다. 그러나 여전히 근로자는 법정근로시간을 넘어서는 연장근로에 대한 형식적 합의를 통해 어려움 없이 연장근로에 임한다. 그 결과 우리나라는 2010년 OECD통계연보에 따르면 2008년 기준으로 연간근로시간이 2,256시간이며 이것은 OECD평균 1,764시간보다 약 500시간이나 더 많이 근로하고 있는 것이다. 이것은 근로자의 건강보호 관점이나 일 · 가정양립의 관점에서 바람직하지 못한 것이다.

유럽의 여러 나라에서는 근로시간을 근로자의 건강보호 관점에서 공법적으로 철저하게 규제하는 반면 우리나라는 이런 건강보호관점을 관철시키지 않고 단지 50%의 고율의 할증료를 부과하는 방법으로 완화된 규제를 적용하고 있다. 따라서 근로자 스스로가 연장근로수당을 원할 때에는 이와 같은 규제는 그 실효성을 잃는 약점이 존재하는 것이다. 연장근로에 대해서는 근로자의 건강보호 관점에서도 엄격하게 규제할 필요가 있다.

7. 공공부문 근로자의 집단적 노동권행사에 대한 제약

이명박 대통령의 노동정책의 하나인 '공공부문 선진화 계획'은 공공부문의 경쟁력을 높여 중장기적 고용창출력의 확충을 꾀하려는 목표를 갖고 있는 것이다. 그런데 내용 중에는 단체협약에서 정한 인사경영권에 대한 노조의 관여를 폐지 또는 최소화하려는 것이나, 사용자의 노조에 대한 편의제공을 축소하려는 것도 포함하고 있다. 따라서 2009년 11월 이후 한국노동연구원, 한국철도공사, 한국가스공사 등 공공부문에서 사용자의 일방적인 단체협약 해지가 지속적으로 발생하고 있다. 단체협약의 해지는 무협약상태를 의미하고 노동조합을 위한 제반활동보장 및 최소한의 편의제공 조항들의 소멸을 뜻하기 때문에 노사관계의 불안정을 야기하는 것이다. 이런 점에서 해지권의 행사는 법적으로 제한받아야 하고, 특히 기업별 단위노동조합의 존립보호 및 기업별노사관계의 존속유지를 위해 노사 모두에게 단체협약의 일방해지를 제한하는 입법이 필요하다. 즉, 해지의 이유를 문서로 밝히도록 하고 정당한 이유가 있는 경우에 비로소 해지가 허용되는 것으로 제한하는 방법을 고려해 볼 수 있다.

다음으로, 공무원노조의 경우 노동계는 단체행동권의 보장을 요구하고 있지만 현행법은 쟁의행위를 포괄적으로 금지하는 문제가 있다. 공무원의 단체행동권 행사는 그 목적이 근로조건의 향상에 있더라도 이미 공무원에게는 적정한 공무원보수규정에 의한 보수지급이 마련되어 있고 이와 별도로 공무원의 지위에 대해서는 계약에 의한 법률관계가 아니라 헌법(제7조 제2항)과 법령에 의한 신분보장이 이루어지고 있는 만큼 그 제한에 대한 상당한 보상이 주어지고 있다는 점에서 쉽게 수용될 요구는 아니다.

다만, 공무원의 단결권 향유에 있어서는 일반 근로자와 하등의 차별을 받아야 하는 것이 아니므로, 원칙적으로 공무원도 조합활동에의 참가로 인해 하등의 불이익취급을 받거나 이에 대해 우려하지 않도록 충분히 보호되어야 한다. 예컨대, 조합원 명단의 무단공개와 같은 행위에 대해서는 개인의 프라이버시 보호뿐만 아니라 근로자의 단결권보호차원에서 마땅히 금지되어야 할 대상이다.

8. 쟁의행위에 대한 업무방해죄로의 규제 문제

유엔 '경제적 · 사회적 · 문화적 권리위원회'의 대한민국에 대한 제3차 최종견해 중 권고항목(제6항 내지 35항)에 따르면 제20항에서 파업근로자에 대한 업무방해죄(형법 제314조) 남용을 지적하고 있다. 즉 정부가 파업권을 약화시키기 위해 형법상의 '업무방해죄' 조항을 남용하지 말고 그 조항의 적용을 억제하라는 권고이다. 우리나라 법원의 다수 판례를 보면, 쟁의행위의 정당성 한계를 벗어난 소위, 불법파업에 대해 형법상 업무방해죄의 유죄를 인정하고 있기 때문이다.[16] 이와 같은 업무방해죄의 남용 지적을 받는 것은, 우리나라 법원이 모든 쟁의행위가 그 개념상 필연적으로 '위력에 의한 업무방해죄'에 해당한다고 인식하는 데에 원인이 있다고 볼 수 있다.

---

16) 대법원 2003. 12. 26, 2001도1863; 대법원 2003. 12. 26, 2001도3380; 대법원 2001. 10. 25, 99도4837; 대법원 1995. 10. 12, 95도1016; 대법원 1992. 12. 8, 92도1645; 대법원 1992. 9. 22, 92도1855; 대법원 1992. 2. 11, 91도1834; 대법원 1991. 4. 23, 90도2771; 대법원 1991. 1. 29, 90도2852; 대법원 1991. 1. 29, 90도2961; 대법원 1990. 7. 10, 90도755; 한편 헌법재판소의 결정으로는 헌재 1998. 7. 16, 97헌바 23이 있다.

위의 다수 판례는 쟁의행위에 대해 기본적으로 업무방해죄에 해당하고 노노법상의 요건(주체, 목적, 절차, 방법)을 충족하면 비로소 정당행위로서 위법성이 조각되어 형사면책이 주어진다는 논리적 전개과정을 갖고 있다. 처음부터 쟁의행위는 정당한 기본권의 행사로서 업무방해죄를 구성하지 않는 것으로 보지를 않는다(이런 태도를 소위 위법성조각설이라고 한다). 이에 대해서는 학설상, 쟁의행위는 업무방해죄 자체를 구성하지 않는다는 비판적 견해가 다수 있어 왔고 현재 통설적 위치를 점하고 있다(구성요건해당성조각설).[17]

또한 최근에 고무적인 것은 헌법재판소에서 "단체행동권에 있어서 쟁의행위는 핵심적인 것인데, 쟁의행위는 고용주의 업무에 지장을 초래하는 것을 당연한 전제로 하므로, 헌법상 기본권 행사에 본질적으로 수반되는 것으로서 정당화될 수 있는 업무의 지장 초래의 경우에는 당연히 업무방해죄의 구성요건에 해당하여 원칙적으로 불법한 것이라고 볼 수는 없다."고 판시한 점이다.[18]

생각하건대, 업무방해죄 적용의 남용과 관련하여, 노노법 제2조 제5호의 '쟁의행위'의 개념정의를 수정할 필요가 있다고 본다. 현재 쟁의

---

17) 대표적으로 김영문, "쟁의행위의 위력에 의한 업무방해규정의 위헌성," 『노동법학』 제8호(1998), 468면; 박주현, '쟁의행위와 형사책임," 『노동법연구』 제1권 제1호(1991), 135면.

18) 헌재 2010. 4. 29, 2009헌바168. 또한 동 결정을 다음과 같이 서술한다: "다만, 헌법 제33조 제1항은 근로자의 단체행동권을 헌법상 기본권으로 보장하면서, 단체행동권에 대한 어떠한 개별적 법률유보 조항도 두고 있지 않으며, 단체행동권에 있어서 쟁의행위는 핵심적인 것인데, 쟁의행위는 고용주의 업무에 지장을 초래하는 것을 당연한 전제로 하므로, 헌법상 기본권 행사에 본질적으로 수반되는 것으로서 정당화될 수 있는 업무의 지장 초래의 경우에는 당연히 업무방해죄의 구성요건에 해당하여 원칙적으로 불법한 것이라고 볼 수는 없다. 단체행동권의 행사로서 노동법상의 요건을 갖추어 헌법적으로 정당화되는 행위를 범죄행위의 구성요건에 해당하는 행위임을 인정하되, 다만 위법성을 조각하도록 한 취지라는 해석은 헌법상 기본권의 보호영역을 하위 법률을 통해 지나치게 축소시키는 것이기 때문이다."

행위는 "정상적인 업무를 저해하는 행위"로 개념을 정의하고 있으나,[19] 우리나라는 프랑스와 마찬가지로 헌법 제33조 제1항에 단결권 · 단체교섭권 · 단체행동권을 명시한 나라인 만큼, 근로자가 정당하게 기본권을 행사할 수 있도록, 법률에서는 쟁의행위의 개념정의를 '노동조합이 자신의 주장을 관철할 목적으로 행하는 집단적인 근로제공의 거부 혹은 행태'와 같이 객관적 개념요소를 중심으로 정의를 내릴 필요가 있다고 본다. 이럴 경우에는, 쟁의행위가 과연 업무방해죄에 해당하는가의 문제에 있어서 당연히 업무방해죄를 성립시키는 것이 아니라 개별 사건별로 노조 및 그 간부들이 위력으로 사업주의 업무를 방해할 의사가 존재하였는가 여부 또한 위력을 실제로 행사한 것인지 여부를 검토하게 될 것이다. 이런 경우에는 집단적으로 노무의 제공을 거부한 것만을 가지고 업무방해죄가 당연히 구성된다고 단정하기는 어렵게 된다.

한편, 노동조합도 파업을 행함에 있어 회사 내에서 공장출입을 과격하게 제한한다든지 사업장의 생산시설을 점거한다든지 하는 파업행태는 피해야 한다. 왜냐하면 이런 과격한 파업행위는 국가가 업무방해죄 법률 적용을 남용하도록 야기한 한 원인이 되기 때문이다. 따라서 노조도 파업을 가능한 한 평화로운 방법으로 진행하는 노력을 해야 한다.

그러므로 만일에 노조가 사업장 바깥, 예컨대 시내의 공원이나 그 외의 일정한 장소를 택해 자유로운 의사로 집결해서 집단적으로 노무제공을 거부하는 경우라면, 이런 파업은 업무방해죄를 구성하지 않는다고 본다. 심지어 그 목적이 예컨대, 정치적 의견을 관철하려는, 소위 정치파업으로 불법파업에 해당하는 경우에도, 이처럼 평화로운 방법으로

19) 이에 따르면, 쟁의행위는 "파업 · 태업 · 직장폐쇄 기타 노동관계 당사자가 그 주장을 관철할 목적으로 행하는 행위와 이에 대항하는 행위로서 업무의 정상적인 운영을 저해하는 행위"로 정의된다. 즉, 쟁의행위에 대해서는 사업주의 '업무의 정상적 운영을 저해하는 것'을 핵심적 개념요소로 잡는다. 심지어 합법적인 쟁의행위임에도 그 법규에 따르면 그 본성은 업무의 정상적 운영을 저해하는 권리침해적 요소를 내포한 것으로 의제하듯이 규정하고 있는 것이다.

진행했다면, 국가는 형사논리적으로 업무방해죄를 통한 형사제재를 가할 것이 아니라 민사책임을 통해서 제재를 가하는 길을 찾게 될 것이라고 본다.

9. 소수 노조의 교섭권보장 문제

노사관계의 지각변동이 2011년 7월부터 시행되는 사업장단위 복수노조의 허용시점에서 예견되고 있다. 이때부터는 하나의 사업 또는 사업장에 복수노조의 설립이 허용되며 근로자의 노조선택의 자유가 가능해 진다. 근로자들은 조합원이 될 것인가 말 것인가의 선택권을 가질 뿐만 아니라, 갑(甲) 노조에서 나와 을(乙) 노조에 가입하거나 병(丙) 노조를 설립할 자유를 향유하게 되는 것이다. 이런 점에서 근로자의 노조선택과 관련된 자유권의 신장이 분명하지만 이런 선택에 따라 노조의 세력 특히 대사용자 단체교섭력이 좌지우지되는 점에서 노조의 지위는 약화될 위험성도 존재한다.

그런데 현재 노노법에서는 2011년 7월 이후 교섭창구단일화원칙에 따라 사업장단위에서 하나의 단체협약만을 허용하는 규율을 마련하고 있는데 결국 복수노조 중에 소수노조는 독자적인 교섭과 협약을 가질 수 없게 된다고 지적하는 견해가 다수 있다.[20] 그러나 소수노조가 독자적으로 사용자와 교섭하여 협약을 갖게 될 경우에는 하나의 사업장에서 서로 다른 협약이 존재하여 근로자에 대한 처우가 상이한 결과로 산업평화가 위협받는 또 다른 문제를 낳게 된다. 결국 노조의 보호이익과 근로자의 보호이익이 상호 충돌하는 문제에 있어서 그 합일점 내지 중간점의 모색은 불가피하며 그 결과 입법자가 하나의 협약을 통한 근로

---

20) 유성재, "2010년 개정 노동법에 대한 입법론적 평가,"「노동법학」제34호(2010), 18면.

자의 보호임무를 우선시한 것으로 이해할 수 있다.[21]

동시에 소수노조가 차별받지 않도록 다수노조에게는 공정대표의무를 부담시켰기 때문에 소수노조에 대한 배려가 부족하나마 마련되어 있다.

10. 노조전임자의 임금지급 제한 문제

우리나라의 노동조합은 대체로 동일한 기업 내에 종사하는 근로자를 전제하여 노조를 설립하는 기업별노조형태를 취하고 있다. 기업별노조는 사업주의 인사권행사에 의하여 조합원의 지위가 영향을 받는다는 점에서 유럽의 제 국가에서는 원칙적인 자주적 노조로 보지 않는다. 이런 점에서 우리나라의 기업별노조는 서구 여러 나라의 조합과 많은 차이를 나타내고 있다.

현재의 쟁점은 바로 그런 차이에서 야기된 것으로 노조전임자의 임금을 사업주가 계속하여 주어 오고 있었으나 앞으로 임금지급이 대폭 제한된다는 점이다. 2010년 7월 이후 현재에 이미 근로시간면제의 한도 내에서 사용자는 전임자를 유급으로 처우할 수 있고 그 한도를 초과하면 부당노동행위로 규제를 받는 것이다.

그러나 기업별노조의 경우, 노조전임자는 근로자의 노무관리의 차원에서 사업주에게 도움을 주는 측면이 있기 때문에 법률로 엄격하게 사업주로부터 임금을 받지 못하도록 규제할 것은 아니라고 본다. 국가는 위와 같은 입법(노노법 제24조 제2항 및 제4항)을 통해 노사관계의 갈등을 국가가 불필요하게 야기한 점이 있다.

오히려 어느 한 쪽에도 치우치지 않는 중립자로서 노사관계의 질서

---

21) 같은 입장으로, 송강직, "복수노동조합보장과 집단적 노동관계 형성방향," 『노동법학』 제31호(한국노동법학회, 2009), 63면.

를 확립하도록 하여야 한다. 예컨대 법적으로 노사협의회의 근로자위원의 경우에는 전임제를 허용하고 사용자에 의한 임금지급이 가능하도록 길을 열어준다면, 노조는 이런 제도를 활용하여 노사화합적인 태도를 취하면서 합리적인 노사관계 형성에 일조할 수 있게 된다고 본다.

III. 맺음말

노동인권, 보다 정확한 법학적 용어로 표현한다면, 노동기본권이 될 것인데 대표적으로 헌법 제33조 제1항에 기초한 노동 3권은 대사인적 효력(對私人的 效力)이 있다고 알려져 있다. 이 말은 국가가 먼저 그 기본권을 존중하고 실현시켜야 하겠지만, 일반 민간인들도 이 기본권을 존중하고 준수하여야 한다는 내용이다. 앞서 소개한 여러 항목에서도 국가에게 일차적으로 기본권의 존중과 준수를 요청하는 바지만 사업주 역시 적극적으로 존중해야 함을 강조한 것이다.

또한 노동인권은, 생존권적 기본권 내지 사회권적 기본권으로 설명될 수 있듯이, 그 권리가 실현되기 위해서 국가와 사회의 적극적인 노력과 재정적 지원이 있어야 한다. 특히, 현재 우리가 경험하는 가장 시급한 노동인권 문제는 청년실업자와 비정규근로자 보호문제로 보인다. 여기서도 국가의 적극적 노력만이 아니라 기존의 취업자, 특히 정규직 근로자, 노조, 그리고 사업주의 적극적 협조와 양보가 있어야만 제대로 해결될 수 있을 것이다.

참고문헌

강희원 · 이상윤 · 조준모 · 김영문. 2002.『특수고용직 종사자의 법적 지위—레미콘 운송차주를 중심으로』. 중앙경제.

김상호. 2008. "프랑스의 근로시간법제에 관한 비교연구."『노동정책연구』 제8권 2호. 한국노동연구원.

김상호 · 최영진 · 유정엽 · 김기우 · 조삼제. 2007.『비정규직법해설서』. 한국노총중앙연구원.

김영문. 1998. "쟁의행위의 위력에 의한 업무방해규정의 위헌성."『노동법학』 제8호. 한국노동법학회.

박주현. 1991. "쟁의행위와 형사책임."『노동법연구』 제1권 제1호. 서울대 노동법연구.

송강직. 2009. "복수노동조합보장과 집단적 노동관계 형성방향."『노동법학』 제31호. 한국노동법학회.

유성재. 2010. "2010년 개정 노동법에 대한 입법론적 평가."『노동법학』 제34호. 한국노동법학회.

De Schutter, Olivier. 2001. *Discrimination et marché du travail—Liberté et égalité dans les rapports d'emploi.*

Schaub, Günter. 2000. *Arbeitsrechtshandbuch.* C.H.Beck.

제7장

아동인권과 사회정책

김형모

I. 서론

정부에서는 국가의 보호를 필요로 하는 아동(요보호아동)은 물론 일반아동의 인권 보호와 증진을 위하여 다양한 정책을 추진하고 있다. 과거의 아동복지정책은 주로 아동의 복지 증진이라는 측면에서 추진되어 왔으나, 현재의 아동복지정책은 아동이 권리의 주체임을 인정하고 인권적 측면을 고려한 정책을 추진하여 오고 있다.

정부에서는 1991년 11월 유엔의 아동권리협약(Convention on the Rights of the Child)을 비준하였다. 2005년 5월 2차 국가보고서를 유엔 아동권리위원회에 제출하였고, 이후 3 · 4차 통합 국가보고서를 2008년 12월에 제출하였다. 한편 각 부처별로 전개되어 온 다양한 아동복지정책을 종합적으로 조정하기 위한 아동정책조정위원회(위원장 국무총리)를 2004년부터 설치하여 운영하고 있다. 2005년 10월에는 보건복지부에 아동안전권리팀이 신설되었고, 2006년 10월에는 한국보건사회연구원에 아동권리 모니터링센터를 설치하여 운영 중이다.

아동복지정책에서의 아동권리는 '아동은 그동안의 수동적인 보호의 대상에서 능동적인 권리의 주체로 인식의 전환을 의미하며, 자선이나 박애에 의한 소극적인 보호에서 권리와 책임에 의한 적극적인 복지로의 전환'을 의미한다.

1. 아동복지정책의 기본 방향

아동복지정책은 그 접근방법에 따라 차이가 있을 수 있으나, 국가의 보호를 필요로 하는 아동을 포함한 모든 아동들이 가족 및 사회의 일원으로 육체적으로 그리고 정신적으로 건강하게 성장하는 데 필요한 조직적인 활동이라고 할 수 있다. 따라서 아동복지정책의 목표는 아동이 건강하게 성장하는 데 필요한 제반 활동이 원활해질 수 있도록 권리, 안전, 보호, 육성 등 사회 환경을 조성하고 지원하여 아동이 행복한 세상을 만들어 나가는 데 있다고 할 수 있다.

정부에서는 과거 요보호아동에 대한 단기적이고 사후적인 지원에서 탈피하여 저출산 고령화사회를 맞이하여 아동을 미래의 소중한 인적 자원으로 육성하기 위한 조기투자 위주의 서비스 제공을 추진하고 있다. 아동이 안전하고 건강하게 성장할 수 있는 여건을 조성하고 예방적 · 통합적 서비스를 강화하는 방향에 중점을 두고 있다. 이러한 배경하에 2007년 새롭게 아동발달지원계좌(CDA: Child Development Account)와 희망스타트 사업이 시작되었다.

아울러 가정 중심의 아동복지서비스를 제공하여 아동이 행복한 세상을 구현하기 위하여 요보호아동에 대한 가정 친화적 보호를 강화하고 아울러 지역사회의 저소득 가정의 아동을 위한 지원도 강화하고 있다. 불가피한 사유로 부모의 품에서 벗어난 요보호아동은 우선적으로 입양이나 가정위탁으로 보호하여 가정과 유사한 환경에서 자랄 수 있도록 노력하고 있다. 아동생활시설도 가능한 숙소를 공동생활가정(group home)이나 소규모 숙소로 운영하도록 하고 있다. 지역사회 아동에게 학습, 급식, 오락, 문화, 상담 등 종합적인 서비스 제공을 위하여 지역아동센터의 지원을 확대하고 있으며, 아동생활시설도 지역사회 아동에게 개방하여 지역아동복지센터의 역할을 하도록 권장하고 있다.

2. 아동복지법의 개정 내용

미아 찾기를 위해 전담기구의 설치 근거와 아동 미신고 시 처벌을 하며 유전자 검사의 법적 근거의 마련을 위해 2005년 5월 실종아동 등 보호 및 지원에 관한 법률을 제정하여 2005년 12월부터 시행하고 있다. 장애인시설, 부랑인시설, 정신요양시설 및 정신병원 등과도 협력체계를 유지하여 미아 찾기 사각지대를 해소하고자 추진하고 있다.

정부에서는 요보호아동의 발생예방과 적절한 보호조치를 위하여 아동상담사업을 추진하고 있으며, 2010년 1월 기준 39개의 아동상담소가 운영되고 있다. 또한 2004년 정기국회에서 통과된 건강가정기본법이 제정되어 2005년부터 시행되었다. 이에 따라 건강가정지원센터가 설치 · 운영되고 있으며, 2010년 12월 기준 총 138개의 중앙 건강가정지원센터, 시 · 도 건강가정지원센터, 시 · 군 · 구 건강가정지원센터가 설치 · 운영되고 있다. 건강가정지원센터의 설치 · 운영을 통하여 가정에 대한 서비스를 제공할 기반이 마련되었고, 가정에 대한 상담서비스와 부모교육 등 각종 교육서비스의 다양하고 질적인 향상을 도모하고 있다.

아동복지법은 2006년 9월 27일 일부 개정되어 인종에 의한 차별을 금지하고, 아동복지시설, 영유아보육시설, 유치원, 초 · 중 · 고등학교의 장은 성폭력 예방교육을 실시하도록 하며, 유치원 · 학원 종사자와

119 구급대원은 아동학대를 알게 된 경우 아동보호전문기관 또는 수사기관에 신고하도록 하였다. 아울러 아동복지시설과 영유아보육시설의 장은 연간 2회 이상 6시간 이상의 성폭력 예방교육을 실시하도록 하고 있다. 유치원과 초 · 중 · 고등학교의 장은 교육과학기술부장관이 정하는 바에 의하여 성폭력 예방교육을 실시하도록 하고 있다.

3. 한국 사회복지사 윤리강령

한국 사회복지사 윤리강령에서는 인권 실천을 사회복지실천에서의 실무자의 역할에 포함시키고 있는데, 인간평등, 권익옹호, 인간존엄성, 차별금지, 사회정의, 도덕성, 책임성 등을 기본으로 하여 실천 강령으로 제시하고 있다.

한국 사회복지사 윤리강령(2001. 12. 15 개정)의 전문에서는 "사회복지사는 인본주의 · 평등주의 사상에 기초하여, 모든 인간의 존엄성과 가치를 존중하고 천부의 자유권과 생존권의 보장활동에 헌신한다. 특히 사회적 · 경제적 약자들의 편에 서서 사회정의와 평등 · 자유와 민주주의 가치를 실현하는 데 앞장선다. 또한 도움을 필요로 하는 사람들의 사회적 지위와 기능을 향상시키기 위해 저들과 함께 일하며, 사회제도 개선과 관련된 제반 활동에 주도적으로 참여한다. 사회복지사는 개인의 주체성과 자기결정권을 보장하는 데 최선을 다하고, 어떠한 여건에서도 개인이 부당하게 희생되는 일이 없도록 한다. 이러한 사명을 실천하기 위하여 전문적 지식과 기술을 개발하고, 사회적 가치를 실현하는 전문가로서의 능력과 품위를 유지하기 위해 노력한다."라고 제시하고 있다.

제1장 사회복지사의 기본적 윤리기준의 1) 전문가로서의 자세에서는 "… 사회복지사는 클라이언트의 종교 · 인종 · 성 · 연령 · 국적 · 결혼상태 · 성 취향 · 경제적 지위 · 정치적 신념 · 정신, 신체적 장애 · 기

타 개인적 선호, 특징, 조건, 지위를 이유로 차별 대우하지 않는다."라고 제시하고 있다. 제2장 사회복지사의 클라이언트에 대한 윤리기준의 1) 클라이언트와의 관계에서는 "① 사회복지사는 클라이언트의 권익옹호를 최우선의 가치로 삼고 행동한다. ② 사회복지사는 클라이언트에 대하여 인간으로서의 존엄성을 존중해야 하며, 전문적 기술과 능력을 최대한 발휘한다. ③ 사회복지사는 클라이언트가 자기결정권을 최대한 행사할 수 있도록 도와야 하며, 저들의 이익을 최대한 대변해야 한다."라고 제시하고 있다. 제4장 사회복지사의 사회에 대한 윤리기준에서는 "… 사회복지사는 인간존중과 인간평등을 위해 헌신해야 하며, 사회적 약자를 옹호하고 대변하는 일을 주도해야 한다."라고 제시하고 있다.

4. 인권

근대 인권의 토대는 영국의 대헌장 마그나 카르타(Margna Carta)가 만들어진 1215년이다. 마그나 카르타는 불법구금, 학대 등 백성을 혹사하는 행동을 금지하는 내용을 담고 있다. 이는 국민들에 의해 만들어진 것을 영국 왕이 승인한 것으로서 시민공동체인 의회를 절대왕권이 인정한 것이고 이는 자유권의 강조이다. 그리고 이것은 1789년 프랑스에서 인권선언(Declaration of the Rights of Man and Citizen)의 탄생 배경이 되었다. 인권선언 제1조는 "인간은 권리에 있어 자유롭고 평등하게 태어나 생존한다. 사회적 차별은 공동이익을 근거로 해서만 있을 수 있다."로 시작하였다(양옥경 외, 2010).

인권의 특성은 세 가지로 요약될 수 있다. 첫째 천부권(inherency)으로서, 천부권은 인간존엄성을 기본으로 하며 인간은 이 세상에 태어나면서부터 존엄성을 가지고 태어났기 때문에 인간의 권리란 인간의 탄생에서 당연시된다는 의미를 가지고 있다. 둘째 불가양성 · 불가분성

(inalienability · indivisibility)으로서, 불가양성은 인권이 인간의 탄생에서 한 개인에게 주어지는 것이기 때문에 자기의 인권은 본인만이 소유할 수 있다는 의미이며, 어느 누구에게도 양보할 수 없으며 탈취할 수 없다는 의미를 가지고 있다. 불가분성은 인권은 한 개인 고유의 권리이기 때문에 어느 누구라도 나눌 수 없다는 의미를 가지고 있다. 셋째 보편성(universalability)로서, 보편성은 인권은 누구에게나 동일한 잣대로 적용된다는 차별 없는 만인 공유의 인권 향유를 의미한다. 인간은 누구나 개인이 처해 있는 신분이나 상황에 상관없이 똑같이 인권을 가진다는 것을 의미한다(양옥경 외, 2010).

Ⅱ. 아동인권

인권은 인간으로서의 기본적인 권리로서, 아동인권은 곧 아동권리(child right)이다. 우리나라에서는 유엔의 아동권리협약 비준 후 유엔 아동권리협약 이행 국가보고서를 제출하면서 아동권리에 대한 국가와 사회적 관심이 증가하고 있다. 그러나 아동복지정책은 아동권리 보장의 수준에서 보면 여전히 미흡한 것으로 평가되고 있다. 따라서 우리의 과제는 아동권리를 실현할 수 있는 아동복지정책을 어떻게 실시하느냐 하는 것이다. 즉, 아동의 관점에 입각하여 아동 중심적이고 아동 친화적인 아동복지정책을 실시하는 데 중점을 두어야 한다. 특히 국가의 보호를 필요로 하는 아동을 대상으로 하는 사후대처적인 아동복지정책과 모든 아동을 대상으로 하는 사전예방적인 아동복지정책 모두를 실시하도록 노력하여야 한다.

1. 우리나라의 아동권리

1) 어린이날과 아동권리공약

1920년대 초 우리나라에서는 방정환을 중심으로 한 소년운동이 시작되었고, 이는 아동에게 권리를 찾아주자는 아동권리옹호운동이었다. 1923년 방정환은 어린이선언문과 아동권리공약 3장을 발표하였다. 1923년 2월「어린이」창간을 앞두고 한 편지에서 다음과 같이 서술하였다. "어린이는 결코 부모의 물건이 되려고 생겨 나오는 것도 아니고, 어느 기성사회의 주문품이 되려고 나오는 것도 아닙니다. 훌륭한 한 사람으로 태어나는 것이고, 저는 저대로 독특한 사람이 되어갈 것입니다." 또한 방정환은 "어림은 크게 자라날 어림이요, 새로운 큰 것을 지어낼 어림입니다. 어른보다 십 년 이십 년 새로운 세상을 지어낼 새 밑천을 가졌을망정 결단코 어른들의 주머니 속 물건만 될 까닭은 없습니다." 라고 강조하였다(이재연 외, 2009).

방정환은 어린이날을 제정하게 되었는데, 이때 정한 어린이날은 1922년 5월 1일이었고 천도교 소년회 1주년 기념일이었다. 이후 천도교 소년회 주최의 어린이날 행사나 소년운동을 전국적이고 통합적인 것으로 만들기 위해, 방정환은 불교소년회, 조선소년운동, 40여 개 소년회 연합회의 조선소년운동협회와 함께 1923년 5월 1일 제1회 어린이날을 전국적인 어린이날로 승격 거행하였다.

이날 소년운동의 기초 조건 3가지 즉, 아동권리공약 3장이 낭독되었다. 이것은 '어린이 권리공약 3장'으로 알려져 있지만, 사실상 우리나라 최초의 '아동권리선언'으로서 1923년 어린이날 당일 기념식장에서 낭독된 것이다. 한편 어린이날은 이후 형식적으로만 남아 있다가 1937년에 이르러 일제의 탄압으로 행사도 못하게 되었으나, 해방 후 다시 부활되기에 이르렀다.

[아동권리공약 3장]

- 어린이를 재래의 윤리적 압박으로부터 해방하여 그들에 대한 완전한 인격적 예우를 허하라.
- 어린이를 재래의 경제적 압박으로부터 해방하여 만 14세 이하의 그들에 대한 무상 또는 유상의 노동을 폐하라.
- 어린이에게 그들이 고요히 배우고 즐거이 놀 만한 각양의 가정 또는 사회적 시설을 행하라.

2) 대한민국 어린이헌장

대한민국 어린이헌장은 어린이의 복지증진을 위하여 국가 · 사회 · 가정이 마땅히 책임져야 할 기본적인 사항을 명문화한 것이다. 기본구상은 제네바 선언과 국제연합 아동헌장에 나타난 사상과 연결되어 있다. 1957년 2월 마해송 · 방기환 · 강소천 · 이종환 · 김요섭 · 임인수 · 홍은순 등 7명이 한국동화작가협회의 이름으로 제안한 것에서 시작되었다. 보건사회부는 이 제안을 기초로 하여 초안을 마련했고, 각 단체와 권위자의 자문을 받아 완성했다. 그해 5월 5일 제35회 어린이날을 기점으로 내무부 · 법무부 · 문교부 · 보건사회부의 4개 부처 장관의 명의로 공포했다(브리태니커 백과사전, 2010).

대한민국 어린이헌장은 "어린이는 나라와 겨레의 앞날을 이어나갈 새사람이므로 그들의 몸과 마음을 귀히 여겨 옳고 아름답고 씩씩하게 자라도록 힘써야 한다."는 전문을 비롯하여, 다음과 같은 9가지 조항이 제시되어 있다. ① 어린이는 인간으로서 존중하여야 하며 사회의 한 사람으로서 올바르게 키워야 한다. ② 어린이는 튼튼하게 낳아 가정과 사회에서 참된 애정으로 교육하여야 한다. ③ 어린이에게는 마음껏 놀고 공부할 수 있는 시설과 환경을 마련해주어야 한다. ④ 어린이는 공부나 일이 몸과 마음에 짐이 되지 않아야 한다. ⑤ 어린이는 위험한 때에 맨 먼저 구출하여야 한다. ⑥ 어린이는 어떠한 경우에라도 악용의 대상이 되어서는 아니 된다. ⑦ 굶주린 어린이는 먹여야 한다. 병든 어린이는 치료해주어야 하고, 신체와 정신에 결함이 있는 어린이는 도와주어야 한다. ⑧ 어린이는 자연과 예술을 사랑하고 과학을 탐구하며 도의를 존중하도록 이끌어야 한다. ⑨ 어린이는 좋은 국민으로서 인류의 자유와 평화와 문화발전에 공헌할 수 있도록 키워야 한다.

2. 외국의 아동권리

1) 아동의 권리에 관한 제네바 선언

아동의 권리 보장을 위한 국제사회의 노력의 일환으로 1924년 유엔의 '아동의 권리에 관한 제네바 선언'이 채택되었다. 이후 1959년 유엔은 '아동권리선언'을 채택하였고, "아동은 충분한 성장을 위하여 애정과 물질적인 안정 속에서 성장할 권리가 있으며 부모와 사회는 그 책임을 진다."라고 규정하였다. 아울러 1979년을 '세계아동의 해'로 선포하였으며, 1989년 유엔 총회에서 '아동의 권리에 관한 국제협약'을 만장일치로 채택하고 1990년 9월 국제법으로 공포하였다(이재연 외, 2009).

[유엔 아동권리협약이 채택되기까지의 역사]

- 1923년 어린이날 선언, '어린이선언문' 공포(방정환)
- 1923년 최초의 아동권리선언문 작성(Eglantyne Jebb)
- 1024년 아동권리에 관한 제네바 선언
- 1945년 유엔 헌장
- 1959년 유엔 아동권리선언문
- 1979년 유엔 세계아동의 해(10가지 조항의 선언문 발표)
- 1989년 유엔 아동권리협약 채택
- 1990년 유엔 아동권리협약 발표, '아동을 위한 세계정상회담' 개최
- 2002년 유엔 총회에서 유엔 아동권리협약의 2개 선택의정서 채택

(아동이 무력분쟁 참여에 관한 선택의정서와 아동의 매매 · 매춘 · 포르노그래피에 관한 선택의정서)

- 2002년 유엔 아동특별총회 개최

우리나라는 1991년 11월 20일 비준서를 유엔에 제출하였고, 1991년 12월 20일 발표됨에 따라 유엔아동권리협약의 당사국이 되었다. 또한 2004년 9월 24일 유엔 아동권리협약의 2개 선택의정서의 비준서를 제출하고 2004년 10월 24일 발효되었다.

2) 유엔의 아동권리협약

유엔의 아동의 권리에 관한 협약(Convention on the Rights of the Child, CRC)은 전 세계 아동의 경제, 사회, 문화에 대한 권리를 규정하는 국제협약이다. 1989년 11월 20일 국제연합 총회에서 채택되었으며 1990년 9월 2일 발효되었다. 2010년 5월 5일까지 193개국이 비준하였다. '아동권리협약'이라고도 한다. 조문은 전문 및 54조로 이루어져 있으며, 어린이(아동에게 적용되는 법에 의하여 보다 조기에 성인 연령에 달하지 아니 하는 한 18세 미만의 모든 사람)의 권리를 포괄적으로 규정하고 있다. 협약은 아동을 '보호 대상'이 아닌 '권리의 주체'라고 보고 있다. 국제인권규약의 A 규약(경제적 · 사회적 및 문화적 권리에 관한 국제규약)과 B 규약(시민적 · 정치적 권리에 관한 국제규약)에 인정되는 제반 권리를 아동에 대해 규정하고, 또한 의견표명권, 놀이 · 여가의 권리 등 아동의 인권과 권리 확보를 위한 더 많은 구체적인 사항을 규정하고 있다.

우리나라는 1990년 9월 25일 아동의 권리에 관한 협약에 서명하고, 1991년 12월 20일 비준하여 조약당사국이 되었다. 정부는 비준 당시 이 협약의 9조3항(부모로부터 분리된 아동의 면접교섭권 보장), 21조a항(공인된 기관에 의한 아동입양 허가 절차), 40조2-b-v항(아동의 항고권 보장)의 규정을 유보하였다. 2008년 10월 16일 유엔에 제9조 제3항의 유보를 철회하였음을 알렸다(위키백과, 2010).

유엔아동권리협약은 1989년 11월 20일 유엔 총회에서 만장일치로 채택되었다. 아동의 권리를 보장하기 위한 목적으로 채택된 국제사회 최초의 협약인 유엔아동권리협약은 아동의 생존권, 보호권, 발달권, 참여권 등 아동권리와 관련된 모든 권리를 규정해 놓고 있다. 특히 유엔아동권리협약은 아동과 관련된 모든 결정에서 항상 '아동의 최상의 이익(the best interest of the child)'이 일차적인 기준이 되어야 함을 강조하고 있다. 유엔아동권리협약은 우리나라를 포함한 193개국이 비준하여 가장 많은 국가가 비준한 국제법이다. 유엔아동권리협약을 포함하여 우리나라가 비준한 국제법은 헌법에 의하여 국내법과 같은 효력을 갖는다. 아동권리협약을 비준한 국가의 정부는 협약에 명시된 모든 아동의 권리를 보장할 의무가 있다. 협약에 비준하여 당사국이 된 국가는 협약의 이행 사항을 처음에는 비준한 2년 후, 그 후에는 매 5년마다 유엔아동권리위원회에 보고해야 한다. 이와 같은 과정을 통하여 유엔아동권리협약은 우리나라 아동복지정책에 커다란 영향을 미치고 있다(이재연 외, 2007).

3. 유엔 아동권리협약

1) 유엔 아동권리협약의 구성

유엔 아동권리협약은 아랍어, 중국어, 영어, 프랑스어, 러시아어, 스페인어의 6개 언어로 작성되어 있다. 아동권리협약은 전문(Preamble), 실질적 규정(Substantive Provisions)인 제1부(제1조~제41조), 이행(Implementation & Monitoring)에 관한 제2부(제42조~45조), 그리고 부칙에 해당하는 제3부(제46조~제54조)로 구성되어 있다. 전문에서는 기본 원칙과 인권에 관한 선언과 규약을 규명하고 있다. 아동은 취약하기 때문에 특별한 돌봄과 보호가 필요하다는 것을 재확인하고, 가족의 일차적인 돌봄과 책임을 강조하고 있다. 아울러 출생 전후 아동의 법률적 및 기타 보호, 아동이 속한 사회의 문화적 가치 존중과 아동의 권리를 지키기 위한 국제적인 협력의 중요성을 강조하고 있다(안동현, 1999).

2) 유엔 아동권리협약의 원칙

(1) 무차별의 원칙(아동권리협약 제2조)

아동권리협약에는 성별, 종교, 사회적 신분, 인종, 국적, 그 어떤 조건과 환경에서도 아동은 차별되어서는 안 된다는 기본 원칙을 명시하고 있다. 즉 아동은 어떠한 경우에도 차별받지 않고 협약에 규정된 모든 아동의 권리를 보장받아야 한다. 제2조에 의하면, 첫째 당사국은 아동 또는 그의 부모나 법정 후견인의 인종, 피부색, 성별, 언어, 종교, 정치적 또는 기타의 의견, 민족적, 인종적, 사회적 출신 또는 재산, 무능력, 출생이나 기타의 신분에 관계없이 그리고 어떠한 종류의 차별함이 없이 이 협약에 규정된 권리를 존중하고, 각 아동에게 보장해야 한다. 둘째, 당사국은 아동이 그의 부모나 법정 후견인 또는 가족구성원의 신분, 활동, 표명된 의견 또는 신분을 이유로 하는 모든 형태의 차별이나 처벌로부터 보호되도록 보장하는 모든 적절한 조치를 취하여야 한다.

(2) 아동 최상의 이익의 원칙(아동권리협약 제3조)

아동에 관한 모든 활동에서 아동 최상의 이익이 최우선적으로 고려되어야 한다. 아동 최상의 이익의 원칙은 협약의 가장 핵심적인 기능을 하며, 국내법과 아동복지정책 평가의 기초가 된다. 제3조에 의하면, 첫째 공공 또는 민간 사회복지기관, 법원, 행정당국 또는 입법기관 등에 의하여 실시되는 아동에 관한 모든 활동에서 아동 최상의 이익이 최우선적으로 고려되어야 한다. 둘째, 당사국은 아동의 부모, 법정 후견인, 또는 여타 아동에 대하여 법적 책임이 있는 자의 권리와 의무를 고려하여, 아동복지에 필요한 보호와 배려를 아동에게 보장하고, 이를 위한 모든 적절한 입법적, 행정적 조치를 취하여야 한다. 셋째, 당사국은 아동에 대한 배려와 보호에 책임 있는 기관, 편의시설이 관계당국이 설정한 기준 특히 안전과 위생 분야 그리고 직원의 수 및 적격성은 물론 충분한 감독 측면에서의 기준에 따를 것을 보장하여야 한다.

(3) 아동의 생존, 보호, 발달 보장의 원칙(아동권리협약 제6조)

모든 아동은 생명에 관한 고유한 권리를 가지고 있고, 당사국은 이러한 아동의 생존과 발달을 보장하기 위해 가능한 최선의 환경을 보장해야 한다. 이 원칙에 의해 협약에서는 아동의 권리를 생존권, 보호권, 발달권, 참여권의 네 가지로 구분하고 있다. 제6조에 의하면, 첫째 당사국은 모든 아동이 고유한 생명권을 가지고 있음을 인정해야 한다. 둘째, 당사국은 가능한 최대한도로 아동의 생존과 발달을 보장하여야 한다.

(4) 아동의 의사존중의 원칙(아동권리협약 제12조)

아동이 하는 말에 귀를 기울여 주고, 아동의 견해는 최대한 존중되어야 한다. 아동의 연령이 어리다고 무시되지 않고, 아동의 의사는 최대한 존중되어야 한다. 제12조에 의하면, 첫째 당사국은 자신의 견해를 형성할 능력이 있는 아동에 대하여 본인에게 영향을 미치는 모든 문제에 있어서 자신의 견해를 자연스럽게 표시할 권리를 보장하며, 아동의 견해에 대하여는 아동의 연령과 성숙 정도에 따라 정당한 비중이 부여되어야 한다. 둘째, 이러한 목적을 위하여 아동에게는 특히 아동에게 영향을 미치는 어떠한 사법적 행정적 절차에 있어서도 직접 또는 대표자나 적절한 기관을 통하여 진술할 기회가 국내법상 절차규칙에 합치되는 방법으로 주어져야 한다.

3) 아동권리의 유형

아동권리의 유형은 생존권, 보호권, 발달권, 참여권의 네 가지 유형으로 구분될 수 있다(이용교 외, 2009).

(1) 생존권

생존권은 아동이 생명을 유지하고 최상의 건강과 의료혜택을 받을 권리를 의미한다. 적절한 생활수준을 누릴 권리, 안전한 주거지에서 살아갈 권리, 충분한 영향을 섭취하고 기본적인 보건서비스를 받을 권리 등 기본적인 삶을 누리는 데 필요한 권리 등이 이에 포함된다.

(2) 보호권

보호권은 아동이 모든 형태의 학대와 방임, 차별, 폭력, 고문, 징집, 부당한 형사처벌, 과도한 노동, 약물과 성폭력 등 아동에게 유해한 것으로부터 보호받을 권리를 의미한다.

(3) 발달권

발달권은 아동이 가지고 있는 잠재력을 최대한 발휘하는 데 필요한 권리를 의미한다. 즉 정규적 · 비정규적 교육을 포함하여 교육을 받을 권리, 여가를 즐길 권리, 문화생활을 하고 정보를 얻을 권리, 생각과 양심과 종교의 자유를 누릴 권리 등이 이에 포함된다.

(4) 참여권

참여권은 아동이 본인의 국가와 지역사회 활동에 적극적으로 참여할 수 있는 권리를 의미한다. 즉 자신의 의견을 표현하고, 자신의 삶에 영향을 주는 문제들에 대해 발언권을 지니며, 단체에 가입하거나 평화적인 집회에 참여할 수 있는 권리 등이 이에 포함된다.

4. 인권으로서의 아동권리

아동권리는 인간의 보편적 권리로서 인권의 개념에 기반을 두고 있다. 1948년 12월 10일 유엔이 채택한 세계인권선언(Universal

Declaration of Human Rights)에 의하면, 전문과 제1조~제2조는 인간의 존엄성, 제3조~제19조는 시민적 권리, 제20조-제26조는 정치적 · 사회적 · 경제적 권리, 제27조~제28조는 공동체적 유대를 제시하고 있다. 이러한 세계인권선언은 이후 1966년 유엔이 제정한 경제적 · 사회적 · 문화적 권리에 관한 협약(International Covenant on Economic Social and Cultural Rights)과 시민적 · 정치적 권리에 관한 협약(International Covenant on Civil and Political Rights)으로 세계인권선언에 법적 강제력을 부여하기 위한 협약으로 구체화되었다. 아울러 이 협약들은 아동, 국제난민, 장애인 등 다양한 인구대상을 위한 개별 권리협약의 기초가 되었다(오정수 · 정익중, 2009). 위에서 논의한 유엔 아동권리협약도 이러한 세계인권선언과 국제협약의 정신을 구체적으로 구현하는 국제법적 · 제도적 장치인 것이다.

1) 수동적 권리와 능동적 권리

아동권리는 아동의 특성을 고려하여 수동적 권리와 능동적 권리의 특성을 동시에 가지고 있다(이혜원, 2006).

(1) 수동적 권리

아동은 기본적으로 천부의 보편적 인권을 누릴 수 있는 존재이며 성인과 동일한 인권을 가진다. 그러나 아동은 성인의 보호를 필요로 하는 의존적인 존재이므로, 부모와 가족, 사회 · 국가의 보호와 양육에 의하여 성장하고 발달한다. 그러므로 아동의 권리는 보호와 양육을 제공하는 주체의 의식과 행동에 따라 수동적으로 보호되는 특성을 가지고 있다.

(2) 능동적 권리

아동권리는 수동적 권리의 특성을 가지면서도 동시에 인권은 인간의 자율적 판단과 참여를 기초로 한다는 점에서 아동권리도 능동적 권리로서의 요소를 갖는다. 능동적 권리로서 아동권리는 아동이 권리의 주체로서 자신의 삶에 영향을 미치는 사안에 대하여 자신의 의견을 표현하고 주장하며, 결정하며, 참여할 수 있는 권리를 갖는다는 특성을 가지고 있다.

2) 제공, 보호, 참여의 권리

아동권리의 기본요소는 제공, 보호, 참여라는 '3P' 개념으로 요약될 수 있다(장인협 · 오정수, 2004).

(1) 제공(Provision)

아동이 필요로 하는 욕구의 충족, 인적 · 물적 자원의 제공과 이것을 사용할 권리이다. 아동권리란 아동의 욕구와 관심을 인정하고 충족해 주고자 하는 사회적 의지의 표명이다. 아동권리협약은 아동의 기본적 욕구를 체계적으로 서술하고 이의 충족을 보장한 것이다. 일반아동에 대한 성명, 국적 등 시민적 권리와 자유의 제공, 건전한 가정환경, 기초보건과 복지, 교육, 여가, 문화 활동의 기회제공과 보호가 필요한 아동에 대한 대안의 양육체계와 특별보호조치의 제공 등이 포함된다.

(2) 보호(Protection)

특별히 보호를 받아야 하는 아동의 보호 개념은 난민아동, 무력분쟁상의 아동을 포함하여 법적 분쟁상황이나 착취상황으로부터 보호를 받아야 한다는 것이다. 법적 분쟁상황상의 아동은 범죄행위로 인하여 소년형사 소송 중의 아동이나 자유가 박탈된 아동에 대한 보호와 지원이 이루어져야 하며, 착취상황의 아동은 법적으로 금지된 노동으로 인한 경제적 착취, 육체적 · 정신적 학대와 성적 착취로부터 보호받을 권리가 있다.

(3) 참여(Participation)

아동이 자신의 삶에 중요한 영향을 미치는 결정에 대하여 알고 능동적으로 참여할 수 있는 권리이다. 아동의 동의가 필요한 의사결정에는 친권상실, 이혼, 입양 등에 아동의 의사가 존중되어야 하며, 정보접근권도 포함된다.

III. 아동복지정책

아동복지정책은 아동복지 제도와 서비스를 계획하고 총괄하는 활동을 의미한다. 이러한 정책적 활동은 아동복지 관련법들을 근거로 하는데, 아동복지법을 비롯하여 매우 다양한 법들이 아동권리에 기반을 두고 있는 아동복지와 관련된 다양한 정책과 활동들을 규정하고 있다.

1. 아동복지정책의 관점

1) 일반적인 서비스 제공 vs. 위험집단 중심의 서비스 제공

가장 서비스 욕구가 높은 위험집단에만 서비스를 제공하는 것이 제한된 자원을 효율적으로 사용하는 것이지만, 일반아동이나 가족의 포괄적인 욕구충족을 위해서는 미흡할 수 있다. 예를 들어, 아동복지정책의 주요 목표가 아동학대 사후대처를 위한 아동보호서비스 제공 등 제한된 집단에만 치중하다 보면, 모든 아동과 가족에게 필요한 사회의 기본적 지원(주거, 취업프로그램, 산전관리와 산후관리 등)을 위한 정책이 취약해지는 결과를 초래할 수도 있다.

2) 가정 중심의 재가보호서비스 vs. 가정외 배치 서비스

아동복지정책은 아동이 자신의 가정에서 건강하게 성장·발달할 수 있고, 가정이 아동을 잘 양육할 수 있도록 지원하는 정책과, 아동의 안전과 보호 그리고 아동의 성장과 발달을 고려하여 아동에게 위험한 환경이라고 평가된다면 아동을 가정으로부터 분리시키는 정책으로 구분될 수 있다. 미국의 경우, 역사적으로 가정의 보존을 강조하는 재가보호 서비스(in-home service)에 초점을 두는 정책과 아동의 안전을 강조하여 아동을 가정으로부터 분리하여 대안양육가정(가정위탁, 입양 등)에 배치하는 가정외 배치 서비스(out-of-home placement service)를 강조하는 정책 사이에서 혼선을 거듭해 왔다.

3) 사전예방(prevention) vs. 사후대처(protection)

사후대처 또는 치료에만 초점을 두는 전통적 아동복지서비스는 아동이 이미 피해를 입은 이후에야 개입한다는 점에서 비판을 받아 왔다. 그동안 아동복지정책은 예산과 인력의 한계로 인하여 어쩔 수 없이 위험집단에 초점을 둘 수밖에 없었지만, 최근의 아동복지정책은 점차 사전예방을 강조하고 있다.

2. 아동복지정책의 유형

아동복지정책은 아동의 보호와 가족의 유지를 목표로 한다. 아동복지정책은 가족유지 및 지원 정책, 대체가정서비스 정책, 아동보호서비스 정책으로 구분될 수 있다(오정수·정익중, 2009).

1) 가족유지 및 지원 정책

아동양육을 지원하는 정책은 소득보장에 의한 방법과 서비스제공에 의한 방법이 있다. 소득을 보장하는 방법은 보편주의 원칙에 의하여 전체 아동을 대상으로 일정한 급여를 지불하는 방법과 일정한 기준의 선별주의 원칙에 의하여 사회적 취약계층의 아동에게 급여를 제공하는 방법이 있다. 보편주의 원칙에 의한 소득보장정책은 아동양육이 모든 가정에게 부담이 되며, 국가는 이러한 가정의 아동양육 부담을 경감시켜주는 역할을 수행하는 것이다. 선별주의 원칙에 의한 소득보장정책은 스스로 아동을 부양할 능력이 없는 가정에 대해서만 국가가 그 부담을 경감시키는 것이다. 아울러 사회복지서비스를 제공하는 방법은 가족의 기능을 강화시키기 위한 상담과 교육서비스, 문제가 발생한 사례에 대하여 가족에 초점을 두는 개별사회사업, 집중적인 가족위기서비스가 포함된다.

2) 대체가정서비스 정책

일시적인 대체가정보호로서 가정위탁과 친족보호, 시설보호가 있으며, 영구적인 대체가정보호로서 입양이 있다. 가정위탁보호는 학대와 방임 피해, 특수한 의료적 욕구 등을 지닌 아동들을 대상으로 부모와 떨어져 다른 가정에서 보호를 제공한다. 시설보호는 지역사회의 생활시설, 그룹홈, 주거치료센터, 감호시설, 재활시설 등 여러 가지 형태의 장에서 제공된다. 가정에서 제공될 수 없는 서비스 욕구를 지닌 아동들에게 서비스를 제공하며, 아동의 보다 다양한 욕구를 충족시키기 위하여 시설의 형태가 다양화되고 있다.

3) 아동보호서비스 정책

아동보호서비스는 아동의 학대와 방임에 대한 대응으로서 최근에 급속하게 그 필요성이 증가하고 있다. 아동보호전문기관에서는 아동의 학대와 방임 사례를 조사하고, 아동이 가정에서 안전하게 보호를 받을 수 있을지 또는 다른 보호의 장으로 옮겨 아동보호전문기관의 보호를 받아야 할지를 결정하고, 사법기관과 긴밀하게 협조관계를 가지면서 아동을 위한 보호조치를 취한다. 아동을 부모나 기타 보호자로부터 격리시키기 위해서는 국가의 법률에 의한 공권력의 개입이 요청된다. 아동보호서비스는 아동이 학대되거나 방임되는 사례에 대한 국민이나 사회기관의 신고에 의하여 시작되며, 아동보호전문기관은 아동에게 적절한 보호를 제공할 수 없는 부모로부터 아동을 분리시키도록 법정에 요청하게 되는 것이다.

4) 아동수당

아동수당(child allowance)이란 아동이 있는 가족에게 정해진 현금을 지급하여 아동 양육의 부담을 경감시켜 주는 것이다. 아동수당제도는 우리나라에서도 저출산문제에 대한 해결책으로 제도 도입에 대한 검토와 논의가 진행되어 왔으나, 막대한 재정부담에 비해서 저출산 문제해결 효과는 미미할 것이라는 지적과 근로장려세제와 중복된다는 논란이 있어 왔다. 아동수당의 액수와 관련하여 모든 아동에게 동일한 일정액을 적용하여 제공하는 국가들도 있으며, 아동의 연령, 출생순위, 가정의 아동 수 등을 고려하여 계산하는 국가들도 있다.

아동수당은 아동의 사회적 양육개념을 실현하는 가장 대표적인 제도이며, 대부분의 선진국에서는 제2차 세계대전 전후로 도입하여 정착시킨 보편적 아동복지정책이다. 아동이 있는 가족의 경제적 안정을 통해 미래의 주역으로서 아동들이 건강하고 바람직하게 자라나는 것은 개별가족의 책임일 뿐 아니라 국가의 책임이기도 하다. 아동수당은 아동양육을 위해 가족이 부담할 수밖에 없는 기본적인 비용에 대한 사회적인 분담을 위한 것이며, 미래세대의 재생산을 위한 기존 세대의 사회적 연대의 제도적 표현인 것이다. 따라서 보편적 아동수당의 도입은 우리나라 아동복지정책의 패러다임을 '가족책임'에서 '사회책임'으로, 아동에 대한 '사회적 방임'에서 '사회적 투자'로 바꾸는 시발점이 될 수 있을 것이다(정익중, 2007).

3. 아동복지서비스

여기서는 아동복지서비스의 정의와 영역을 규정하고자 한다. 우리나라의 사회복지 기본법은 사회복지사업법이고, 사회복지사업법 제2조에서 "사회복지사업이라 함은 다음 각목의 법률에 의한 보호·선도 또는 복지에 관한 사업과 사회복지상담·부랑인 및 노숙인보호·직업보도·무료숙박·지역사회복지·의료복지·재가복지·사회복지관운영·정신질환자 및 한센병력자 사회복귀에 관한 사업 등 각종 복지사업과 이와 관련된 자원봉사활동 및 복지시설의 운영 또는 지원을 목적으로 하는 사업을 말한다."라고 규정되어 있다. 사회복지사업법 제2조의 1항에서 제시되어 있는 다음 각목의 법률 중 아동복지서비스와 관련되어 있는 법들을 정리하면, 아동복지법, 영유아보육법, 입양촉진 및 절차에 관한 법률의 세 가지 법률로 요약될 수 있다.

우리나라 아동복지의 기본법은 아동복지법이다. 현 정부가 시작되면서 참여정부의 보건복지부는 보건복지가족부로 확대 개편되면서, 국가청소년위원회의 청소년 업무, 여성가족부의 가족 업무가 보건복지가족부로 이관되어 기존의 아동복지 업무와 청소년 업무를 함께 담당하게 되었다. 그 결과 아동복지의 기본법인 아동복지법과 청소년 업무의 기본법인 청소년기본법을 통합하는 가칭 '아동청소년기본법'과 관련법을 통합하려는 준비작업을 진행하여 왔었다. 그렇지만 2010년 3월 19일부로 보건복지가족부의 청소년 업무와 가족 업무는 여성부로 이관되어 여성가족부로 확대 개편되고, 보건복지가족부는 보건복지부로 그 업무가 축소되게 되었다. 다행히 여성부의 지속적인 로비와 요구에도 불구하고 아동복지서비스 현장의 노력에 의하여 아동복지 업무와 보육 업무는 '일단은' 보건복지부에 남게 되었으나, 여성가족부로 이관하려는 시도는 지속될 것으로 전망된다.

1) 아동복지법

아동복지법 제1조에서는 "이 법은 아동이 건강하게 출생하여 행복하고 안전하게 자라나도록 그 복지를 보장함을 목적으로 한다."고 제시하고 있다. 제16조에서는 아동복지시설의 종류를 다음과 같이 제시하고 있다.

(1) 아동양육시설: 보호를 필요로 하는 아동을 입소시켜 보호, 양육하는 것을 목적으로 하는 시설
(2) 아동일시보호시설: 보호를 필요로 하는 아동을 일시보호하고 아동에 대한 향후의 양육대책수립 및 보호조치를 행하는 것을 목적으로 하는 시설
(3) 아동보호치료시설: 불량행위를 하거나 불량행위를 할 우려가 있는 아동으로서 보호자가 없거나 친권자나 후견인이 입소를 신청한 아동 또는 가정법원, 지방법원소년부지원에서 보호위탁된 아동을 입소시켜 그들을 선도하여 건전한 사회인으로 육성하는 것을 목적으로 하는 시설
(4) 아동직업훈련시설: 아동복지시설에 입소되어 있는 만15세 이상의 아동과 생활이 어려운 가정의 아동에 대하여 자활에 필요한 지식과 기능을 습득시키는 것을 목적으로 하는 시설
(5) 자립지원시설: 아동복지시설에서 퇴소한 자에게 취업준비기간 또는 취업 후 일정기간 보호함으로써 자립을 지원하는 것을 목적으로 하는 시설
(6) 아동단기보호시설: 일반가정에 아동을 보호하기 곤란한 일시적 사정이 있는 경우 아동을 단기간 보호하며 가정의 복지에 필요한 지원조치를 하는 것을 목적으로 하는 시설
(7) 아동상담소: 아동과 그 가족의 문제에 관한 상담, 치료, 예방 및 연구 등을 목적으로 하는 시설
(8) 아동전용시설: 어린이공원, 어린이놀이터, 아동회관, 체육, 연극,

영화, 과학실험전시시설, 아동휴게숙박시설, 야영장 등 아동에게 건전한 놀이·오락 기타 각종 편의를 제공하여 심신의 건강유지와 복지증진에 필요한 서비스를 제공하는 것을 목적으로 하는 시설

(9) 아동복지관: 지역사회 아동의 건전육성을 위하여 심신의 건강유지와 복지증진에 필요한 서비스를 제공하는 것을 목적으로 하는 시설

(10) 공동생활가정: 보호를 필요로 하는 아동에게 가정과 같은 주거여건과 보호를 제공하는 것을 목적으로 하는 시설

(11) 지역아동센터: 지역사회 아동의 보호·교육, 건전한 놀이와 오락의 제공, 보호자와 지역사회의 연계 등 아동의 건전육성을 위하여 종합적인 아동복지서비스를 제공하는 시설

따라서 이와 같은 11개 유형의 아동복지시설과 관련된 정책을 시설보호서비스로 정의할 수 있다. 또한 아동복지법 제16조의 3항에서는 "아동복지시설은 각 시설의 고유 업무 외에도 다음 각 호의 사업을 실시할 수 있다"라고 규정하고 있다.

(1) 아동가정지원사업: 지역사회아동의 건전한 발달을 위하여 아동, 가정, 지역주민에게 상담, 조언 및 정보를 제공해 주는 사업

(2) 아동주간보호사업: 부득이한 사유로 가정에서 낮 동안 보호를 받을 수 없는 아동을 대상으로 개별적인 보호와 교육을 통하여 아동의 건전한 성장을 도모하는 사업

(3) 아동전문상담사업: 학교부적응아동 등을 대상으로 올바른 인격형성을 위한 상담, 치료 및 학교폭력예방을 실시하는 사업

(4) 학대아동보호사업: 학대아동의 발견, 보호, 치료 및 아동학대의 예방 등을 전문적으로 실시하는 사업

(5) 공동생활가정사업: 보호를 필요로 하는 아동에게 가정과 같은 주

거여건과 보호를 제공하는 것을 목적으로 하는 사업

(6) 방과 후 아동지도사업: 저소득층 아동을 대상으로 방과 후 개별적인 보호와 교육을 통하여 건전한 인격형성을 목적으로 하는 사업

2) 영유아보육법

영유아보육법 제1조에서는 "이 법은 영유아의 심신을 보호하고 건전하게 교육하여 건강한 사회 구성원으로 육성함과 아울러 보호자의 경제적 · 사회적 활동이 원활하게 이루어지도록 함으로써 가정 복지 증진에 이바지함을 목적으로 한다."고 제시하고 있다. 제2조에 의하면, '영유아'는 6세 미만의 취학 전 아동을 말하고, '보육'이란 영유아를 건강하고 안전하게 보호 · 양육하고 영유아의 발달 특성에 맞는 교육을 제공하는 보육시설 및 가정양육 지원에 관한 사회복지서비스를 말한다.

영유아보육법 제10조에서 제시하고 있는 영유아보육시설의 종류는 다음과 같다.

(1) 국공립보육시설: 국가나 지방자치단체가 설치 · 운영하는 보육시설

(2) 법인보육시설: 「사회복지사업법」에 따른 사회복지법인이 설치 · 운영하는 보육시설

(3) 직장보육시설: 사업주가 사업장의 근로자를 위하여 설치 · 운영하는 보육시설(국가나 지방자치단체의 장이 소속 공무원을 위하여 설치 · 운영하는 시설을 포함한다)

(4) 가정보육시설: 개인이 가정이나 그에 준하는 곳에 설치 · 운영하는 보육시설

(5) 부모협동보육시설: 보호자들이 조합을 결성하여 설치 · 운영하는 보육시설

(6) 민간보육시설: 제1호부터 제5호까지의 규정에 해당하지 아니하

는 보육시설

따라서 보육서비스는 영유아보육시설에서 6세 미만의 취학 전 아동인 영유아를 대상으로, 영유아를 건강하고 안전하게 보호 · 양육하고 영유아의 발달 특성에 맞는 교육을 제공하는 보육시설 및 가정양육 지원에 관한 사회복지서비스로 정의될 수 있다.

3) 입양 촉진 및 절차에 관한 특례법

우리나라에서 아동복지 관련 특례법은 입양 촉진 및 절차에 관한 특례법이 유일하다. 현재 아동복지 현장에서는 아동학대에 관한 특례법을 만들어야 한다는 논의가 진행되고 있다. 입양 촉진 및 절차에 관한 특례법 제1조에서는 "이 법은 요보호아동의 입양을 촉진하고 양자로 되는 자의 보호와 복지증진을 도모하기 위하여 필요한 사항을 규정함을 목적으로 한다."고 제시하고 있다. 따라서 아동복지서비스로서 입양은 보호를 필요로 하는 18세 미만의 아동을 대상으로 아동의 보호와 복지 증진을 도모하는 서비스로 정의될 수 있다.

4) 실종아동 등의 보호 및 지원에 관한 법률

아동복지 관련법 중 가장 최근에 제정된 법은 2008년 제정된 실종 아동 등의 보호 및 지원에 관한 법률이다. 제1조에서는 "이 법은 실종아동 등의 발생을 예방하고 조속한 발견과 복귀 및 복귀 이후의 사회적응 지원에 관한 사항을 규정함으로써 실종아동 등과 가정의 복지증진에 이바지함을 목적으로 한다."고 규정하고 있다. 제2조에서 이 법의 대상 아동은 실종신고 당시 14세 미만 아동과 장애인복지법의 장애인 중 정신지체인, 발달장애인, 정신장애인이고, 실종아동이란 "약취, 유인, 유기, 사고 또는 가출하거나 길을 잃는 등의 사유로 인하여 보호자로부터 이탈된 아동을 말한다."라고 제시하고 있다. 또한 제5조에 의거한 실종아동전문기관의 설치는 사회복지법인인 어린이재단에 위탁하여 운영하고 있다. 따라서 아동복지서비스로서 실종아동보호서비스는 실종아동과 장애인을 대상으로, 이들의 조속한 발견과 복귀 및 복귀 이후의 사회적응 지원을 위한 서비스로 정의될 수 있다.

4. 보건복지부의 아동복지사업

보건복지부에서 발간한 [2010년도 아동 · 청소년사업 안내]에서 제시하고 있는 아동복지 영역과 사업은 〈표 7-1〉과 같다.

〈표 7-1〉 아동복지 영역과 사업

아동복지 영역	아동복지사업
아동 가정 보호	· 보호가 필요한 아동 보호 · 가정입양 지원 · 가정위탁 보호 · 소년소녀가정 지원 · 공동생활가정(그룹홈) 운영 · 아동급식
아동 시설보호 및 디딤씨앗통장 지원	· 아동 시설보호 · 디딤씨앗통장(CDA)
아동 방과 후 돌봄	· 드림스타트 · 아동복지교사 운영 · 지역아동센터 운영
아동 보호	· 아동학대예방 · 실종아동보호

1) 국내가정보호

취약계층 아동의 가정보호 내실화

- 부모의 빈곤 · 실직, 실종 등으로 인해 특별한 보호가 필요한 아동에 대해 입양, 가정위탁, 시설보호 등 다양한 형태로 건전 육성토록 지원 추진
- 요보호 아동에게는 건강하고 안정된 가정환경 제공이 최우선 복지시책으로, 이를 위하여 이들에 대한 가정 보호사업을 적극 추진

(1) 가정위탁 보호

① 목적

- 요보호 아동을 보호 양육하기를 희망하는 가정에 위탁 양육함으로써 가정적인 분위기에서 건전한 사회인으로 자랄 수 있도록 함

② 지원 내용: 양육보조금 및 국민기초생활보장법에 의한 생계비 등 지원

- 양육보조금 지원: 아동 1인당 월 7만 원 이상(지방 이양)
- 국민기초생활수급자 책정 · 지원
- 가정위탁아동 상해보험료 지원
- 보험담보: 위탁아동 후유장해, 입원 · 통원 의료비 등 지원
- 보험료: 1인당 연 8만 원 이내
- 대리양육 · 친인척 위탁 가정 전세자금 지원(국토해양부)
- 대출대상 주택: 임차전용면적 85㎡ 이하인 주택
- 일반주택 전세자금 및 공공임대주택 임대보증금 지원

(2) 공동생활가정(그룹홈)

① 목적

- 보호를 필요로 하는 아동에게 가정과 같은 주거여건과 보호를 제공하는 것

② 지원 내용

- 전용면적 60제곱미터 이상의 주택형 숙사에서 대리보호자(2인: 시설장, 보육사)가 5명~7명의 아동을 대상으로 대리보호자 서비스 제공
- 공동생활가정 운영자에 대하여는 소정의 인건비와 운영비 지원

③ 지원 대상 보호아동

- 시 · 도지사, 시장 · 군수 · 구청장이 보호자의 의뢰 또는 보호필요아동 발견 시 보호자 및 아동의 제반사항을 고려하여 결정

(3) 국내입양 활성화 추진

① 목적

- 보호가 필요한 아동에게 건강한 가정을 영구적으로 제공하여 건전하게 보호 육성될 수 있도록 함

② 국내입양 절차

- 아동의 처리절차(소요기간: 약 1~1.5개월)
- 아동상담소 등은 아동인수 후 아동의 상태에 따른 전원조치(일시보호시설, 가정위탁, 병원 등)
- 전원기관에서는 수용 의뢰(시 · 군 · 구청장) 및 입양절차 시작
  - ㉠ 수용보호의뢰(입양기관 · 시설의 장 → 시 · 군 · 구청장)

ⓒ 후견인 지정신청 및 승인(입양기관 · 시설의 장 → 시 · 군 · 구청장)
ⓒ 부양의무자 확인공고 등(입양기관 · 시설의 장이 신청, 시 · 군 · 구청장)
ⓔ 기아인 경우 성 · 본 창설
ⓜ 입양대상확인서 발급 의뢰
ⓗ 입양동의(부모, 직계존속 또는 후견인)

· 양부모의 처리절차(소요기간: 약 1개월)
ⓐ 신청서 접수 및 상담
ⓑ 양부모의 입양상담 및 아동양육교육(5~6회)
ⓒ 가정조사(2~3회)
ⓓ 양부모에 아동의 기록, 소유물품 등 인계

③ 국내입양가정 지원 내용
· 장애아동 입양양육보조금 · 의료비 지원
· 양육보조금 월 55만 1천 원/인, 의료비 연 252만 원/인
· 입양시 입양기관에 내는 수수료 지원
· 13세 미만 아동 입양가정에 양육수당 지원(월 10만 원/인) 및 입양아동 의료급여 실시
· 공무원 대상의 「입양휴가제」 실시 등

2) 아동복지시설 운영

(1) 시설의 종류

· 아동양육시설: 보호를 필요로 하는 아동을 입소시켜 보호, 양육하는 것을 목적으로 하는 시설
· 아동일시보호시설: 보호를 필요로 하는 아동을 일시보호하고

아동에 대한 향후의 양육대책수립 및 보호조치를 행하는 것을 목적으로 하는 시설
- 아동보호치료시설: 불량행위를 하거나 불량행위를 할 우려가 있는 아동으로서 보호자가 없거나 친권자나 후견인이 입소를 신청한 아동 또는 가정법원, 지방법원소년부지원에서 보호 위탁된 아동을 입소시켜 그들을 선도하여 건전한 사회인으로 육성하는 것을 목적으로 하는 시설
- 아동직업훈련시설: 아동복지시설에 입소되어 있는 만 15세 이상의 아동과 생활이 어려운 가정의 아동에 대하여 자활에 필요한 지식과 기능을 습득시키는 것을 목적으로 하는 시설
- 자립지원시설: 아동복지시설에서 퇴소한 자에게 취업준비기간 또는 취업 후 일정 기간 보호함으로써 자립을 지원하는 것을 목적으로 하는 시설

(2) 지원 대상 보호아동

- 시 · 도지사, 시장 · 군수 · 구청장이 보호자의 의뢰 또는 보호필요아동 발견 시 보호자 및 아동의 제반사항을 고려하여 결정

3) 드림스타트

(1) 추진 배경

- 소득양극화 등에 따른 정보격차 및 학습격차 심화로 빈곤의 세습화와 저소득층의 사회적 배제현상 가중
- 지역사회 보건복지협력 파트너십 구축 · 활용하고 문제를 조기 진단 · 치료, 빈곤의 대물림 방지하는 사전 예방적 차원의 능동적 복지 실현

(2) 드림스타트 사업지역(빈곤아동 밀집지역)

- 사업지역: 75개 시 · 군 · 구
- 서울 중랑, 성북, 울산, 울주군, 충남 서산, 보령, 천안, 청양, 전북 정읍, 완주, 고창, 부안, 부산 사하, 진구, 남구, 북구, 중구, 서구, 동구, 연제구, 경기 시흥, 포천, 안양, 남양주, 성남, 군포, 수원, 안산, 경남 김해, 함양, 사천, 전남 보성, 여수, 강진, 나주, 목포, 영광, 장성, 완도, 순천, 고흥, 대구 수성, 남구, 동구, 달서구, 강원 양구, 강릉, 속초, 양양, 동해, 횡성, 화천, 철원, 제주 제주, 서귀포, 경북 포항, 영주, 김천, 문경, 경산, 영천, 인천 계양, 동구, 남구, 중구, 충북 청주, 충주, 제천, 광주 북구, 남구, 동구, 광산구, 서구, 대전 동구, 서구

(3) 서비스 대상

- 사업지역 거주, 기초생활수급가정 및 차상위층 가정 등 취약계층 아동(0~12세까지) 및 임산부

(4) 사업추진기구

- 드림스타트 센터(시 · 군구별 운영, 전담공무원 3명, 민간전문인력 3명)
- 아동필요서비스 지원을 위한 지역사회 자원연계 · 조정 배분 등 역할 수행

(5) 사업 내용

- 빈곤아동 및 그 가족에게 가구단위 집중 사례관리 및 보건 · 복지 · 교육 · 문화 등 맞춤형 통합서비스 지역자원과 연계 지원
- 2007년 16개 지역 4,891명 → 2008년 32개 지역 9,600명 → 2009년 75개 지역 22,500명(아동기준)

4) 아동발달지원계좌

(1) 목적

- 저소득 아동의 사회진출 시 필요한 자립자금 마련에 도움을 주기 위하여 아동복지시설 아동, 가정위탁 아동 등을 대상으로 아동발달지원계좌(CDA: Child Development Account) 지원(2007년 4월 도입)
- 국민들에게 쉽게 다가가기 위하여 명칭 공모전을 거쳐 선정된 '디딤씨앗통장'을 대국민 브랜드로 2009년부터 사용

(2) 사업내용

- 아동이 보호자, 후원자의 후원으로 월 3만 원 이내의 금액을 저축하면 국가(지자체)에서 만 17세까지 같은 액수(1:1 매칭 펀드)를 지원하여 만 18세 이후 사회진출 시 학자금, 전세금, 창업자금 등으로 사용토록 함
- 아동형편에 따라 최대 월 50만 원 내에서 자율 저축 가능

(3) 지원대상

- 만 18세 미만 아동으로서 아동복지시설 생활아동, 가정위탁아동, 소년소녀가정, 공동생활가정 및 장애인시설 생활아동
- 가정회복 및 정부의 가정 보호 확대정책으로 중도에 가정으로 복귀하는 아동이 희망시 계속 지원

(4) 지원기간

- 0세부터 만 17세까지 지원

Ⅳ. 결론

우리나라 아동복지의 기본법인 아동복지법 제1조에 의하면, 아동복지의 목적은 아동이 건강하게 출생하여 행복하고 안전하게 자라나도록 복지를 보장하는 것이다. 아동복지는 모든 아동의 삶의 질 향상을 위하여 개인, 가족, 집단, 지역사회의 문제와 욕구에 대해 역량강화적인 문제해결 접근방법으로 개입하는 종합적인 전문 활동으로 정의될 수 있다. 따라서 아동인권 즉 아동의 권리를 보장하기 위한 사회정책이 필요하고, 특히 국가의 보호를 필요로 하는 아동뿐만 아니라 일반 아동을 포함한 모든 아동을 위한 사회정책이 실시되어야 한다.

1989년 채택된 유엔의 아동권리협약은 아동의 생존권, 보호권, 발달권, 참여권 등 아동과 관련된 모든 권리를 규정하고 있으며, 아동과 관련된 모든 결정에 있어서 아동의 최선의 이익이 1차적인 기준이 되어야 함을 강조하고 있다. 이와 같은 유엔 아동권리협약의 당사국인 우리나라에서는 그동안 4차례에 걸친 협약의 이행상황 모니터링 보고서를 통하여 아동복지정책의 변화를 추구하고 있다. 이와 같은 과정을 통하여 협약이 보장하고자 하는 아동기의 보편적이고 실질적인 기준에 맞추어 아동권리의 증진을 위하여 노력하고 있다.

그동안 4차례에 걸친 국가보고서의 제출과 유엔 아동권리위원회의 권고에 의거하여, 우리나라 아동복지정책 전반에 있어서 아동권리를 증진하는 방향으로 진행되고 있다. 협약 비준 후 가장 의미 있는 변화는 아동복지 관련 법률들의 제정과 개정이 이루어지고 있는 점이다. 아동은 참정권이 없고 특히 다른 어느 집단보다 국가 정책의 영향을 크게 받기 때문에, 이와 같은 아동권리 증진을 위한 관련 법률들의 제정과 개정은 반드시 필요하다.

특히 유엔 아동권리협약의 비준 당사국으로서 아동의 생존권, 보호권, 발달권, 참여권의 보장과 증진을 위한 아동복지 관련 법률들의 개정과 관련 정책들의 수립 및 실시가 지속적으로 이루어져야 할 것이다. 또한 아동, 부모 그리고 교사를 대상으로 하는 아동권리 교육의 실시를 통하여 아동권리에 대한 사회 전반의 인식을 증진시켜야 할 것이다. 아울러 우리나라의 다양한 아동복지 실천현장에서 아동권리의 실질적인 보장 강화를 위해 노력하여야 할 것이다.

참고문헌

보건복지부. 2010.『2010년도 아동 · 청소년사업 안내』. 보건복지부.
안동현. 1999. “유엔 아동권리협약의 의의와 과제.”『아동권리연구』 3(2): 27-42.
양옥경 · 김정진 · 서미경 · 김미옥 · 김소희. 2010.『사회복지실천론(개정4판)』. 나남.
오정수 · 정익중. 2009.『아동복지론』. 학지사.
이용교 · 천정웅 · 김경준. 2009.『청소년인권과 참여』. 양서원.
이재연 · 안동현 · 황옥경. 2007.『아동과 권리』. 창지사.
이재연 · 박은미 · 황옥경 · 김형모 · 이은주 · 강현아. 2009.『아동복지론』. 학지사.
이혜원. 2006.『아동권리와 아동복지』. 집문당.
장인협 · 오정수. 2004.『아동 · 청소년복지론』. 서울대학교출판부.
정익중. 2007. “사회복지서비스 분야 정책과제.”「민간사회복지계 현안 정책과제 개발 정책토론회 자료집」. 국회복지사회포럼 · 한국사회복지협의회.

제8장

노인인권과 사회정책

김근홍

I. 들어가는 말

경제와 과학의 발달에 따른 생활개선과 의료기술의 향상으로 평균 수명이 연장되고 출산율이 감소되면서 노인인구 숫자가 전체 인구에서 차지하는 비율이 급속히 증가하는 추세다. 이런 상황이다 보니 우리나라도 이제 서구 세계에서 이미 오래전부터 전형화된 현대화의 문제들을 공유하며 심각하게 고민해야 할 입장이 되었다. 그것은 바로 인구고령화에 따른 노인들의 권위상실과 그들이 이룬 인생 업적의 가치상실 그리고 인권(human rights)과 나이든 세대의 새로운 생활스타일 같은 문제들이다. 서구는 이미 오래전부터 이런 문제의 심각성을 인식하고 그 해결을 위해 사회적 · 정치적 · 경제적 노력을 경주해 왔던 것이 사실이다. 그에 반해 우리나라는 아직 이런 문제들의 성격을 제대로 파헤치는 일이 더 많이 필요하다고 본다. 물론 그런 과정에 여전히 넓게 퍼져 있는 시행착오들이며 반성되지 않은 서구의 체계나 제도들을 그대로 답습하는 일은 당연히 피해야 할 것이다.

현재 노인세대들에게 당면한 과제나 도전들을 극복하고 해결하기 위해서는 그 나름의 제도나 문화에 적합한 길을 걸어야 한다. 그러는 과정에 사회복지 시작과 발전의 기틀을 제공하고 있는 서구의 사례 가운데 유럽 노인복지 정책도 하나의 모범이 될 수 있을 것 같다.

현재 노인세대들은 전후의 힘든 시절을 겪었지만, 그 시기적 상황으로 보면 사회 발달의 정도가 지체된 까닭에 중부 유럽과 동시대라고 하기는 어려운 점이 있다. 우리나라는 세계에서 유래를 찾아보기 어려울 정도의 경제기적을 이루어냈지만, 그 전반적인 성격은 아시아의 전형적인 것으로 서구와는 거리가 있어 보인다. 물론 경제발달의 과정만 놓고 본다면 거의 똑같다고 해도 무방하겠지만, 사회-문화의 영역에서는 차이가 유사점보다 훨씬 더 커 보인다. 이런 상황에서 서구의 경우 여러 세대에 걸쳐 이루어진 현대화 과정들이 우리나라에서는 거의 단 한 세대 만에 이루어졌다. 그러면서 급속하게 앞서간 경제적 발달에 비해 노인들의 위상변화나 사회정책적인 면들은 멀리 뒤처진 채로 더디게 발달하고 있는 것 또한 사실이다.

노후를 제대로 준비할 환경적 요건을 갖추지 못한 채 급격한 사회변동에 가장 크게 시달림을 받은 이들이 바로 현 노인세대들이다. 따라서 우리가 접근하고 적응하는 과정은 우리 특유의 문화 특성들은 물론이고 전 세계 차원의 요구들도 함께 고민하는 노력이 필요하겠다. 더욱이 노인복지나 사회보장에 관한 연구들이 한 사회의 현황을 담아내는 일에만 그쳐서는 안 될 것이기에 개인의 기본적 인권이 보장될 수 있는 길들을 제시하는 것은 무엇보다 중요하다고 하겠다. 현재 노인인권과 관련하여 가장 기본적으로 사람다운 생활을 보장하기 위해서는 인권보호와 존엄 가운데 노인 학대 예방과 소득이 보장되어야 하고, 갈수록 위축되기 쉬운 활동반경을 최대한 보장하기 위해서도 교통정책이며 주택정책 그리고 성(性)문제들이 제대로 다뤄야 할 분야들이다.

노인인권과 관련하여 노인학대의 경우 누군가가 의도적으로 노인에게 위해를 가하는 소극적이고 협의적인 영역에서부터 노인의 인권보호를 전제로 하는 적극적인 광의의 영역까지 매우 다양하다. 따라서 노인학대는 여러 가지 복합적이고 상호작용적인 측면에서 종합적인 개입과 대책을 강구해야 된다는 기존 선행연구들이 많기에 본 연구에서는 다루지 않을 것이다. 다만 노년기의 적절한 소득은 노후에 최소한의 계속적 생존을 가능하게 할 뿐 아니라 사회적 및 심리적 고립과 소외문제 등도 크게 해결할 수 있는 지름길이라는 사실에 주목하고자 한다. 노인인권 차원에서 바라본 소득보장의 경우 우리의 연금체계 전통이 서구에 비해 매우 짧은 탓에 연금 급여에서 일어날 병목현상은 물론이요 노인들의 소득불안에 따른 기본적 욕구 해결조차 제대로 보장되지 못한 것이 현실이다.

이에 본 연구에서는 국내의 노인관련 정책들을 토대로 국가인권정책기본계획에 포함될 정책과제들을 소득, 주거, 여가시설과 교육프로그램 중심으로 간략히 언급해 보고자 한다.

Ⅱ. 노인인권과 노인복지법

1. 노인인권과 관련된 국제선언

1) 국제기구의 노인인권 출발

인권은 인간의 존엄성을 인정하는 기본적 권리로서 시대나 문화 및 상황과 무관하게 '인간답게 살 권리'를 의미한다. 인권의 사전적 의미는 '사람이 사람답게 살기 위해 필요한 것으로서 당연히 인정된 기본적 권리' 또는 '인간이 존엄한 존재가 되기 위해 가져야 할 당연한 권리'

라고 명시하고 있다. 세계인권선언에도 인간이 존엄한 존재가 되기 위해 가져야 할 당연한 권리라고 규정하고 있다(국가인권위원회, 2004). 이런 이유들로 노인인권이란 노인의 특성을 가진 인간이 '노인답게 살 권리'이며 노인의 인간 존엄성 보장을 위한 기본적인 개념이라 할 수 있다. 대부분의 노인들은 빈곤, 노화와 질병에 따르는 육체적 · 정신적 고통, 죽음에 대한 공포, 변화에 대한 두려움과 정서적 소외감, 사회적 참여와 자아실현의 기회봉쇄, 휴식과 문화에 대한 접근권 차단 그리고 부정적인 고정관념 등으로 인해 고통 받는 경우가 많다.

〈표 8-1〉에서처럼 노인인권과 관련된 국제적 움직임은 제2차 세계대전 중인 1945년 10월 24일 유엔헌장을 발효하여 유엔이 성립하고, 1948년 제3회 유엔총회에서 세계인권선언을 발표함으로써 인권에 대한 관심을 표명한 것으로 볼 수 있다. 특히 1948년 11월 26일 유엔에서 '노인의 권리선언'을 하였고, 이 선언에는 사회권이 중심이 된 신체적 · 정신적 건강과 안전 및 안심에 대한 권리, 존경받을 권리 등 열 가지의 권리가 포함되어 있다. 1982년 오스트리아 비엔나(Wien)에서 개최된 제1차 고령화 세계대회(1982년 7월 26일~8월 6일)에서는 "고령화 관련 국제행동계획(International Plan of Action on Ageing)"이 채택되어 노인인권에 대한 보다 구체적인 행보가 나타나기 시작하였다. 본 계획은 고령화, 노인문제 관련 정책과 사업의 수립 및 지침들을 위한 최초의 국제적 도구라 할 수 있으며 건강과 영향 등 7개 하위분야에서 실시되어야 할 정책방향 62가지가 권고되어 있다(보건복지부, 2000).

특히 1999년에는 유엔에서 '세계노인의 해(International Year of Older Persons)'를 선정하여 노인복지의 또 다른 핵심을 간직하게 되었다. 유엔은 세계노인의 해를 선포하면서, '모든 연령을 위한 사회를 향하여(Toward a society for all ages)'라는 기본 원칙하에 세대 간의 연대를 강조하기도 하였다. 따라서 노인이 가정이나 사회로부터 격리되거나 소외되지 않고 젊은 세대와 상호 의존적 관계 속에서 통합적 노후생활을 영위하고 자신의 잠재능력을 계발하도록 해야 한다는 것이다. 이

〈표 8-1〉 노인인권과 관련된 국제적 주요 사항

연도	관련기구	주요 내용
1948	UN	노인의 권리선언
1952	ILO	사회보장의 최저기준에 관한 협약 보편적 사회보장헌장
1967	ILO	장애 · 노령 · 유족연금에 관한 128조 협약 노령연금지침 제공, 국가별 특성반영
1982	UN	고령화에 관한 국제행동계획 고령화에 관한 세계회의에서 채택, 노인인권의 정책 · 사업의 실천적 지침제공, NGO의 자발적 활동장려
1990	국제	1990년 10월 1일 세계노인이 날(International Day for the Elderly) 제정
1991	UN	노인을 위한 UN(United Nations Principles for Older Persons)원칙 채택
1997	우리나라	경로효친 사상의 미풍양속을 확산시키고, 전통문화를 계승 발전 시켜온 노인들의 노고를 치하하기 위해 노인의 날 제정
1998	OECD	고령화대비 7대 원칙 퇴직대비정책, 보건정책, 총괄로 구분
1999	UN	세계노인의 해
2002	국제	제2차 세계고령화 회의를 개최하고 정치선언문과 행동계획 채택

를 통해 기본욕구를 충족할 수 있도록 사회구조와 정책 등이 조정되어야 한다는 것이 주 목표였다.

1991년 12월 16일 유엔총회에서는 "노인을 위한 유엔원칙(United Nations Principles for Older Persons)"을 설정하였다. 노인을 위한 유엔원칙은 노인의 지위와 관련된 독립 · 참여 · 보호 · 자아실현 · 존엄 5개 영역 아래에 18개의 원칙으로 구성되어 있다. 그리고 2002년 스페인 마드리드에서 개최된 제2차 고령화 세계대회(2002년 4월 8일~4월 12일)에서 "고령화 관련 국제행동계획"을 일부 수정하여 소위 "마드리드 고령화국제행동계획"을 발표하게 되었다. "마드리드 고령화국제행동계획"은 총 132개의 문항으로 구성되었고, 노인 개인, 민간단체, 정부, 학계 및 산업계, 국제기구 등 고령화현상에 대응하여 건강과 영양, 소비자보호, 주택과 환경, 가족, 사회복지, 소득보장과 고용, 교육 분야 등에서 어떻게 행동을 취하여야 할 것인지 98개의 권고조항이 명시되어 있다.

국제기구들이 제시해온 이러한 인권 및 노인관련 행동계획들은 국내의 노인관련 정책을 수립하는 과정에서 매우 중요한 방향과 핵심 정책들을 제시하고 있다. 즉, 노인의 경제적 · 사회적 · 문화적 권리는 노인들의 자기결정권, 잔존능력의 존중 및 활용, 노인의 가치와 존엄의 확보라는 원칙을 토대로 한다고 볼 수 있다.

2) 노인을 위한 유엔원칙

노인을 위한 유엔원칙은 1991년 12월 16일 유엔총회(결의 46/91)에서 채택되었던 5가지를 말한다. 각 정부에서는 가능한 언제든지 독립, 참여, 보호, 자아실현 그리고 존엄 등 5가지 원칙을 반영하여야 하는데 여기에는 18개의 권리도 포함되어 있다. 한편 각 원칙에 따른 세부적인 내용을 살펴보면 다음과 같다.

(1) 독립(Independence)의 원칙

독립의 원칙은 소득, 가족과 지역사회의 지원 및 자조를 통하여 적절한 식량, 물, 주거, 의복 및 건강보호에 접근할 수 있어야 한다는 것이다. 따라서 일을 할 수 있는 기회를 제공받거나, 다른 소득을 얻을 수 있는 기회에 접근할 수 있어야 하며, 직장에서 언제 어떻게 그만둘 것인지에 대한 결정에 참여할 수 있어야 한다. 그리고 적절한 교육과 훈련 프로그램에 접근할 수 있어야 하며, 개인의 선호와 변화하는 능력에 맞추어 안전하고 적응할 수 있는 환경에서 살 수 있어야 한다. 그리고 가능한 오랫동안 가정에서 살 수 있어야 한다는 것 등을 독립의 원칙으로 꼽고 있다.

(2) 참여(Participation)의 원칙

참여의 원칙은 세부적으로 3가지로 나눠서 살펴볼 수 있다. 첫째, 사회에 통합되어야 하며, 그들의 복지에 직접 영향을 미치는 정책의 형성과 이행에 적극적으로 참여하고, 지식과 기술을 젊은 세대와 함께 공유하여야 한다. 둘째, 지역사회 봉사를 위한 기회를 찾고 개발하여야 하며, 그들의 흥미와 능력에 알맞은 자원봉사자로서 봉사할 수 있어야 한다. 셋째, 노인들을 위한 사회운동과 단체를 스스로 형성하여 참여할 수 있어야 한다.

(3) 보호(Care)의 원칙

보호의 원칙은 각 사회의 문화적 가치체계에 따라 가족과 지역사회의 보살핌과 보호를 받아야 하기 때문에, 신체적 · 정신적 · 정서적 안녕의 최적 수준을 유지하거나 되찾도록 도와주고 질병을 예방하거나 그 시작을 지연시키는 건강보호에 접근할 수 있어야 한다는 것이다. 따라서 그들의 자율과 보호를 고양시키는 사회적 법률적인 서비스에 접근할 수 있어야 하며, 인간적이고 안전한 환경에서 보호, 재활, 사회적 정신적 격려를 제공하는 적정 수준의 시설보호를 이용할 수 있어야 한다. 특히 그들이 보호시설이나 치료시설에서 거주할 때도 그들의 존엄, 신념, 욕구와 사생활을 존중받으며, 자신들의 건강보호와 삶의 질을 결정하는 권리도 존중받는 것을 포함하는 인간의 권리와 기본적인 자유를 향유할 수 있어야 한다.

(4) 자아실현(Self-fulfillment)의 원칙

자아실현의 원칙은 자신들의 잠재력을 완전히 개발하기 위한 기회를 추구하여야 하며, 사회의 교육적, 문화적, 정신적 그리고 여가에 관한 자원에 접근할 수 있어야 한다.

(5) 존엄(Dignity)의 원칙

존엄의 원칙은 존엄과 안전 속에서 살 수 있어야 하며, 착취와 육체적 · 정신적 학대로부터 자유로워야 한다는 것이다. 이에 나이, 성별, 인종이나 민족적인 배경, 장애나 여타 지위에 상관없이 공정하게 대우받아야 하며, 그들의 경제적인 기여와 관계없이 평가되어야 한다(현외성, 2010).

이처럼 1982년 12월 3일 고령화에 관한 세계회의에서 채택되고, 유엔총회에서 결의한 '국제고령화행동계획'을 이행하기 위해서 국가와 개인 사이의 다양성과 특성을 인정하면서 이 원칙을 채택하였던 것이다.

2. 국내 노인복지법 제정에 따른 인권의 출발

모든 노인복지정책이나 실천은 노인복지 관련법에 근거하여 이루어지고 있으므로 노인복지 관련법에 대한 고찰은 필수적이다. 현재 우리의 노인복지법은 저출산 · 고령사회기본법, 노인복지법, 각종 연금보험법, 고용상 연령차별금지 및 고령자고용촉진에 관한 법률, 국민기초생활보장법, 국민건강보험법, 주택법, 고령친화산업진흥법, 기초노령연금법, 노인장기요양보험법, 평생교육법, 농어촌 지역주민의 보건복지증진을 위한 특별법, 효행 및 장려 및 지원에 관한 법률 등 매우 다양하다. 그러나 이 모든 법률들은 노인복지법이 모법(母法)으로서 지위를 갖고 있기 때문에 노인복지법의 이해가 노인인권의 근본적 출발점이라 할 수 있다(권중돈, 2010).

그럼에도 현재 우리나라에서 노인들의 인권보장을 직접적으로 명시한 법은 어느 곳에서도 찾아보기가 어렵다. 다만 간접적으로 유추할 수 있는 인권보장의 내용을 포함하고 있는 국내법상 최상위법인 헌법과 몇 개의 하위 법률들이 그 대안으로 가능할 수 있다. 일례로서 1981년

'노인복지법'이 제정 · 시행되면서 노인복지가 독립된 사회복지의 한 영역으로 정부가 직접적으로 노인문제를 해결하고 노인복지증진에 기여하는 계기가 되었다. 동법 제2조에는 노인은 존경받으며 동시에 건전하고 안정된 생활을 할 권리와 능력에 따른 경제활동 및 사회활동 참여 권리를 가짐과 동시에 심신의 건강유지와 사회발전에 기여할 의무를 규정하고 있다. 국가인권위원회의 국가인권정책기본계획에서도 노인의 주거권, 건강권, 사회복지권이라는 세 가지 권리 보장을 노인 인권 증진이 목표로 규정하고 있다(국가인권위원회, 2004). 그럼에도 노인복지법 제정 이전에는 노인을 빈곤대책의 일환으로서 65세 이상 노쇠자로 취급하였으나 노인복지법이 제정되면서 노인집단을 이제 하나의 독립된 복지정책대상으로 취급하게 되었다.

인구 고령화에 따른 종합적이고 체계적인 노인복지정책의 수립을 각계에서 수차례 촉구해왔지만 정책결정과정에서 그 의견들은 제대로 반영되지 못한 경우들이 많았다. 특히 노인복지는 정치권의 관심영역 밖에서 머물러 있었기 때문에 적극적이고 포괄적인 대책들을 기대한다는 것이 쉽지 않은 과제들이다. 이런 이유들로 고령사회에 대비한 소극적 대응은 노인의 삶의 질을 더욱 악화시키고 피폐하게 하여 생명의 유지 자체가 어려운 상황에 처하게 하는 경우가 많았다. 특히 생계곤란으로 불안정하게 생활하는 노인, 시설이나 가정에서의 학대, 재산착취, 노인살해 및 유기, 증가하는 노인 자살률, 방치되는 독거노인 등 노인의 인권침해 사례들이 상당히 심각하게 대두되고 나서야 그 대책들이 발표되는 소위 뒷북 행정들도 비일비재하였다.

1) 국내 차원의 노인인권보장

노인인권보장을 위한 국내적 기준으로 2006년 보건복지부 노인요양팀에서 복지시설 생활노인의 인권을 보호하고 학대를 예방하기 위하여 마련한 '노인복지시설 인권보호 및 안전관리지침'이 하나의 선례가 되고 있다. 물론 이런 권리선언과 윤리강령은 법적 구속력이 없다는 한계를 갖고 있음에도 노인인권에 대한 보편적 기준을 마련했다는 점에서 나름 의의가 있다. 동 지침이 비록 가정과 사회로부터 격리되고, 노령으로 인한 지적 능력저하, 시설이라는 제한된 환경과 여건 속에서 인권을 보장받기 힘든 시설거주 노인을 주 대상으로 하고 있다고 하지만 일반노인의 인권보장에 대해서도 공통의 준거가 될 수 있었다는 데 의미가 있다.

보건복지부는 시설거주 노인의 권리와 국가 및 시설의 노인보호의무를 명확히 규정하고 노인의 11가지 권리와 43개 항목의 윤리강령을 제정하였다. 이 지침에는 "노인복지시설 생활노인은 다음과 같은 기본적 권리를 가지고, 어떠한 이유에서도 권리의 침해를 받아서는 안 되며, 국가 외 시설은 생활노인의 인권을 보호하고 삶의 질을 향상시키기 위하여 최선의 노력을 기울여야 한다"고 명시 되어 있다(임춘식 외, 2007: 370 재인용).

2) 권리의 주체로서 노인

인간이 인간으로서 갖는 기본적 인권에는 재산권의 존중, 표현의 자유라고 하는 자유권과, 생존권, 단결권 등 사회권이 있다. 헌법 34조 1항을 살펴보면 "생활능력이 없는 국민은 법률이 정하는 바에 의하여 국가의 보호를 받는다"라고 명시되어 있다. 이처럼 인간의 기본적 생활권은 노인복지뿐만 아니라 사회복지, 사회보장 제도의 가장 기본에 해당되는 사항이다.

이에 노인도 인권의 주체로서 존재해야 할 대상자임에도 불구하고 그동안 우리나라 노인복지 서비스는 주로 빈곤, 저소득계층 노인을 주 대상으로 최저생활을 보장하는 역할에 치중하여 왔던 것이 사실이다.

노인복지법이 제정되기 이전의 시기인 1980년까지는 노인들이 어떤 권리의 주체라는 관념이 사실상 결여되었기 때문에 가족이나 친족에게 제대로 보살핌을 받지 못할 때에도 그것으로 만족해야 했다. 이런 상황에서 생존권의 주체로서 보장 수준의 향상을 요구한다든지 아니면 자유권이나 행복추구권 그리고 평등권의 주체로서 생활의 최저한도 보장은 물론 상대적으로 높은 복지(well-being) 수준을 요구한다는 관념도 상당히 희박했다.

그러나 1980년 이후 점차 일반인들은 물론 노인들 사이에도 사회보장의 권리 주체라는 생각이 받아들여지기 시작하면서 변화가 나타나기 시작했다. 더욱이 복지서비스를 이용하는 노인들도 생활권의 주체라는 이해가 서서히 확산되면서 변모의 양상은 더욱 명확하게 나타나기 시작했다.

3) 자기결정과 존중의 권리로서 노인

개인의 가치와 존엄은 앞에서 살펴본 것처럼 헌법에 의해 모든 국민에게 보장되는 것이다. 따라서 노인들은 오랜 세월 사회의 일원으로 살아온 그 자체만 놓고 보더라도 사회로부터 공경받고, 따뜻한 처우와 편안한 생활을 할 권리를 가진다고 할 수 있다. 유엔의 비엔나 행동계획에서도 "노인들은 지식, 문화 및 정신적 가치의 전달자이며 교사이다"라고 언급되어 있는 것처럼 교육의 확충을 권고하고 있다. 이에 국가와 시민이 노인을 다년에 걸쳐 살아온 선배로서 존중하고 소중하며 따뜻하게 대우하겠다는 인식이 필요하다. 그렇게 함으로써 노인이 사회에서 한 사람의 인간으로서 최후까지 당당하게 살 권리가 보장될 수 있을 것이다.

이에 노인이 인생 최후의 시기까지 개인의 존엄을 존중받고 자기결정에 근거하여 스스로의 삶을 살아간다는 것은 자기가 가지는 모든 능력이 존중되고 그것을 가능한 한 자신을 위해 사용하고 인간답게 사는 것이 보장된다는 것을 의미한다.

따라서 자신의 잔존능력을 존중받고 그것을 활용하여 개인의 존엄과 자기결정권의 존중받아야 할 대상이다. 고령으로 인해 정신 또는 신체에 장해와 쇠퇴가 생긴 경우, 장해 없는 부분의 능력은 충분히 발휘되어야 하고, 장해가 있는 경우에도 그 장해의 정도에 따라 가능한 자기의 잔존능력이 활용될 수 있어야 한다.

사람은 누구나 인생의 종반에서 개인의 존엄을 존중받고 스스로의 생명, 자유 및 행복을 추구할 권리를 가지고 있다. 행복추구권은 개인의 인격적 생존에 불가결한 이익을 내실로 하기 마련이다. 이는 인격적 자율의 존재로서 자기를 주장하고 그와 같은 존재가 계속되기 위해 필수 불가결한 각종 권리와 자유를 포함한 포괄적인 권리이다. 명예권, 프라이버시의 권리, 환경권, 자기결정권 등이 그 내용을 채우는 권리다. 그 가운데 하나로서 자기결정권은 개인이 일정의 사적 사항에 대해 공권력을 포함한 제3자로부터의 간섭을 받지 않고 스스로 결정하는 것을 보장하는 권리라 할 수 있다. 그럼에도 그간 노인복지 현장에서 노인은 행정의 편의와 통일된 집단생활, 능률지상주의 등의 목적 때문에 획일적인 취급을 받아왔던 것이 사실이다. 그러나 이제는 개인의 자유를 제한하는 것이 흔했던 관행에서 벗어나 노인도 인권을 보장받고, 권리의 주체자로서 노후를 스스로 결정하고 행동할 수 있는 자기결정권의 확립이 무엇보다 중요해졌다.

자기결정권은 어떤 상황에 대해서 어느 정도 보장받을 수 있는가의 여부가 상황에 따라 구체적으로 검토되어야 하지만 개인에 관계된 것은 스스로 결정하는 것이며, 타인과 행정에 의해 결정되는 것이 아니라는 관점이 바로 노인의 권리를 관통하는 핵심이라 할 수 있다(밝은노후, 2004).

한편 권중돈(2010)은 〈표 8-2〉에서 볼 수 있는 것처럼 노인인권을 인간존엄권, 자유권, 사회권 그리고 법적, 절차적 권리를 포함하는 것으로 세부적이고 구체적으로 나눠서 언급하고 있다.

〈표 8-2〉 노인 인권의 영역과 세부적 권리

영 역	인권항목	세부적 권리
인간 존엄권	행복추구권과 평등권	· 천부적 자유와 존엄, 생명권, 신체의 자유와 안전, 강제노동과 노예제도의 금지, 고문금지, 법 앞에서의 평등, 차별금지
자유권	신체자유권	· 불법 체포 및 구속으로부터의 자유, 불법강제 노역으로부터의 자유
	사생활자유권	· 사생활의 비밀과 자유, 주거의 불가침, 거주 및 이전의 자유, 통신의 자유
	정신적 자유권	· 양심의 자유, 종교의 자유, 학문과 예술의 자유, 개인적 및 집단적 표현의 자유
	경제적 자유권	· 재산권의 보장, 직업선택의 자유
	정치적 자유권	· 정보접근권, 정치활동의 자유, 참정권
사회권	경제권	· 연금수급권, 기초생활보장권, 노후경제생활에 관한 교육을 받을 권리 등
	노동권	· 은퇴준비 교육권, 경제활동 참여권(기업체 취업, 노인일자리 사업), 적정 보수를 받을 권리, 적정 노동환경 요구권(산재보험 등)
	주거권	· 주거환경보장권(주택소유, 주거환경 개선, 임대 보증금지원 등)
	건강권	· 건강증진권(건강교육, 건강상담, 건강교실) 등 · 위생 및 영양권(이 · 미용, 목욕, 세탁서비스, 경로식당, 밑반찬, 푸드뱅크 등) · 건강급여권(의료이용, 건강보험과 의료급여 등) · 재활서비스 이용권(양 · 한방진료, 재활문제해결(물리치료, 작업치료, 운동재활, ADL훈련 등) · 요양보호권(방문요양, 노인돌봄서비스, 주간 · 야간 · 단기보호, 장제서비스), 시설입소권(노인요양시설 등)

	평생교육권	· 노인교실, 노인복지관 등의 교육프로그램 참여권(한글교실, 외국어교실, 교양교실, 정보화교육, 역사교실, 예능교실, 전통문화교실 등)
	문화생활권	· 경로당, 노인복지관 등의 여가문화프로그램 참여권(음악, 미술, 원예, 다도, 서예, 문화, 운동, 바둑, 장기)
	사회참여권	· 자원봉사활동 참여권, 동아리 · 클럽 활동 참여권, 교통편의서비스 이용권 등
	가족유지권	· 가족과의 교류, 가족의 부양을 받을 권리 등
	소통권	· 가족, 이웃, 친구, 비 노인층 등 관계망과의 교류
법 절차 권리		· 청원권, 재판의 청구권, 형사보상 청구권, 국가배상 청구권, 범죄피해자의 구조 청구권 등

자료: 권중돈(2010: 303-304), 재인용

III. 노인인구변화와 인권관련법

1. 인구학 차원의 변화 추이

인구의 크기, 지리적 분포 그리고 그 구성과 변동에 따른 통계 분석을 통해 경제 및 사회와의 연관관계를 연구하는 학문을 일컬어 소위 인구학(demography)이라 한다. 인구학은 인구의 크기를 측정하고, 인구의 증가와 감소를 설명하는 데 관심을 둔다. 인구의 구조는 일반적으로 세 가지 요소에 의해서 결정되는데, 출생, 사망, 이주가 그것이다. 따라서 인구학은 흔히 사회학의 한 분과로 보는 경우가 많고 인구학적 연구는 통계적인 분석을 주로 많이 사용한다. 오늘날 대부분의 산업국가에서는 센서스를 통해 자국민에 대한 기본적 통계 자료를 수집하고 분석하여 정책에 활용한다.

인구의 증감은 주어진 시기의 출생 수에서 사망 수를 빼어 측정하는데, 대개 연간 비율로 계산한다. 유럽은 18~19세기에 인구 증가율이 비교적 높았으나 이후 정지 상태를 보이다가, 근래에 들어서는 몇몇 국가들에서 인구의 감소 현상을 보이는가 하면, 증가를 보이는 경우에도 0.5% 이하로 매우 낮은 상황이다. 이런 인구 감소 문제만 하더라도 심각한 사회문제로 꼽히기 마련이다. 기대수명의 증가에 따른 노령 인구의 증가가 대세인 상황에서 인구가 감소한다는 것은 출산율의 저하가 그만큼 심각하다는 걸 방증하기 마련이다.

세계 전체 인구로 보자면 상황은 또 다른 국면을 보여주고 있는데 그것은 바로 세계 인구가 가파른 증가 추세를 보여주고 있기 때문이다. 게다가 제3세계 여러 국가들을 비롯하여 최근에 인구 성장률이 높은 나라에서는 인구학적 통계의 신빙성이 거의 없고 편파적인 경우도 있어서 실제 인구를 가늠하기 힘들 정도이다. 일례로 인도의 경우 출생과 사망의 등록 수치는 실제의 3/4 정도에 그친다고 주장하는 이들도 있다. 그러니까 인도와 아프리카 그리고 남아메리카와 같이 전통적으로 가난하고 인구 조절이 되지 않는 나라들의 경우 인구 증가를 제어하지 못하는 것이 문제인 셈이다.

그렇다면 유럽이나 최근 우리나라의 저출산 고령화에 대한 염려는 그저 기우에 불과하지 않을까 싶다. 이론 차원에서만 보자면 남는 곳에서 모라자라는 곳으로 이동하면 모든 문제가 해결될 테니 말이다. 그러나 실제 현실에서는 그런 발상에서부터 이미 헤아리기 힘들 정도로 많은 문제와 맞물린다. 일례로 독일의 경우 심심치 않게 벌어지는 네오나치 등 극우파들의 외국인 공격 사건들은 바로 그런 문제가 겉으로 표출되어버린 사례에 불과하다. 우리나라의 경우에도 외국인 노동자들을 대우하는 모습에서 또 다른 인권차별의 구조화를 가져오기 쉽고 또 그러면서도 인자리를 엽려하여 외국인을 혐오하는 내국인들도 생겨나고 있다.

〈표 8-3〉에서처럼 OECD 국가의 성별 기대수명은 전 세계적으로 고령인구 증가에 따른 노인문제 또는 사회의 노화가 시간이 흐를수록 깊은 관련 현상들을 보여주는 일면이다.

〈표 8-3〉 OECD 국가의 성별 기대수명

구분	한국	독일	일본	프랑스	영국	미국	OECD 평균
남성	76.5	77.2	79.2	77.5	77.1	75.4	76.2
여성	83.3	82.4	86.0	84.4	81.1	80.7	81.8

자료: 보건복지가족부(2009b); Statistisches Bundesamt(2009)

2. 고령 인구와 세계인구의 증가

인구 성장에 대한 예측은 매우 다양한 측면에서 살펴볼 수 있다. 통계를 살펴보면 세계 인구가 10억에 도달하기까지는 약 10,000년의 시간이 걸렸다. 이러한 인구가 20억이 되는 데는 지난 1,800년에서 1,900년까지 불과 100년밖에 걸리지 않았다. 특히 인류 역사상 세계 인구가 지난 세기처럼 급격하게 증가한 적은 결코 없었다. 왜냐하면 한 세기만에 세계 인구는 16억에서 66억으로 네 배 이상 늘어났기 때문이다. UN의 추정에 따르면 이 수치는—연간 7천9백만 성장을 예상할 때—21세기 중반쯤 90억으로 증가하게 된다고 한다. 그 이유는 무엇보다 세계에서 가장 빈곤한 국가들의 인구가 계속해서 증가하기 때문이다. 2050년 인구 전망에서 볼 때, 선진국과 개발도상국을 막론하고 인구의 고령화가 급속하게 진행되어, 전 세계가 심각한 인구 고령화 문제를 함께 겪게 될 것으로 전망되고 있다.

특히 수십 년 동안 전 세계적인 노화현상도 극적인 양상을 보이고 있다. 오늘날 28세인 평균연령은 이제 38세 이상으로 치솟게 될 것이다. 그와 동시에 65세 이상 인구 비중이 10% 가까이(7%에서 16%로) 증가할 때, 15세 이하 인구비율은 20%로 감소될 것이라고 한다. 세계적인 인구사회학적 변화현상들이 나타내는 다음 사실들만 보더라도 그만큼 사태의 심각성을 알 수 있다(김근홍, 2010).

현재 과도한 노화는 세계 전체에서 서서히 그리고 조용하게 퍼져가는 진행과정의 하나다. 깊은 물속의 조용한 흐름 아래에서는 이를테면 방글라데시처럼 향후 50년 동안 60세 이상 인구 비중이 6배로 증가하는 혁명적 변화에 대한 전망도 있다. 그러고 나면 출생률이 높은 나이대 사람들이 점점 더 노년의 연령에 이르기 마련이다. UN 관계자들 사이에서는 이 시대적인 인구사회학적 변화를 두고 다음과 같이 '도발적 표현'을 서슴없이 내 놓고 있다. "문제는 인간 수가 토끼의 새끼치기처럼 늘어난다는 데 있는 게 아니라, 더 이상 파리처럼 죽지 않는 데에 있다(Spiegel, 2002: Nr. 15)." 그런데 여기에는 심각한 역설의 또 다른 문제가 부각되는데, 다름 아니라 산업국가들이 먼저 풍요를 누리고 나서 노화되는 과정을 거친다면, 개발도상국에서는 풍요를 누리기도 전에 노화된다는 사실이다. 그렇게 된다면 세계의 노화 경향은 앞으로 세계 전역에 걸쳐 젊은 세대와 늙은 세대 사이의 분배투쟁에 따른 차별로 변모될지도 모를 일이다.

3. 저출산 고령화 현상과 인권

1) 저출산 현황

우리도 이미 접어들기 시작하였지만 산업국가들의 저출산 고령화 현상은 해당 국가사회를 심각한 위기의식으로 몰아넣고 있다. 일례로서 독일의 경우 전통적으로 내려온 '세대 간 계약'이라는 연금체계 와해의 불안감이 도처에서 불거져 나온다. 그런 와중에 젊은이들 가운데에는 굳이 그런 연금체계에 들어가 '손해를 볼' 마음이 없다는 목소리도 드물지 않다. 현실론적 근거에서 바라보면 추산된 통계를 살펴봐도 현재의 연금시스템으로는 인구사회학적 변화를 소화하기 힘들다는 사실이 점점 다가오고 있는 것이 사실이다. 이는 우리의 사정에도 '저출산 고령화사회'라는 말이 나돌기 시작한 지 꽤 되었고, 게다가 정책 차원에서 출산장려의 방책들을 쏟아낸 지 오래되었다. 그러나 유치원시설의 대폭 충원과 같은 인프라시설의 확장과 임산부와 아이가 있는 남녀 근로자들의 근무 여건 등 구체적인 변화 없이 그저 얼마간의 보조금을 지원해 주는 것으로 실제 효과를 기대할 만한 지 우려스럽다. 그럼에도 변화를 추구하는 모습에서 다급함을 엿볼 수는 있는 셈이다. 그리고 그런 척도로 보자면 도시보다 시골 지자체들의 사정이 훨씬 더 다급한 것으로 보여진다. 특히 노령 인구가 대부분을 차지하는 농촌의 경우 사회권에 따른 세부적 권리항목에서 아무래도 도시권보다 불리할 수밖에 없을 것 같다.

고령화사회경향은 21세기 지구촌(global village) 모든 국가에서 직면하게 될 도전이자 당면과제이다. 전 세계적으로 고령인구가 계속 늘어나고 있기 때문에 이러한 증가추이에 따라 21세기는 명실 공히 '고령시대'라 말할 수 있다.

인구고령화 시대의 원인은 다양한 관점에서 논할 수 있지만 일반적으로 출산율이 낮고 사망률이 떨어지면서 평균수명이 연장되기 마련이다. 우리나라에서 출생률이 낮아지는 이유는 1960년대 이후 정부의 강력한 가족계획정책의 영향이 크며 결혼과 가족 및 자녀에 대한 가치관의 변화도 한 몫을 하였던 것이 사실이다. 더욱이 1980년대 중반 출산율이 대체수준에 도달했을 때 이미 소자녀관이 강해졌음에도 정부는 인구 억제정책을 계속 수행하였고, 그 후 출산율이 너무 낮다는 인식보다는 인구 억제정책이 성공했다는 것만을 강조한 것도 출산수준 조절 실패와 오늘날 고령사회 도래의 원인이라 할 수 있다(양옥남 외, 2008).

2) 연령계층별 구성 현황

전 세계적으로 고령인구가 증가하는 이유 가운데 하나는 저출산의 이유도 있겠지만, 상대적으로 기대수명이 늘어나 장수하는 고령자가 늘어가고 있는 것이 더 정확한 지적이라 할 수 있다. 2010년 현재 우리나라 총인구 중 65세 이상 인구가 차지하는 비율은 11.0%로 10년 전 7.2%에 비해서는 3.8% 증가하였다. 특히 65세 이상 남자인구가 전체 남자인구에서 차지하는 비율은 8.4%, 여자는 12.5%로 여성 노인인구의 비중이 더 높은 것으로 나타났다(통계청, 2010). 물론 우리의 노인인구 비율은 아직 초고령사회를 목전에 두고 있는 스웨덴이나 일본 등 고령 국가들에 비해서는 비교적 낮은 수치이다. 그러나 인구고령화 속도는 세계 어떤 국가와도 비교하기 힘들 정도로 매우 빠르게 진행되고 있다.

지난 2000년 우리나라 인구 구성도를 살펴보면 65세 이상 노인인구가 전체 인구의 7% 이상을 차지하여 고령화사회(aging society)로 진입하였고, 2018년에는 14.3%가 되어 고령사회(aged society)로 진입할 것으로 전망되고 있다. 대부분 선진국들은 고령화사회에서 초고령사회로 진입하는 데 대개 1세기가 걸렸지만 우리나라는 불과 26년 만에 진입하게 될 것이라는 계산이 가능하다. 이러한 고령화 속도는 세계에서 유래를 찾을 수 없을 만큼 빠르게 진척되고 있는 문제의 심각성 속에 2026년에는 20.8%로 초고령사회(super aged society)에 도달할 예정이다. 이처럼 우리 사회의 급격한 인구고령화는 평균수명의 연장과 출산율 감소로 인한 노인인구의 절대수와 상대적 비율이 증가한 점이 근본적 원인이지만, 6·25 전쟁 이후 1950년대 출생하여 현재 중년기에 속해 있는 소위 베이비붐(baby boom)세대가 한꺼번에 노인인구로 전환되는 것도 결정적인 원인이다.

문제는 이 세대가 노년기를 맞으면 에이지 붐(age boom)이 일어날 것으로 예상되는데, 특히 이 세대들은 현재 노인세대인 1930년대 이후 출생자들과 문화적 코드, 기호, 교육수준 등에서 커다란 차이점을 보여주고 있다는 점이다. 인구고령화로 인하여 나타날 수 있는 부정적 파급

〈그림 8-1〉우리나라의 연령계층별 인구구성 추이

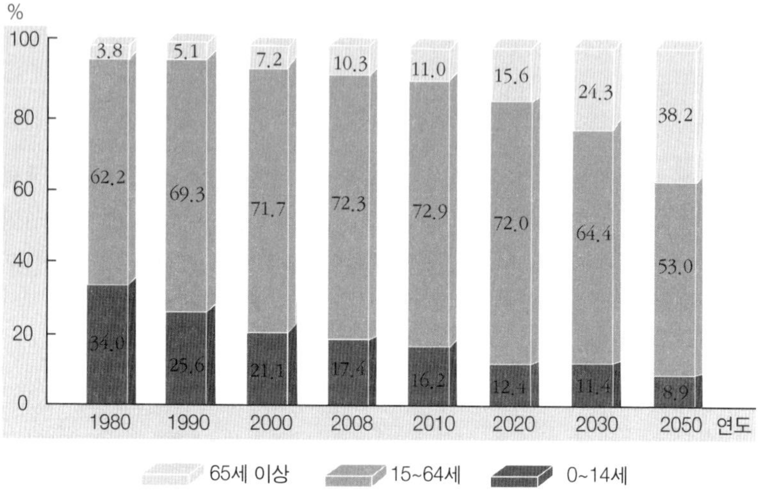

자료: 보건복지가족부(2009a)

효과로 미시적 수준에서 노인 자신과 가족생활에 영향을 미칠 수 있다. 특히 거시적 수준에서는 경제, 사회, 정치적 측면에서 과중한 노인복지 재정의 지출로 복지국가 정당성 유지라는 과제를 안을 수 있다(김근홍, 2010).

따라서 인구고령화가 진행되면 그에 따른 노인의 욕구나 사회적 수요 등이 발생하게 되므로, 소위 사회권과 관련되는 제도나 서비스의 공급도 함께 이뤄져야 할 것이다. 국가 차원에서 제도를 수립하거나 노인복지서비스를 구축하기 위해서도 시간과 재정뿐만 아니라 납세자인 국민의 합의도 도출해야 한다. 그러므로 급속한 고령화는 제도나 서비스의 공백을 가져올 가능성이 커서 노인인구집단의 다양한 욕구를 충족시키기 어려운 상황이 발생할 여지가 있다. 이런 이유들로 우리의 인구고령화 속도는 지나치게 짧아서 다른 서구 국가들에 비해 더 적극적인 고령화대책을 마련해야 될 인간존엄권의 과제를 안고 있는 셈이다.

3) 평균수명연장에 따른 인간존엄권

인류가 그토록 염원했던 장수사회가 도래하였음에도 개인적 차원에서 평균수명의 연장이라는 혜택이 축복보다 힘들게 하는 문제로 받아들이는 경향이 나타나고 있다. 그것은 나이가 들면서 겪어야 했던 사회, 문화, 경제 등 총체적인 변화를 꼽을 수 있다. 사회변화가 평균수명의 연장을 이끌어낸 밑거름이 된 것은 분명하지만, 평균수명 연장 초기 수혜자들과 아울러 현재의 노인세대들에게는 전통적으로 몸과 마음에 익어 있던 생활과는 동떨어진 것들이 존재하고 있다. 일례로서 현재 노인세대들이 젊었을 때 부양하던 그 당시 부모 세대들까지만 해도 나이가 들어서도 가족 내 권위는 흔들림이 없었고, 육체와 정신이 건강한 한 손자들의 교육 등 할 일, 즉 나름의 역할이 있었다. 그리고 몸과 마음이 제대로 움직이지 않을 때에도 자식들의 수발은 당연하게 받아들여졌다. 하지만 일련의 변화들은 나이 들어가는 사람들이 도저히 따라가기 어려울 정도로 빨랐고, 아울러 당사자들은 거기에 적응할 만한 여유(경제적으로나 시간적으로나)도 없이 그저 그 변화에 휩쓸려들었다는 느낌의 현실이 되어버렸다.

그런 와중에 노인들은 기본적 권리들, 즉 인간존엄권이나 자유권에 따른 인권을 보장받으며 기껍고 행복한 생활을 꾸려가기 어렵게 되어버렸다. 인권은 가장 기본적인 권리로서 누구나 가지고 있고, 국가가 확인하고 보장할 의무를 지는 대상이라고 헌법에 명확하게 명시되어 있다(헌법 제2장 10조). 또 '모든 국민은 인간다운 생활을 할 권리를 가진다(제34조 1항)'는 조항 역시 인권과 연결된다. 그런 인권을 누리며 인간다운 생활을 할 수 있게 하기 위해서 국가는 온갖 노력을 기울여야 할 것이라고 독일의 헌법에도 나와 있다(Lampert, 2001). 그렇지만 이런 기본적인 인권 규정들에 더하여 노인들이 다시금 떳떳한 사회의 일원이면서 사회에 필요한 자원으로서 최대한 자기 몫을 하고 또 자기 권리를 누릴 수 있도록 하는 제반 정책들이 필요하다. 우선 기본적으로 사람다운 생활을 보장하기 위해 소득과 건강이 보장되어야 하고, 갈수록 위축되기 쉬운 활동반경을 최대한 보장하기 위한 교통정책이며 주택정책들이 펼쳐져야 한다. 그리고 그런 바탕 위에서 개인적으로는 수동적인 노후를 그저 숙제처럼 보내지 않고 자원으로서 거듭나 보람 있는 노후를 보낼 수 있도록 하고, 사회적 차원에서는 갈수록 심화될 수밖에 없는 인력부족 사태를 생각해서라도 노인들을 사회적 자원으로 적극 활용할 수 있도록 하기 위한 고용정책과 교육정책이 필요하다.

평균수명의 연장은 개인적으로나 사회적으로 커다란 문제가 아닐 수 없다. 그러나 이 문제를 반드시 부정적인 것으로만 볼 것은 아니다. 어두운 문제의 다른 한편에는 반드시 밝은 면의 기회도 있기 마련이다. 물론 지금까지 대부분 어두운 면의 사회문제에 논의의 초점을 맞추었던 것이 정치계나 학계 모두에서 비슷하게 나타나는 경향이다. 노인 혹은 나이가 들어 늙어가는 노화현상에 대한 일반적 인식에서도 부정적인 면이 두드러진 것도 앞의 경향과 무관하지 않아 보인다. 그러한 부정적인 면을 겉으로 노골적으로 드러내는 일은 노인 유권자의 세력이 강해지면서 점차 줄어들었지만, 그러나 부정적인 의식이 뿌리 채 사라진 건 결코 아니다. 다만 의식 밑에 깔려 무의식과의 경계를 오르내릴 뿐이다. 그것은 노인문제를 다루는 학계나 정치계의 시각에서 앞서 말한 어두운 면에 역점을 두는 태도에서도 은연중 드러나고 있다. 의식적으로 노인에 대해 부정적인 생각을 갖고 있는 것은 아니라고 본인들 스스로도 떳떳이 말할 수 있지만, 그러나 자기도 모르게, 마치 무의식적으로 그런 흐름을 타기 때문이다.

따라서 이런 부정적 시각으로 노인의 인권을 제대로 읽어낸다는 것은 어려울 것이다. 그렇지만 다른 한편 노인과 관련되는 문제의 해결을 위해 지금까지 다양하게 개발된 법적, 제도적 장치들은 비록 부정적인 시각에서 나오는 염려에서 비롯된 면이 없지 않겠지만, 노인 인권의 차원에서 긍정적인 역할을 한 것도 사실이다. 따라서 노인들의 평균수명 연장의 밝은 면을 적극적으로 키우는 정책이 보다 더 바람직한 방향이 될 것으로 보인다.

4. 노인복지법 추진 과정

1) 노인보건 · 복지정책의 제도적 기반

우리나라의 노인복지법은 1969년 처음으로 입법이 시도된 이후 민간부분에서 제시한 노인복지법 제정을 위한 법안이 입법결정과정에서 폐기 또는 상당한 변화를 겪어왔다. 현재의 노인복지법은 1980년 보건사회부에서 마련한 법안 초안을 기반으로 1981년 6월 5일 노인복지법이 제정되면서 법적 기반이 마련되었다. 이후 노인복지의 확대를 위해 2009년까지 두 차례의 전문 개정과 열여덟 차례의 일부 개정이 이루어져 모두 20차례에 걸쳐 개정이 진행된 바 있다. 개정의 주요 내용은 〈표 8-4〉에서 보는 것과 같고, 1차, 4차, 6~9차, 14~16차, 18~20차의 개정은 관련 법률의 제정이나 개정에 따라 개정이 불가피한 것이었다. 이처럼 노인복지법의 개정은 노인을 둘러싼 정치 · 사회 · 문화 및 관련제도의 신설 등 환경변화에 따라 점차 세분화되고 다양한 노인복지서비스 욕구를 충족시키는 내용으로 법들이 개정되었음을 알 수 있다.

한편 노인복지법 이외에도 1991년에는 노인이 적합한 직종에 취업하는 것을 지원 · 촉진함으로써 고용안정을 도모하기 위해 소위 '고령자고용촉진법'이 제정되었고 이는 다시 2007년에 개정되었다. 또한 1997년 '가정폭력범죄의 처벌 등에 관한 특례법'과 '가정폭력방지 및 피해자보호 등에 관한 법률' 등이 제정되었다. 이 법으로 가정에서 발생하는 학대와 폭력을 방지하는 데 큰 기여를 할 것으로 기대되었지만, 아직까지 피해 당사자인 노인들 상당수가 이 법의 존재를 모르고 있는 등 가정폭력에 대한 사회적 지각이 부족한 상황이다. 2004년에는 노인복지법의 개정을 통하여 노인학대의 방지를 위한 신고의무 및 금지사항 등을 규정함으로써 노인의 인권 보호를 위한 장치를 마련하기도 하였다. 또한 증가하고 있는 만성질환 노인들의 욕구를 하나의 기본적 권리로 지각하고 해결하고자 2007년 4월에는 노인장기요양보험법을 제정 · 공포하여 시행하고 있다. 2007년 8월 17차 개정에서는 노인장기요양보험제도의 시행과 기초노령연금제도의 실시(2008년 1월)에 대비하기 위하여 대대적으로 개정하였는데, 가장 큰 변화는 기존의 노인주거복지시설과 노인의료복지시설의 유형이 변경되었다는 점이다. 노인주거복지시설은 양로시설, 노인공동생활가정, 노인복지주택으로 구분하고, 노인의료복지시설은 노인요양시설, 노인요양공동생활가정, 노인전문병원으로 구분시켰다. 재가노인복지시설 역시 가정봉사원파견시설을 이용자 중심의 '방문요양서비스'로 주간보호시설은 '주 · 야간보호서비스'로 개편함으로써 방문요양서비스, 주 · 야간보호서비스, 단기보호서비스, 방문목욕서비스 등으로 분류하게 되었다. 특히 가정봉사원 교육을 담당하던 기관은 노인장기요양보험제도의 시행에 따라 '요양보호사 교육기관'으로 변경되었고, 교육기관의 설치 · 신고 등 소관사항도 시장 · 군수 · 구청장에서 시 · 도지사로 이관되는 등 세부항목의 변경들이 보다 구체화되었다.

그럼에도 우리의 노인관련 법률 및 복지제도는 최저한도 이상의 생활을 보장하는 생존권적 기본권을 충족시키고, 사회적 불이익이나 침해로부터 자유권적 기본권을 방어하는 데 매우 소극적인 모습을 아직 벗어나지 못하고 있다. 왜냐하면 우리의 노인복지 정책은 노인문제를 근본적으로 해결하기보다는 기초 욕구충족에 치중하고 있는 정도이며, 노인복지를 인권 관점에서 조명하지 못하고 있을 뿐 아니라 노인의 인권을 적극적으로 보장하는데도 많은 한계를 보이고 있기 때문이다.

그간 우리의 노인복지 정책은 '선 가정보호 후 사회보장' 원칙하에 1981년 제정된 노인복지법에 근거하여 정책을 실시하는 정도의 큰 틀을 크게 벗어나지 못했던 것이 사실이다. 이런 이유들로 노인과 관련되었던 문제의 일차적 책임과 해결을 가정에 떠맡겨 왔었지만 가족부양의 한계, 노인인구의 급속한 증가, 노인욕구의 다양성과 사회복지의 발전 등 환경과 가족의 변화에 따라 노인복지법이 개정을 거듭하고 있다. 그러나 아직도 노인복지법에 대한 수정과 보완에 대한 의견이 계속되고 있고 고령사회를 대비한 기본법 제정에 대한 논의도 여전한 과제거리로 남겨져 있다.

〈표 8-4〉 노인복지법 개정의 주요 내용

시기	배경	주요 골자
1981. 6. 5 (제정)	노인인구 증가, 산업화·도시화·핵가족화 등으로 노인문제 점차 심각	· 저소득노인에 대한 국가보호 개념 확립 · 무·유료 양로/요양시설, 노인복지센터 등 노인복지시설 규정 및 설립주체 규정 · 5월 경로주간 설정 · 노인복지상담원제 도입
1989.12.30 (2차 개정)	국가경제 발전과 인구의 급격한 노령화, 노인문제의 심각성 인식	· 노인복지대책위원회 설치 · 노령수당 지급규정 마련 · 공공시설 내 매점설치 허가 노인우선권 부여 · 노인복지주택을 노인복지시설로 추가 · 노인여가시설 분류
1993.12.27 (3차 개정)	경제·행정규제완화시책의 일환, 재가노인복지의 활성화 필요성 대두	· 유료노인복지시설의 개인 설치 운영 허가규정 마련 · 재가노인복지 사업 분류 · 청문절차 규정
1997. 8.22 (5차 개정)	치매 등 만성 퇴행성 노인질환에 대한 효과적 대처, 노인의 경제생활 안정	· 경로연금 제도 도입 · 노인의 날, 노인의 달 제정 · 치매노인에 대한 연구, 관리, 재활사업에 대한 지자체 의무 강화 · 노인부양의무자에 대한 구상권 행사 허용 · 노인지역봉사기관 및 노인취업알선기관 지원 근거 마련 · 노인전문요양시설, 유료노인전문시설, 노인전문병원 설치 근거 · 양로 및 요양시설 이용대상자 확대 · 재가노인복지시설을 단독주택 또는 공동주택에 설치근거 마련

1997.12.31 (6차 개정)	노인복지시설 사업 허가에 따른 명확성 확보	· 행정절차법의 시행에 따라 노인복지시설 및 사업의 허가 및 등록 취소에 관한 조항 개정
1999. 2. 8 (7차 개정)	규제완화를 통한 시설 운영의 자율성 강화, 경로연금제도의 미비점 보완	· 노인복지대책위원회 폐지 · 경로연금 지급대상자 선정 기준정비 · 가정봉사원 교육기관의 신고제 · 노인복지주택 설치, 관리, 공급에 대해 주택건설촉진법 관련규정 준수 의무화 · 양로시설, 실비노인복지시설 입소자 부과 금액 상한선 설정 · 유료노인복지시설에 대한 비용 수납 신고제 폐지 · 노인전문병원을 의료법상 요양병원으로 포함
2004.1.29 (10차 개정)	노인학대 방지 및 학대받는 노인 보호 및 노인학대자 처벌 규정 필요성 대두	· 노인 학대 개념 규정 · 노인학대 긴급전화 및 노인보호전문기관 설치 근거 마련 · 노인학대 신고 의무화 · 노인학대 처벌규정
2005. 3. 31 (11차 개정)	의료복지시설 설치나 폐지에 따른 신속한 행정처리 필요성 대두	· 노인의료복지시설 설치, 폐지 등의 신고 사무를 시 · 도지사에서 시 · 군 · 구청장으로 이양
2007. 4. 25 (15차 개정)	강화된 소득보장 제도에 따라 기존에 명시된 조항삭제 필요	· 기초노령연금법(2007.4.25. 제정, 2008.1.1. 시행) 제정으로 기존의 경로연금 조항 삭제
2007. 8. 3. (17차 개정)	노인장기요양보험법 시행에 따른 기존 시설의 의미변경 불가피	· 홀로 사는 노인에 관한 지원 조항 신설 · 노인복지주택 입소 자격 및 처벌명령 조항 개정 · 노인장기요양보험법(2007.4.2.제정, 2008.7.1. 시행) 제정으로 기존의 노인복지시설개념인 무료, 실비, 유료 구분 삭제 · 노인주거복지시설, 노인의료복지시설, 재가복지시설의 명칭변경

		· 요양보호사 자격제도 도입신설 · 노인복지관 명칭 변경 · 실종노인에 대한 신고 의무조항 신설
2008.3.21 (18차 개정)	정부기구 조정에 따른 법적 규정 변경 필요성 대두	· 정부조직법 개정에 따른 자구수정
2009.1.30 (20차 개정)	법적 문구의 명확화	· 의료법 개정에 따른 자구수정

Ⅳ. 각 영역별 노인복지 현황 및 문제점

1. 소득보장

1) 소득보장과 고령화 행동계획

일반적으로 선진사회보장국가의 대표적인 판별 기준은 한 나라의 사회보장이 얼마나 목적론적 급여에 비중을 두고 있는가에 있다. 그런 점에서 노인, 장애인, 아동 등 신체적 및 정신적 상황 때문에 특별한 수요를 야기하는 집단에 대한 보호가 상대적으로 중요한 위치를 차지하기 마련이다. 노인문제에 있어서 가장 심각한 것 중의 하나가 바로 노후 경제생활의 불안정이라 할 수 있다. 그런데 경제성장과정에서 소득재분배가 형평성 있게 이루어지지 않았던 이유들로 우리의 빈곤층 상당 부분이 노인들로 점령되어 있다는 현실에 놓여 있다.

노인의 절대적 빈곤문제는 그동안의 경험에 비추어 소극적인 소득보장정책으로 결코 해결될 수 없다는 것들이 여러 지표에서 나타난 사실들이기에 생존권 보장차원에서도 시급하게 해결될 과제라 할 수 있다. 노인의 경제적 문제는 노령이나 건강상의 개인적인 이유나 가족의 문제뿐만 아니라 소득보장정책의 미비, 조기정년제에 따른 퇴직, 노인 취업기회의 부족 등과 같은 전반적인 사회구조문제와도 밀접한 연관이 되어 있기 마련이다.

마드리드 고령화행동계획에서도 노인문제의 가장 핵심요소라고 할 수 있는 빈곤문제 해소를 위한 과제가 제시되어 있다. 행동계획은 2015년까지 극도의 빈곤층을 반으로 감소시키고 빈곤감소 목표에 도달하기 위한 정책과 사업들 속에 노인을 포함해야 하며 이를 위해 고용, 소득 창출기회, 융자, 시장과 자산들에 대한 노인들의 평등한 접근 증진 및 빈곤해소 전략과 이행 사업에서 여성노인, 후기고령노인, 장애노인, 독신노인들의 특수한 욕구에 특별히 주의를 기울여야 한다고 명시하고 있다.

또한 소득보장, 사회보장 및 빈곤예방을 위한 기본적 사회보장프로그램을 증진하되 사회보장제도 내에서 성(性)평등을 확보하고 노인근로자에게 사회보장제도에 접근을 부여할 수 있는 고용증진 프로그램을 도입해야 한다는 것이다. 특히 연금제도, 장애보험의 건전성이나 지속가능성, 지급능력과 투명성 확보, 사적연금과 보충연금 등에 대한 규제제도는 물론이요, 모든 분야의 사회보장에 대해서 노인들에게 조건과 상담서비스를 제공하고 충분한 최저소득을 제공할 것을 제안하고 있다. 더욱이 적절한 무갹출연금제도 설치나 긴급 사안으로 다른 지원을 받지 못하는 노인들에게 최저소득 보장과 사회보장제도 조직, 연금제도 개혁 시 노인의 생활수준 고려, 연금 및 저축제도에 대하여 지나친 인플레이션 영향 상쇄조치를 강구하도록 권고하고 있다. 이처럼 노인의 소득보장은 국가의 적극적인 개입과 지원이 요청되는 영역이기에 단순한 소득보장 정책으로는 쉽게 해결될 수 없는 어려움이 동반한다고 볼 수 있다.

(1) 노인 소득보장의 의의

노인에 대한 소득보장은 노인 빈곤에 대한 사회적 대책으로서 국가나 사회가 노인을 빈곤 상태에서 벗어날 수 있도록 최소한의 정기적 소득을 확보해 주는 활동을 말한다. 현대 산업사회에서 인간다운 최저한의 생활을 영위하기 위해서는 의식주의 욕구, 건강보호의 욕구 및 문화적 욕구를 기본적으로 충족시킬 수 있는 소득이 필요하기 마련이다. 특히 노년기의 적절한 소득은 최소한의 계속적인 생존을 가능케 할 뿐 아니라 여가문제, 사회적 및 심리적 고립과 소외문제 그리고 자존심을 유지시켜 줌으로써 성공적인 노후의 삶이 가능토록 할 수 있다. 그런데 문제는 우리나라 노인들 대부분이 스스로의 노후대책을 마련하지 못한 채 자녀에게 노후를 의존할 수밖에 없는 시대, 환경적 한계를 갖고 있다는 점이다. 더욱이 노후소득보장제도의 근간이라고 할 수 있는 국민연금제도에서도 제외되어 있기 때문에 소득보장의 사각지대에 놓여 있는 노인들이 많아 최저한도의 소득을 보장해 줄 수 있는 적절한 사회적 노력이 필요한 상황이다.

(2) 노인 소득보장 현황

현재 우리의 노인소득보장 방식은 현금 급여의 지급 여부에 따라서 직접 소득보장제도와 간접 소득보장제도로 나뉘어져 있다. 직접적 소득보장은 국민연금, 특수직연금, 기초노령연금의 사회보험(social insurance), 국민기초생활보장제도로 시행되는 공적부조(public assistance)가 있다. 이에 비해 간접적 소득보장방식은 경로우대제 등의 비용할인, 취업지원센터, 시니어클럽 등의 취업증진 프로그램, 매점 설치 및 전매품 판매인 우선지원, 상속세, 소득세 공제 등의 세제감면혜택 등이 포함된다. 그러나 아직 이러한 소득보장제도 자체가 시행된 지 얼마 되지 않아 공적소득보장제도보다는 사적 부양제도나 개인의 노력에 의해서 살아가는 노인들이 많다.

그에 대한 일례로서 65세 이상 노인들의 생활비 마련방법에 대해서 살펴보면 다음의 〈표 8-5〉와 같다. 2007년 기준으로 본인 및 배우자 부담이 52.3%, 자녀 또는 친척 지원이 4.2% 그리고 정부 및 사회단체가 5.5%로 나타났다. 특히 본인 및 배우자 부담내용의 세부항목을 살펴보면, 근로사업소득 59.9%, 연금 퇴직금 17.7%, 재산소득 13.5%, 예금 8.6%로 드러난다. 이는 노후에 근로나 사업을 통해서 스스로 획득하는 소득으로 살아가는 노인들이 가장 많은 비중을 차지하고 있다는 단적인 일례라 하겠다.

〈표 8-5〉 65세 이상 인구 생활비 마련방법

구분	계	본인 배우자 부담	소계	근로소득 사업소득	재산소득	연금 퇴직금	예금	자녀 또는 친척 지원	소계	함께 살고 있음	함께 살고 있지 않음	정부 및 사회 단체	기타
2005	100	49.3	100	61.8	14.2	15.3	8.6	44.7	100	53.9	46.1	5.7	0.3
2007	100	52.3	100	59.9	13.5	17.7	8.9	42.1	100	52.8	47.2	5.5	0.1
남자	100	69.8	100	61.4	12.6	18.3	7.7	26.2	100	45.1	54.9	4.0	0.0
여자	100	40.3	100	58.1	14.7	16.9	10.3	53.0	100	55.4	44.6	6.5	0.1
65~69	100	68.4	100	65.0	11.2	16.4	7.4	27.5	100	52.8	47.2	4.0	0.1
70~79	100	48.2	100	56.6	14.7	19.3	9.4	45.3	100	48.8	51.2	6.4	0.1
80세 이상	100	20.0	100	37.4	27.3	15.7	19.6	73.3	100	61.7	38.3	6.5	0.1

자료: 현외성(2010: 170) 재인용

2) 소득보장제도

(1) 연금제도

공적 연금은 소득 감소 또는 상실을 초래하는 여러 가지 사회적 위험 중 노령, 장애, 사망으로 발생하는 경제적 어려움에 대응하기 위한 사회적 대책이라 할 수 있다. 현재 우리나라에서 실시하고 있는 공적 연금제도는 국민연금, 공무원연금, 군인연금, 사립학교교직원연금이라는 특수직연금제도로 구분되어 있다. 그리고 공적부조 방식의 연금제도인 기초노령연금제도가 있다.

(2) 국민기초생활보장제도

공공부조는 2차적 사회안전망으로서 노인 등 생활 유지 능력이 없거나 생활이 곤란한 저소득층의 최저생활을 보장하고 자립을 지원하는데 제도의 목적이 있다. 국민기초생활보장은 기존의 생활보호제도를 전면 개정한 것으로 2000년 10월부터 시행되고 있는데, 빈곤대책의 최후 보루로서 최저생계비 이하의 빈곤자를 대상으로 국가가 생활을 보장할 수 있도록 돕는 제도이다. 이 제도의 혜택 대상자는 부양의무자가 없거나 있어도 부양능력이 없거나 또는 부양을 받을 수 없는 자로서 소득인정액이 최저생계비 이하인 자를 말한다.

(3) 기초노령연금제도

기초노령연금제도는 65세 이상 전체 노인의 약 70%(2009년 기준)에게 매월 일정액의 연금을 지급하는 것을 말한다. 기초노령연금제도가 실시되기 이전에 '노인복지법'에 따라 경로연금이 지급되었지만 지금은 기초노령연금제도가 그 기능을 대신하는 셈이다. 기초노령연금 수급 대상자는 65세 이상 전체 노인 중 소득과 재산이 적은 70%의 노인이며, 2009년의 경우 노인전체 인구 약 509만 명 가운데 306만 명이 해당되었다. 기초노령연금제도의 특징은 급여 대상자가 일정 연령에 도달했을 경우 모든 사람에게 지급하는 선진국의 사회수당과는 달리 대상자 선정 기준에 있어서 소득과 재산조사가 이루어지고 있다는 차이점이다. 더욱이 사회보험상의 공적연금과 같이 보험료를 부담하는 것이 아니라 일반 조세에서 그 재원이 충당되고 있기 때문에 연금제도와도 성격을 달리하고 있다.

3) 노인소득보장의 문제점

현재 국민연금을 비롯한 공적연금의 가장 주요한 관심사항은 재정안정을 통한 연금제도의 유지가능성이다. 그러나 현행 우리나라 국민연금은 저부담-고급여 체제, 연금수급자 증가 등 장기 재정불안정으로 인해 제도의 지속가능성이 도전받고 있어 제도개선의 압력이 증대되고 있다.

여기에 다른 선진국에 비해 상대적으로 짧은 역사를 가지고 있는 공적 연금을 통한 노후소득보장체계는 아직 제대로 확립되지 못한 실정이다. 이런 상황에서 현재의 노후소득 보장제도는 안정된 노후 경제생활을 보장하기에 한계를 지니고 있어 심각한 문제라 할 수 있다.

물론 국민연금제도가 성숙하여 노령소득보장의 기본제도로 정착하더라도 국민연금의 사각지대에 놓이는 사람들이 계속 발생할 수 있기 때문에 기초생활보장 및 국민연금, 경로연금의 수급에서 모두 제외되면서도 저소득인 차상위 저소득 노인들에 대한 공적소득보장제도가 필요할 것이다. 또한 경로연금이 현행과 같이 한시적 · 경과적 제도로서의 위상을 유지할 것인지, 아니면 계속 존속하여 공적소득보장체계의 2차 안전망으로서 공적연금의 보완적 역할을 수행할 것인지에 대해서도 근본적인 재검토가 필요한 시점이다.

2. 주거보장

1) 주거보장의 의의

인간생활의 3대 기본 요소인 입을거리(衣), 먹을거리(食) 및 살림살이 시설(住) 중 어느 하나가 배제되어도 인간다운 생활이 불가능하다는 것은 어느 문화권에서나 공통적이다. 물론 그것들이 차지하는 상대적인 중요성은 문화권에 따라 또 동일 문화권이라 하더라도 연령층에 따라 각기 다를 수 있다. 이를테면 중국인들이 먹을 것, 일본인들이 살림살이 시설에 열중하는 반면에, 우리나라 사람들은 입을 것에 보다 더 큰 의미를 둔다는 말에서도 그러한 차이를 엿볼 수 있다. 연령별로 볼 때 청소년층의 경우 스스로 경제적 자립의 책임이 크지 않기 때문인지 다른 세대에 비해서 유난히 입을거리에 많은 신경을 쓴다. 이에 비해 아동 단계에서는 무엇보다도 먹을거리에 크게 관심을 두고, 또 노년기에 이르면 다른 것들도 중요하지만 특히 살림살이 시설이 어느 세대보다도 큰 의미를 갖게 된다. 그러나 적당한 주거상황은 인간이 생존을 위해 기본적으로 구비해야 할 물질적 조건이기 때문에 어느 누구에게나, 생활주기상 어느 시기든 중요하고 가치 있는 것이다. 특히 안전하고 안락한 주택을 갖고자 하는 욕구는 노인세대에게 있어서 가장 기본적 욕구라 할 수 있기 때문에 그 의미와 가치가 더욱 다르고 크다고 할 수 있다.

주택의 형태나 질과 위치는 노인의 신체적 독립성, 안정성, 프라이버시, 사회적 관계 및 활동의 참여, 노인복지서비스의 접근 등에 영향을 미치며 나아가 노후생활의 전반적인 만족도를 향상시킬 수 있는 주요한 요인으로 작용하고 있다(Larson, 1978). 노인이 되면 가정에서 보내는 시간이 증가하며 사회관계를 유지하는 생활의 중심이 되기 때문에 주거보장이 그 어느 세대보다 중요하고 필수적이다. 따라서 노년기에 주거보장은 다른 어떤 세대보다 그 의미가 다르고 중요한 영역이라 하겠다.

그럼에도 우리의 주거보장은 아직 초보수준을 벗어나지 못하고 있는 것이 사실이다. 노인이 되면 소득단절로 인하여 경제적 어려움에 직면하고 동시에 건강의 약화와 질병의 발생 및 장애 등으로 경제적 부담이 가중되기 쉽다. 그럼에도 우리의 경우 주택가격과 집세 등이 높아 적절한 주거를 확보하지 못한 노인들에게는 상당한 부담이 되고 있다.

(1) 노인복지시설의 유형과 인권

신체적, 경제적, 정서적 의존도가 점점 증가하는 노인에게 적절한 주거보장은 삶의 질과 직결될 수 있기 때문에 주거보장과 주택보장의 의미 이해는 노인주거 인권의 기본출발이 될 수 있다.

주거보장은 주택보장을 전제로 그 주택에서 생활하는 노인에게 적합한 주거환경을 조성하기 위한 지원노력 즉 노인을 위한 계획주거를 통하여 주택의 복지기능 증진을 위한 노력을 의미한다. 그에 비해 주택보장(住宅保障)은 개인 자신의 독립성을 유지하면서 안전하고 안락한 일상생활의 공간을 확보하고 유지할 수 있도록 주택의 건설과 공급, 그리고 이에 관련된 서비스를 통하여 지원하는 제반 사회적 노력을 의미하기 마련이다.

이에 주거보장(住居保障)의 방법은 재가목적 주거보장과 시설보호목적 주거보장으로 구분하여 그 내용을 찾아볼 수 있다. 일례로 재가목적 주거보장은 주택수당, 주택임대료 보조 및 할인, 주택수리 및 개조비 융자, 임대료 및 재산세 변제, 공영주택입주권 우선 부여 등을 꼽을 수 있다. 그렇지만 시설보호 목적은 〈표 8-6〉처럼 주거보장의 경우 노인복지법상 노인주거복지시설과 노인의료복지시설 설립과 운영 지원이 포함된다(권중돈, 2010).

노인복지시설 유형에서 생활시설로 구분할 수 있는 양로시설은 사회적 약자의 생존권을 보호받을 수 있는 마지막 보루라고 해도 과언이 아닌 경우가 많다.

우리나라 노인복지 시설은 〈표 8-6〉처럼 관행상 시설에 거주하며 보호를 받는 생활시설과 자신이 집에서 거주하면서 시설의 서비스를 이용하는 이용시설로 구분할 수 있다. 문제는 이런 시설 중에서 인권문제와 가장 근접된 곳이 바로 노인복지 생활시설이라는 점이다. 노인복지 생활시설의 인권문제는 시설생활 노인이 존엄한 존재로서 존경받고 건강하고 안정된 노후시간을 영위할 수 있느냐 하는 최후의 삶의 정착지라는 점에서도 그 의미가 매우 중요하다. 그간 대부분의 노인복지시설이 지역사회로부터 지리적 및 사회적으로 격리되어 있었고 생활 시설자들에 대한 시설운영자의 운영철학이나 사회일반의 관심 여부가 미비하다 보니 인권침해 현상이 발생되어도 외부로 쉽게 표현되지 않았던 것도 문제해결의 커다란 장애요소로 되어 왔다고 볼 수 있다.

시설에서의 인권침해 현상은 노동력착취, 폭력, 불법행위, 노인 간의 폭언, 특정종교 강요 등 포괄적인 영역에서 발생되고 있음에도 지금까지 제대로 파악되지 못하고 있다가 최근에야 국가인권위원회 등 관련 단체의 관심으로 세상에 그 실체가 나타나고 있다. 그에 대한 비근한 일례가 노인생활시설 거주 노인들을 위한 권리선언으로 학대, 신체구속, 사생활보장, 통신, 정치, 문화, 종교 신념의 자유, 개인재산의 자율, 자기결정 권리 등 11가지가 발표되기에 이르렀다.

이처럼 노년기 주거보장의 필요성, 즉 주거생활의 안전은 인간 누구

〈표 8-6〉 노인복지시설의 유형

	구분	시설 종류
생활시설	노인주거복지시설	양로시설, 노인복지주택, 노인공동생활가정
	노인의료복지시설	노인요양시설, 노인요양공동생활가정, 노인전문병원
이용시설	노인여가복지시설	노인복지(회)관, 경로당, 노인교실, 노인휴양소
	재가노인복지시설	방문요양시설, 주 · 야간보호서비스, 단기보호서비스, 방문목욕서비스
	노인보호전문기관	중앙노인보호전문기관, 지방노인보호전문기관

에게나 기본생활의 경제적 지원정책과 더불어 주생활의 안정과 정신적 안정을 제공하려는 정책적 접근이 필요하다고 하겠다.

(2) 노인주거 현황과 설계 요건

전술한 바와 같이 현재 우리나라 재가노인을 위한 일반 노인주거정책은 전무한 실태이다. 현행 노인복지법은 "국가 또는 지방자치단체는 노인의 주거에 적합한 기능 및 설비를 갖춘 주택의 건설을 조장하여야 한다(2장 17조)"라고 규정되어 있다. 그러면서 노인을 위한 주택 서비스의 필요성을 강조하고 있으나 실제 주택공급 시 노인이 있는 가구들이 우선순위상 배점에 약간 유리한 정도에 지나지 않아 혜택의 범위가 좁고 효과적인 주거 서비스의 제공이라 하기에도 무리가 많은 것이 사실이다(정경배, 2003).

일반인에게 주거생활이라 함은 사람이 살아가는 데에 필요한 모든 주변생활 환경을 의미하는 것으로 무척 중요하다. 더욱이 사회적 약자층에 속할 확률이 높은 노인층에게 주거설계요건은 일반인들보다 더 많은 의미를 가질 수 있는 것이 현실이다. 그런 의미에서 거동불편노인이나 장애인, 임산부들을 위해서는 적어도 〈표 8-7〉과 같은 부분들이 중요하다고 하겠다. 먼저 장해물 없는(barrier free) 환경이 필요하고, 경제적으로 여유가 없는 사람들이 있는 지역에는 사교육을 시킬 여력이 적으므로 사교육시설이나 문화적 공간들이 필요하고, 시간에 절대적인 제약을 느끼고 사는 맞벌이 가정에게는 아이들을 양육할 수 있는 보육시설이 필요하기 마련이다.

주택법 3조에 따르면 국가는 국민의 쾌적하고 살기 좋은 주거생활이 가능하도록 하며, 주택시장의 원활한 기능 발휘와 주택산업의 건전한 발전을 기하며, 쾌적하고 안전하게 관리하며, 저소득자 및 무주택자 등 주거복지 차원에서 지원이 필요한 계층에게는 국민주택규모의 주택이 우선적으로 공급되도록 규정하고 있다. 그럼에도 노인을 위한 주거보장은 저소득 재가노인을 위한 극히 제한된 수의 주거보장정책만을 추진하고 있는 것이 현실이다.

물론 자식이 노인을 부양하는 경우 소득공제, 주택자금우대지원 등의 세제 혜택이 제공되고 있으나, 이는 노인과 자식의 동거를 장려하는 것으로 노인에게 적절한 주거를 제공하는 것은 아니다. 따라서 노인의 특성에 따른 주거욕구의 충족을 위해 사회적 차원에서 특별한 지원이 요구되는 것이 당연한 귀결인지 모른다.

세계보건기구(WHO)에서도 최저주거기준설정에 대한 권유사항으로 가족이 거주하기에 충분한 면적과 방을 확보해야 하며, 가구원의 사생활 독립성이 유지되어야 하고, 가족구성원 간 방 사용이 적정하도록 부부와 자녀, 이성형제 간의 침실을 분리 사용해야 한다고 규정하고 있다. 특히 상하수도시설이나 목욕시설, 화장실, 부엌 및 식당, 기후에 따라 난방 혹은 냉방설비, 환기, 채광 등이 살기에 불편함이 없도록 주변 환경이 조성되어야 하는 것은 당연하고 주변에 적절한 사회적 서비스도 확보되어야 한다고 하고 있다(하성규, 2001).

〈표 8-7〉 노인주거가 갖추어야 할 설계 요건

분야	내용
Safety	• 자재 또는 형태를 걸려 넘어지기 어렵고 균형을 깨뜨리지 않도록 배치하는 것 • 화재 방지나 오작동 시 큰일이 발생하지 않는 설비를 장착하고 보살핌이 쉽도록 설계 하는 것
Amenity	• 고령자의 운동능력 및 감지능력, 환경적응성을 고려, 쾌적성 · 편리성을 향상시키는 것
Visuality	• 고령자의 시각장애를 고려, 인지성 · 식별성이 뛰어난 것을 선택하는 것 • 명랑한 고령자 라이프스타일 연출을 위해 명도가 높은 색채로 통일하고 각 장소의 용도에 맞는 채광, 조도, 색온도, 조명계획을 하는 것
Easy	• 고령자에게 쉽고 능률적인 작업 지지대 설치, 각종 기기의 배치 및 조작의 용이성 등을 고려하는 것

2) 노인 주거복지 정책 문제점과 인권

사람들은 나이가 들면 이동이 불편하여 주거지를 바꾸기 힘들어지고 또 바꾸려 하지도 않는 것이 일반적인 경향이다. 그렇기 때문에 고령자가 되어 한번 주거지를 결정하면 그곳이 바로 인생의 마지막 시간을 보내게 되는 장소가 될 수밖에 없다. 이런 의미에서 노후의 시간을 어디에서 생활할 것이며, 어떤 시설을 이용할 것인지 자신 스스로 결정하도록 하는 것이 노인 존엄의 마지막 출발인지 모른다(종합케어센터 선빌리지/박규상 옮김, 2006). 주거선택과 관련된 존엄을 지닌 삶은 타인에게 부여받는 것이 아니라 건강한 시기부터 주변 사람들과 함께 만들어가는 과정임을 인지할 때 노인주거 복지정책에서 가장 우선권을 두어야 할 영역인지 모른다. 현재 우리의 재가노인을 위한 일반주거정책은 전무한 실정이며, 양로원 · 노인복지주택 등과 같은 노인복지시설에 관한 정책만 있다는 것은 이미 앞에서 살펴보았다. 이는 우리의 노인복지시설서비스 역사가 짧고 시설거주에 대한 수요자들의 인식부족과 부정적 정서나 시설운영자들의 비도덕적, 비효율적, 근시안적인 운영, 정부의 정책과 지원 미비 등 양적으로나 질적으로 낮은 서비스 제공이 바로 노인의 기본적 인권 부재라 할 수 있다.

노인주거에 대한 지침 불비나 지원체계 미비 그리고 노인주거 관련 종합적 법 규정의 결여 등 여러 가지 문제점이 있다. 노인주거를 일반주거와 노인주거복지시설로 분류해 살펴보았듯이 일반노인 주거정책은 부재한 상황이고 노인주거시설에 대해서만 주거정책이 다소 나타나고 있다. 따라서 현재 노인주거정책의 문제점을 언급하면 다음과 같은 것들이 있다.

첫째, 노인주거보장에 대한 인식과 이해의 부족을 들 수 있다. 환경에 적응 능력이 약화된 노인의 삶을 더욱 잘 지원해 주려면 기능적인 면과 정서적인 면을 고려한 주택이 필요하다. 주택이 안정되어 있지 않거나 부적합하면 노인의 삶에 치명적으로 부정적인 영향을 미칠 수밖에 없다. 그럼에도 노인주거에 대한 공론화나 사회적 이슈화도 아직 형성되지 않고 있는 것이 현실이다.

둘째, 주거보장보다는 주택보장에 치중하고 있기 때문에 노인이 생활하기에 적합한 고령자 적합주택 공급이 이루어지지 못하고 있다. 지금까지 노인을 위한 주거보장 정책은 노인에게 주택을 공급하고 자녀에 의한 노인 동거부양을 촉진하는 데 초점을 두었던 것 또한 사실이다. 이런 이유들로 노인의 신체적 및 경제적 특성을 고려한 노인 계획주거의 개념에 대한 인식이 미흡하고, 이로 인하여 고령자 적합주택의 건설과 공급도 전무한 실정이다. 이에 경제 및 건강특성에서 커다란 편차를 보이고 있는 노인층의 주거수요에 부응할 수 있는 다양한 유형의 고령자 적합주택을 개발하고 공급할 과제가 남겨져 있다.

셋째, 노인복지법의 노인주거와 관련된 개념 규정이 복잡하다. 노인복지법에 '노인주거전용시설(8조)'과 '노인주거복지시설(32조)'에 대하여 규정하고 있으나 이 두 개념에 대한 구분이나 관계를 설명하지 못하고 있다.

넷째, 무주택 노인을 위한 주거지원 정책이 거의 전무하다. 저소득 노인에 대한 임대주택공급, 노인공동생활 가정을 운영하는 것을 제외하면 일반 무주택 노인을 위한 임대료 지원이나 주택수당 등의 지원 대책은 실시되지 않고 있다. 따라서 노년기의 주거불안정을 고착화시키는 요인이 되고 있다. 이에 무주택 노인을 대상으로 주택 바우처 제도 시행이나 주택임대료 보조 및 할인 그리고 임대료 및 재산세 변제 등과 같은 다양한 주거지원 대책을 마련하여야 할 것이다.

이 밖의 국민주택, 국민임대주택 및 영구임대주택의 공급에 있어서 노인 가구에 대한 우선분양 등 정책적 고려의 부족이나 주거정책에 있어서 정부 부처 간 협조 부진 그리고 노인주거 관련 종합적 법 규정의 결여 등의 문제점으로 지적되고 있다.

양로원 등 노인주거복지시설의 경우에도 시설의 절대수에 있어서 매우 부족하기 때문에 노인에게 다양한 선택적 범위를 주지 못하는 한계를 지니고 있다. 그러나 인생의 마지막 시간을 보낼 수 있는 주거시설을 결정해야 될 경우 이러한 결정이 후회 없는 결정이 될 수 있도록 주변 환경의 다양성을 만들어 주는 것 역시 인간존엄의 시작이라는 사실을 명심해야 될 것이다.

3. 여가시설 및 교육프로그램

노인여가활동과 관련된 권리 근거는 '노인을 위한 유엔원칙' 중 자아실현의 원칙에서 노인들은 '자신들의 잠재력을 완전히 개발하기 위한 기회를 추구하여야한다', '사회의 교육적, 문화적, 정신적, 그리고 여가에 관한 자원에 접근할 수 있어야 한다'라고 규정되어 있다. 따라서 '마드리드 고령화 국제행동계획'에서도 '사회와 발전에 적극적인 참여' 과제에서 노인들이 상부상조 활동 및 세대 간 지역사회 단체에 참여할 수 있도록 정보와 접근을 제공하고 그들의 잠재능력을 실현할 기회를 제공할 것을 제시하고 있다. 이 외에도 유네스코에서도 대중의 문화생활의 참가 및 기여를 촉진하는 권고를 하고 있다.

노년기 삶의 질 향상을 위해서는 여가시간을 의미 있게 보낼 수 있는 다양한 서비스의 제공과 자원봉사활동의 활성화가 요구된다. 그러나 산업화와 도시화를 통해서 노인들의 여가생활방식에 많은 변모들이 나타나고 있지만, 아직까지 여가개념에 대한 기존의 관념을 크게 벗어나는 경우는 그리 흔치 않다. 그러다 보니 대다수 노인들의 여가란 노동자계급을 위한 것이 아니라 부유하고 특권을 가진 층을 위한 것이라고 생각하는 경우가 많았다. 따라서 이들에게 필요한 것은 여가개념에 대한 새로운 이해라 할 수 있다. 특히 우리나라가 서구에 비해 여가활동과 관련한 기구며 서비스들이 열악하고 뒤떨어진다는 것은 엄연한 현실이다. 현재 우리의 노인여가시설은 노인복지법상 〈표 8-8〉과 같이 경로당, 노인복지(회)관, 노인교실 그리고 노인휴양소 등 네 종류로 규정되어 있는데 구체적인 내용들을 살펴보면 다음과 같다.

〈표 8-8〉 우리나라 노인여가복지시설의 종류

<table>
<tr><th>시설</th><th>설치 목적</th><th>설치 및 이용(입소)자격</th></tr>
<tr><td>경로당</td><td>지역노인들이 자율적으로 친목도모 · 취미활동 · 공동작업장 운영 및 각종 정보교환과 기타 여가활동을 할 수 있도록 하는 장소 제공</td><td rowspan="3">(설치) 시장 · 군수 · 구청장에 신고
(자격) 60세 이상</td></tr>
<tr><td>노인복지(회)관</td><td>노인의 교양 · 취미생활 및 사회참여활동 등에 대한 각종 정보와 서비스를 제공하고, 건강증진 및 질병예방과 소득보장 · 재가복지, 그 밖에 노인의 복지증진에 필요한 서비스 제공</td></tr>
<tr><td>노인교실</td><td>노인에 대하여 사회활동참여욕구를 충족시키기 위하여 건전한 취미생활 · 노인건강유지 · 소득보장 기타 일상생활과 관련한 학습프로그램 제공</td></tr>
<tr><td>노인휴양소</td><td>노인에 대하여 심신의 휴양과 관련한 위생시설 · 여가시설 기타 편의시설을 단기간 제공</td><td>(설치) 시장 · 군수 · 구청장에 신고
(자격) 60세 이상 또는 그와 동행하는 자</td></tr>
</table>

출처: 보건복지가족부(2009b)

현대 고령화사회에서 노인교육은 과거와 같이 노인 학습자들을 대상으로 하는 여가의 활용과 현상의 유지를 목적으로 하는 소극적이고 협소한 의미로서가 아니라, 보다 넓은 의미의 적극적인 활동으로 인식되는 경우가 많다. 노인교육은 진단을 기초로 치유와 동시에 예방을 추구하는 분야라 할 수 있다. 특히 고령화 문제를 보다 근본적으로 해결하고 노인들의 삶의 질을 향상시키며 고령화사회의 진전에 적극적으로 대응할 수 있는 힘을 제공해 줄 수 있다. 따라서 갈수록 연장되는 노년기의 시간을 보람되게 보내기 위해 활동할 수 있는 영역으로 노인교

〈표 8-9〉 노인교육의 범위

구 분	노인을 위한 교육	노인에 관한 교육	노인에 의한 교육
학습자	노인	모든 연령의 학습자	모든 연령의 학습자
교수자	(주로 직업적인) 교사	(주로 직업적인) 교사	(주로 자원봉사) 노인
목 적	재교육, 사회 적응, 여가활용, 직업준비 등	노인기 준비, 노인 이해, 직업 준비 등	세대 간 이해 확장, 사회참여, 사회봉사 등
주 요 내 용	노인 특성, 건강, 여가, 직업기술 등	노인의 특성, 노화과정, 고객으로서의 노인 등	역사적 사실, 전통 지식과 기능, 봉사 등

자료: 한정란(2005)

육은 그 중요성을 아무리 강조해도 지나침이 없을지 모른다. 〈표 8-9〉처럼 노인교육은 기존의 노인 학습자들을 대상으로 하는 노인을 위한 교육 뿐 아니라, 노인을 포함한 모든 연령의 사람들을 대상으로 노인에 대한 이해와 노화에의 적응과 준비를 가르치는 노인과 노화에 관한 교육이 있다. 또한 노인들이 교육적인 서비스를 제공하는 노인에 의한 교육으로 구성되며, 궁극적으로는 이 세 영역이 모두 어우러져 세대공동체 교육으로 나아가는 방향이 중요하다고 하겠다.

이런 의미에서 노인교육을 감당할 수 있는 기관 가운데 하나인 노인교실은 〈표 8-8〉에서 볼 수 있는 것처럼 노인복지법상 노인여가복지시설로 분류되어 있다. 그런데 노인교실은 노인학교, 노인대학, 경로대학 등 다양한 명칭으로 설립·운영되고 있는 것이 현재 우리의 상황이다. 노인교실은 1972년 종로 태화관의 '서울평생교육원'을 시작으로 1970년 후반부터 설립되어 보건복지가족부에 등록된 노인교실은 2008년 12월 말 현재 1,260개소에 이르고 있다(보건복지가족부, 2009a). 그러나 아직도 미등록 상태로 운영하고 있는 곳이 많아 전국적으로 그 숫자는 더 많은 것으로 알려져 있다.

노인교실은 노인의 여가를 보다 창조적이고 건설적으로 활용할 수 있게 하는 가장 중요한 곳이며 동시에 평생교육을 지향하는 교육과정이라 볼 수 있다. 그러나 노인교실에서 실시하고 있는 교육내용은 크게 교양강의와 여가활동으로 나누어지는데, 대부분 교양강의보다는 취미, 오락위주의 프로그램에 치중하고 있는 단점을 보여주고 있다. 즉, 노인교육을 평생교육의 일환으로 보기보다는 노인복지서비스의 일부로 간주하고 있는 경향이 강하다. 이는 보건복지가족부에 등록된 노인교실과 대한노인회에서 운영하는 노인교실 그리고 사회복지관이나 개신교회와 가톨릭에서 운영하는 노인교실 등 기관이 다양한 만큼 운영상황도 천자만별인 경우가 주된 이유라 할 수 있다.

특히 노인교실 이외에 노인복지관이나 사회복지관에서 사회교육사업의 일환으로 노인교육을 실시하고 있는 곳도 많은 것으로 추정되고 있으나, 노인복지관이 지속적으로 확충되고 있기 때문에 그 정확한 현황은 파악되지 않고 있다. 그런 의미에서 노인교실은 평생교육의 일환으로 노인에게 필요한 지식과 정보를 제공하는 한편 노후생활에 주어진 많은 여가시간을 의미 있게 보낼 수 있도록 노인여가 측면에서 동시에 검토될 필요가 있다(한정란, 2005). 또한 노인교육과 여가활용의 입장에서 노인에게 필요한 정보와 지식을 제공하며 건강하고 보람 있게 노후생활을 영위할 수 있도록 노인교육이 진행되는 것은 무엇보다도 중요하다고 하겠다.

V. 나가는 글

노인이 인간다운 생활을 영위하면서 자기가 속한 가족과 사회에 적응하고 통합할 수 있도록 필요한 지원과 서비스를 제공하는 데 관련된 공적 및 사적 차원에서의 조직적 제반활동을 노인복지라 정의한다면 노인복지는 인권과 따로 분류하여 생각할 수 없는 것이 사실이다. 왜냐하면 노인인권이라는 자체가 바로 노인이 인간답게 살아갈 권리를 의미하며, 자유권, 평등권, 사회권을 모두 포함하기 때문이다. 그러나 그간 우리의 노인복지는 최저한도의 생활을 보장하는 생존권적 기본권을 충족시키고 사회적 불이익이나 침해로부터 자유권적 기본권을 방어하는 소극적 복지의 수준을 넘지 못했던 것이 사실이다. 더욱이 개별국가의 노인관련법령에서 보장하는 노인의 권리도 소득보장과 건강보호 등 사회권적인 권리를 주 내용으로 하고 있으며, 국가의 노인복지정책은 노인인권을 보장하기 위한 가장 보편적 수단 가운데 하나가 되지 못했다.

보편적 인권을 믿는 사람이라면 공리주의자는 아닐 것이다. 모든 인간은 그가 누구든, 어디에 살든 존중받을 가치가 있다면, 단순히 집단적 행복의 도구로 취급되어서는 안 된다. 인간을 존중한다면 장기적으로 공리가 극대화된다는 이유로 인권을 옹호할 수도 있다. 그러나 이 경우에, 권리를 존중하는 이유는 권리를 가진 사람을 존중해서가 아니라 모든 사람에게 이익이 되기 때문이다(마이클 샌델/이창신 옮김, 2010).

인간 누구나 자신의 인권을 인정받기 원한다면, 진정한 인권의식이란 상대방의 인권을 먼저 존중하는 것으로부터 시작되어야 할 것이다. 모든 사람이 상대방의 인권을 존중한다면 상대방도 그 사람의 인권을 존중해 줄 것이기 때문에 노인의 인권향상을 위해서 노인에 대한 사회적 인식이 전반적으로 바뀌는 것 또한 중요하다. 나이가 든다는 것은 활동의 조건이 변하는 것이지 활동을 못하게 되는 것은 결코 아니다. 따라서 노인인권 향상과 관련된 교육은 실무자들에게도 매우 중요한 영역이기 때문에 노인복지시설, 종합복지관, 노인교육, 노인학대예방센터 및 보호기관의 종사자 그리고 노인의료복지시설 종사자나 전문상담가 등 노인복지와 관련된 인력에게 정기적으로 실시되어야 할 것이다. 왜냐하면 노인들에게 서비스를 제공하는 실무자들마저 인권의식 부족으로 '노인인권' 차원에서 개인의 존엄을 바탕으로 노인다운 삶을 가능토록 하기에는 많은 한계를 노출하고 있기 때문이다. 교육을 통해 노인들이 단순한 서비스 이용자나 클라이언트가 아니라 시민으로서 권리의 주체라는 점을 인식할 수 있도록 하는 과제는 매우 중요하다.

생명권이 위험에 처해 있거나 고통, 두려움, 불안정하게 생활하는 노인, 기본권적 권리를 박탈당하여 비참하게 살고 있는 노인 또는 차별로 고통받는 노인들에 대한 삶의 질 향상을 도모하는 경제 · 사회 · 문화적 권리의 이행 및 사회적 인식의 확대, 지역사회에서의 인권기준과 가치에 대한 이해를 강화하려는 계기들이 이런 연구들을 통해서 더욱 확산되어야 할 영역이다.

그리고 노인을 자꾸 부정적인 시각으로 보지 말고 당사자 역시 그렇게만 생각하지 않고 노년기를 개인적으로나 사회적으로 도전이면서 동시에 기회요, 자원으로 활용할 수 있도록 하는 것은 그 무엇보다도 중요할 수 있다.

아울러 연륜에서 오는 경험을 활용하고 젊은 세대와 서로 자극을 주고받으며, 가정에서는 손자세대를 돌보고 사회적으로는 어린 세대들을 위한 다양한 활동을 하며 또 노인들이 서로 수발을 품앗이하는 등의 자원봉사 활동이 원활하게 이루어질 수 있도록 사회적 인프라구조를 세우는 것도 매우 중요하다. 그런 인프라구조 중의 하나가 바로 노인교육시설의 확충을 꼽을 수 있다. 이미 현재의 노인세대가 이전 세대에 비해 학력이 높기 때문에, 이들 노인들을 위한 교육시설과 프로그램이 보다 더 절실해졌다는 평가다.

결론적으로 우리나라의 노인에 대한 인간적인 삶에 대한 정책이 서구에 비해 아직은 훨씬 늦게 시작된 만큼 다양한 방안들이 제시되지 못하고 있다는 것 또한 엄연한 현실이다. 그렇지만 언제나 어둠과 밝음이 공존할 수 있다고 본다면, 오히려 방금 살펴본 발상의 전환을 거울삼아 처음부터 노년을 사회에 대한 도전만이 아니라 자원이라는 것, 개인에게도 위기만이 아니라 기회라는 점을 정책과 문화 및 의식의 바탕에 깔 수 있도록 해야 할 것이다. 그럴 때 보다 더 현실적이고 바람직하며 노후의 삶이 보장될 수 있는 인권문제도 가능해질 수 있으리라 생각된다.

참고문헌

국가인권위원회. 2006. 『국가인권정책기본계획 권고안(2007-2011)』. 국가인권위원회.

______. 2004. 『국제인권장전 유엔인권해설집』. 국가인권위원회.

______. 2002. 『2002년 지역사회에서의 노인학대 실태조사』. 국가인권위원회.

권중돈. 2010. 『노인복지론』. 서울: 학지사(4판).

김근홍. 2010. 『노인복지와 르네상스』. 신정.

______. 2001. 『한 · 독 노인복지이해』. 학문사.

김근홍 · 서화자 · 심창학 · 이만식 · 함세남. 2007. 『사회복지 역사와 철학』. 학지사(2판).

마이클 샌델/이창신 옮김. 2010. 『정의란 무엇인가』. 김영사.

박동석 외. 2003. 『고령화쇼크』. 굿인포메이션.

밝은노후를 만들어가는 사람들의 모임. 2004. 『경제적 · 사회적 · 문화적 권리 NAP 수립을 위한 노인인권 기초현황 조사』. 국가인권위원회.

보건복지가족부. 2009a. 『2009 보건복지가족통계연보』. 보건복지가족부.

______. 2009b. 『2010 노인보건복지사업안내』. 보건복지가족부.

보건복지부. 2002. 『마드리드 고령화국제행동계획』.

______. 2000. 『고령화 관련 국제행동 계획과 노인을 위한 유엔원칙』.

임춘식 외. 2007. 『노인복지학 개론』. 학현사.

______. 2005. 『세계의 노인복지정책』. 학현사.

양옥남 · 김혜경 · 김미숙 · 정순돌. 2008. 『노인복지론』. 공동체.

전광석. 2002. 『국제사회보장법론』. 법문사.

종합케어센터 선빌리지/박규상 옮김. 2006. 『노인이 말하지 않는 것들』. 시니어커뮤니케이션.

통계청. 2010. "사회조사를 통해 본 베이비붐 세대의 특징." 보도자료(2010년 4월 9일자). 대전: 통계청 사회통계국 사회통계기획과.

하성규. 2001. 『주택정책론』. 박영사.

한정란. 2005. 『노인교육의 이해』. 학지사.

현외성. 2010. 『노인복지학 신론』. 양서원.

Larson, R. 1978. "Thirty Years of Reserrch on the Subjective Well-Being of Older Americans." *Jurnal of Gerontology*, 33(1).

Lampert, Althammer. 2001. *Lehrbuch der Sozialpolitik, 6,* überarb. Auflage, Springer.

Spiegel. 2002. *Nr. 15, vom 15. 04.* Hamburg.

Statistisches Bundesamt. 2009. *Statistisches Jahrbuch für die Bundesrepublik Deutschland.* Wiesbaden.

http://www.bmfsfj.de/

| 색 인 |

| ㄱ |

| ㄴ |

| ㄷ |

| ㄹ |

| ㅁ |

| ㅂ |

| ㅅ |

| ㅇ |

| ㅈ |

| ㅊ |

| ㅌ |

| ㅍ |

| ㅎ |

필자 소개 (원고 게재 순)

❖ **임운택** _계명대 사회학과 교수

❖ **강수택** _경상대 사회학과 교수

❖ **심창학** _경상대 사회복지학과 교수

❖ **문진영** _서강대 사회복지학과 교수

❖ **김진욱** _서강대 사회복지학과 교수

❖ **신영전** _한양대 의과대학 교수

❖ **은수미** _노동연구원 연구위원

❖ **홍인옥** _한국도시연구소 자문위원

❖ **김대군** _경상대 윤리교육과 교수

❖ **김상호** _경상대 법학과 교수

❖ **김형모** _경기대 사회복지학과 교수

❖ **김근홍** _강남대 사회복지학부 교수

경상대학교 인권사회발전연구총서 ①

사회정책과 인권

인권기반 사회정책의 관점과 영역

인 쇄 | 2011년 11월 5일
발 행 | 2011년 11월 11일
엮은이 | 심창학 · 강수택
발행인 | 부성옥
발행처 | 도서출판 오름
등록번호 | 제2-1548호 (1993. 5. 11)
주 소 | 서울특별시 서초구 서초동 1420-6
전 화 | (02)585-9122, 9123 팩 스 | (02)584-7952
E-mail | oruem@oruem.co.kr
URL | http://www.oruem.co.kr

ISBN 978-89-7778-362-1 93340

※잘못된 책은 교환해 드립니다.
※값은 뒤표지에 있습니다.